한국어로 내려온
New Bible

새로운
성 경

제51권

4부 | 총10부

하얀마음

하나님 말씀 중에서

1. 사랑의 하나님

- 세상을 창조하신 하나님은 모두를 사랑하신다. 인간만 특별히 더 사랑하지 않고, 우주 만물을 다 똑같이 사랑하신다. 그러니 하나님이 창조하신 천지 만물과 화친하고, 미물까지도 소중히 대하라.

- 하나님은 특정 종파나 민족만을 더 사랑하지 않으신다. 자기 자신만 구원받겠다는 욕심을 버리고, 자기 종파만 구원받는다는 편협한 교리에서 벗어나야 한다. 종파를 초월해서, 모두를 사랑하라.

- 원수까지 사랑하라 했으니, 이 세상에 사랑하지 못할 자가 누가 있겠는가? 종파가 다르다고 해서 부모 형제와 원수처럼 지내는 자는 인간의 근본을 모르는 자다. 가장 가까운 가족부터 사랑할 때 남도 진심으로 사랑할 수 있다.

- 한 사람을 원수같이 생각하던 마음에서 사랑하는 마음으로 돌리면, 자기 자신의 마음이 가장 기쁘고 행복하다. 하나님께서는 인간의 마음속에 무거움이 없이 기쁘고 행복한 삶을 살기를 바라신다.

- 이웃을 "내 몸처럼" 사랑하라 했으니, 마지막 한 장 남은 천국의 티켓도 이웃에게 양보하라. 자기 중심적인 신앙에서 벗어나서 남을 위해 살아야 한다.

- 독초도, 약초도, 이단도 사탄도 천사도 다 필요하기에 존재한다. 독초일지라도 극소량을 사용해서 생명을 살릴 수 있고, 약초라 하더라도 남용하면 생명을 잃을 수 있다.

- 세상 모든 것을 명약으로 활용하는 것은 인간의 지혜에 달렸다. 어떤 것이든 어떤 사람이든 적재적소에 꼭 필요한 명약으로 승화시키라.

- 사탄도 이단도 천사도 모두 하나님의 주관하에 존재한다. 진정한 하나님의 백성은 사탄과 마귀까지도 감화시켜서 천사로 거듭나게 한다.

2. 기도

- 하나님은 인간의 생각까지 모두를 다 알고 계신다. 우리의 소원도 이미 알고 계시기에, 소원의 기도를 할 필요가 없다. 우리가 받을 자격이 되면 내려 주신다.

- 죄를 짓고 아무리 회개를 해도 용서받지 못한다. 도둑질한 자는 용서해 달라고 기도하고, 도둑맞은 자는 도둑을 잡게 해 달라고 기도하면, 공의의 하나님은 누구의 편에 서시겠는가?

- 자기가 잘못한 것은 그 사람에게 직접 갚고 용서를 구하라. 그가 용서하면 하나님도 용서하신다. 땅에서 매면 하늘에서도 매이고, 땅에서 풀리면 하늘에서도 풀리는 이치다.

- "회당에서 기도하지 말고 골방에서 기도하라" 했다. 눈에 보이는 골방이 아니라, 골방과 같이 고요한 마음이다. 잡념을 버리고 하나님을 향해 마음을 집중하며, 사랑하고 용서하는 아름다운 생각만 나오도록 하라.

- "두드리면 열릴 것이다." 하는 것은 육의 소원을 위해 두드리라는 것이 아니라, 진리의 깨달음을 얻기 위해 두드리라는 것이다.

- 기도하는 방법: 생활 속에서 수시로 기도하는 삶을 살아야 한다.

- "저의 죄를 용서하여 주옵소서." 하는 회개의 기도를 하라.
- 범사에 "하나님! 감사합니다." 하라. 현재 가진 것에 감사하며, 과욕하지 말라. 자기 노력 이상의 것을 더 갖고자 기도하는 것은 도둑놈심보다. 공의의 하나님은 각자 노력한 만큼 주신다.
- "하나님 뜻대로 살아가겠나이다." 하며 마음의 각오를 다지라.

- 기도는 하나님의 말씀을 받아서 "행하는 것"이다. 하나님이 계심을 굳건히 믿고, 하늘을 향하여 한 점 부끄럼 없이 사는 삶 자체가 가장 위대한 기도이며, 삶이 곧 예배다.

3. 지도자

- 똑같이 사랑한다는 말을 해도, 순수하게 하는 말은 천사의 말이지만, 사기 쳐서 재산을 가로채려고 하는 말은 사탄의 말이다.

- 종교 지도자가 아무리 훌륭한 설교를 해도, 신도의 재물을 거둬서 더 큰 교회를 짓고 자기의 부귀영화를 바라며 설교하면 사탄의 가르침이 된다.

- "저희 교회는 만원사례요, 믿음은 다 같으니 이웃의 개척 교회에 가서 예배를 드리시오." 하며, 이웃 교회의 부흥을 먼저 생각하여 제 신도를 보내는 종교 지도자가 있다면 그를 따르라. 그가 하나님의 사랑을 실천하는 자다.

- "부자가 천국에 들어가는 것은 낙타가 바늘구멍을 통과하는 것보다 더 힘들다" 하였거늘, 지금의 교회에서는 부자가 되기만을 기도하고 소원하니, 이는 곧 천국을 포기하고 지옥 행 열차의 티켓을 사는 것과 같다.

- 예수는 빈손이었다. 종교 지도자가 예수보다 더 호화롭고 편안하게 살아간다면 잘못된 것이다. 부귀영화와 명예를 바라는 자는 절대로 갈 수 없는 좁고 협착한 길이 종교 지도자의 길이다.

- 종교 지도자는 유리로 비춰 봐 한 점의 부끄러움이 없이 살아야 한다. 의식주도 직접 일해서 해결하고, 예수의 가르침과 행함을 그대로 따라야 한다.

- 종말은 없다. 지금의 잘못 가는 종교 집단에게만 종말이 있다. 보이지 않는 하나님은 보이는 육의 종말은 관여하지 않으신다. 환경 파괴로 인간이 스스로 멸망을 자초하는 것이다. 종파끼리 싸우기 전에, 무너진 인성을 바로잡고 지구의 몸살을 해결하는 데 뜻을 모으는 게 급선무다.

4. 성전이란

- 이 세상 자체가 하나님께서 만드신 성전이다. 자연보다 더 아름다운 성전이 있는가? 보이는 건물이 성전이 아니라, 성스러운 마음가짐이 성전이다.

- 반석 위에 교회를 지으라 했다. 지상의 단단한 돌은 인간이 쪼갤 수 있으나, 마음속의 굳은 결의는 세상 무엇으로도 쪼갤 수 없다. 바르고 굳건한 믿음으로 성경의 가르침을 실천하는 것이 마음의 반석 위에 교회를 짓는 것이다.

- 손으로 지은 건물의 교회에 모여서 복음을 전하는 것이 아니라, 교회를 개인과 가정에 심어 주어야 한다. 무너지고 부서지는 건물을 짓지 말고, 마음속에 영원히 불변하는 참진리의 교회를 지으라.

5. 십계명

▪ 십계명은 인간이 죽어서 반드시 통과해야만 하는 열 개의 관문이다.

- 부모를 공경하지 아니한 자는 "네 부모를 공경하라." 하는 제5계명의 관문이 열리지 않으니 구원받을 수 없다.
- 살인, 간음, 거짓, 우상 등의 나머지 계명도 마찬가지다.

▪ 십계명은 하나님의 친필이다. 모기소리만 한 하나님의 음성이라도 들어 보겠다고 여기저기 찾아 헤매지 말고, 십계명부터 암송하고 지키라.

▪ 십계명은 영혼을 구원하는 양식이며, 십계명을 지키는 것이 구원을 받는 길이다. 인간이기에 지키고자 노력하고 또 노력한다면 지킬 수 있다.

▪ 십계명을 지키고 천사처럼 아름답게 살아가는 그 마음 하나면 세상에 이루어지지 않는 것이 없다.

6. 보물

▪ 하나님은 재물이 아니라 우리의 마음을 받으신다. 사랑을 실천하며 천사처럼 변하는 마음이 하나님께 바치는 보물이다.

▪ 보이지 않는 하나님께 재물을 바치려 하지 말고, 너희를 길러 준 부모에게 용돈 드리고, 찾아뵙고, 효성을 다하라. 그것이 하나님께 효도하는 것이다.

▪ 하늘에는 선과 악의 창고가 있다. 자기 창고에 선이 많으면 천국으로 구원을 받고, 악이 많으면 심판받아 지옥으로 간다. 그것이 바로 "선한 일을 행한 자는 생명의 부활로, 악한 일을 행한 자는 심판의 부활로" 나오는 것이다.

▪ "선악과를 따먹지 말라"는 것은 양심을 지키라는 것이다. 선과 악을 구분할 수 있는 양심을 최초에 인간에게 주셨다. 선한 열매는 취하고, 악한 열매는 버리며, 양심에 비추어 부끄럼 없는 삶을 살아가라.

▪ 가장 작은 거짓말을 하지 않고, 가장 작은 죄를 짓지 않으며, 가장 작은 선행을 하고, 가장 작은 악행을 멀리하는 것이 율법의 일점 일획도 빠뜨리지 말고 다 지키는 삶을 사는 것이다.

7. 우상

- 박물관에 있는 불상은 하나의 예술품이다. 그 조각품에 대고 제 소원을 빌 때 우상숭배가 된다. 십자가라 하여도 그 앞에서 소원을 빈다면 우상숭배하는 것이며, 하나님께 소원을 빈다면 하나님을 우상으로 전락시키는 것이다.

- 지금 기복신앙에 젖어 있는 모든 사람이 우상 앞에 절을 하고 있다. 조각품을 우상이라며 파괴하지 말고, 네 마음속에 있는 욕심의 우상을 무너트리라.

- 생수를 약초가 먹으면 약을 만들고 독사가 먹으면 독을 만든다. 같은 성경을 봐도 선한 지도자는 신도를 천사로 만드는 데 활용한다. 그러나 욕심이 가득한 지도자는 재물을 거두어들여 제가 부귀영화를 누리는 데 악용한다. 그가 바로 성경을 우상숭배의 도구로 전락시키는 거짓 선지자다.

- 성경을 한 획도 빼거나 더하지 말라는 것은, 그 가르침을 빠트리지 말고 온전히 지키라는 것이다. 성경 속에서 자기에게 유리한 구절만 보는 것은, 자기에게 불리한 구절들을 빼 버리는 것이다. 믿음이 제일이요, 행함은 구원과는 관계없다는 것은 자신에게 유리한 쪽으로 성경을 악용하는 것이다.

- 진정한 종교 지도자는 종파에 관계없이 어떤 종파든 어떤 책이든 접하고 보고 깨우쳐 견문을 넓히도록 인도한다. 참진리를 모르고 자신이 없는 자가 남을 이단이라며 배척하고, 신도들의 눈과 귀를 가린다.

8. 예수

- 예수의 재림은 없다. 예수가 다시 온다 해도, 과연 누가 그를 예수라고 믿겠는가? 예수와 같은 삶의 행함이 곧 예수의 재림이다. 각자 모두가 "재림 예수"가 되는, 차원 높은 믿음으로 가야 한다.

- 예수는 "주여 주여 하지 말고, 아버지의 뜻대로 행하라"고 했다. 예수가 전한 하나님의 뜻이 곧 "길이요, 진리요, 생명"이며, 그 가르침이 예수의 보혈처럼 소중한 것이다. 예수를 믿는 것은, 예수의 가르침을 믿고 따르는 것이다.

- 예수는 낮은 자로서 만백성을 섬기고자 했다. 만나는 모든 사람을 다 하나님이라 생각하라. 돈을 벌수록 겸손하고, 높은 지위를 얻을수록 낮아지라.

- 예수는 종파를 만들지 않았다. 인간이 만든 종교와 인간의 교리를 따르지 말고, 예수를 통해 전한 하나님의 참진리를 연구하고 따르라.

- 예수가 2천 년 전에 만백성을 위해 죽었으니, 지금 이 땅에는 예수의 가르침대로 사는 천사만 존재해야 한다. 예수가 죽어 가면서 바란 것은 만백성이 천사가 되어 예수의 자리를 채워 주는 것이지, 지금과 같이 재물을 바치면서 중언부언 제 소원만을 비는 백성들을 바란 것이 아니다.

9. 구원

- 천사가 사는 천국에는 천사만 갈 수 있으니, 천사 같은 마음을 길러야 한다.

- "천국 열쇠를 네게 주리니 땅에서 무엇이든지 매면 하늘에서도 매일 것이라" 했다. 땅에서 천사같이 사는 자가 하늘에서도 천사가 되어 천국에 들어간다. 모든 사람에게 천사같다는 말을 듣는 삶을 살아야 한다.

- 천사의 곱고 아름다운 마음은 부모를 공경하고 어른을 어른으로 대접하는 데에서 출발한다. 효도하는 자는 형제와 화목하게 지내기에 가정이 화목해지고, 이웃과 화목해지고, 국가가 화목해지고, 온 인류가 화목해진다.

- 그러므로 지상의 아름다운 소왕국은 가정에서부터 이루어야 한다.

- 선택된 14만 명만 구원받는 것이 아니라, 천사처럼 변하고자 하는 14만 명을 기초로 온 인류가 천사처럼 거듭나는 영적인 개혁이 시작되는 것이다.

- 천 년에 걸쳐서 하늘에서 이루어진 것같이 이 세상을 낙원으로 만들어, 만백성이 지상의 천국에서 살다가 죽어서 그대로 하늘의 천국으로 들어가는, 영원한 지상 낙원을 건설하는 것이 하나님의 계획이다.

- **이것이 구약과 신약에 이어 "새로운 성경"으로 역사하시는 하나님의 창조의 완성이다.**

- 지금의 믿음으로 구원받을 수 있다면 그 길을 가라. 그러나 자신이 없다면 하나님께서 직접 내리신 160권의 "새로운 성경"을 읽고 구원의 길을 보라!

하나님 머리말씀

이 새로운 성경을 읽는 너희 모두는
이 율법에 따라 행하면 영원히 구원받을 것이니라.

너희 인간이 수년, 수십 년, 평생
성서를 공부하고 기도하는 것은
하늘나라 나의 곁으로 오고 싶은 소망일진대,

몇천 년 전의 너희 인성과 생각이
지금의 너희와는 판이하게 다르니,

꺾여 가고 병들어 가는 너희를 고칠 수 있는 길은,
오늘 내가 선지자에게 내리는 새로운 성경과 같이
너희가 변화되는 것뿐이니라.

나의 예수가 태어난 것처럼
내가 아들 선지자를 선택하여
나의 새로운 성경을 온 세계에 전하고자 하니,

묵은 것은 버리고 새로운 것은 취하여,
너희 모두는
'여호와 하나님! 저의 죄를 용서하여 주옵소서.'
하는 기도문으로 기도하고, 죄를 뉘우치라.

이 새로운 성경은
수천 년간 내려온 성서를 요약한 것이니,
너희는 이 책을 정독하여 쉽게 깨달음을 얻고,
이대로 실천하여 하늘에 오르라.

대역자 머리말

■ 하나님의 율법을 지키는 선지자로 선택을 받도다.

저는 남들처럼 그저 열심히 살아온 평범한 사람이었습니다. 그러나 50대 중반에 사업에 실패하여 많은 부채에 시달렸으며, 건강도 악화되어 눈이 잘 안 보이고, 걷기도 어렵고, 두통이 심해서 잠을 이룰 수 없는 고통의 나날을 보냈습니다. 그때 제가 선택할 수 있는 것은 육의 삶을 끝내는 길뿐이었습니다.

죽기 직전에 그동안에 죄를 지은 이들에게 용서를 빌고 인생을 끝내기로 작정하였습니다. 어려서부터 지은 죄를 빌고 빌다 보니 끝이 없었고, 죽음으로도 그 많은 죄를 용서받을 길이 없다는 생각에 하염없이 눈물이 흘렀습니다. 그 순간 '재래식 화장실의 구더기는 죄를 짓지 않는데, 나는 인간으로서 구더기만도 못한 삶을 살았구나.' 하는 생각이 들면서 괴로움에 몸부림칠 때, 갑자기 하나님의 음성이 들렸습니다.

"나는 여호와 하나님이니라. 너는 십계명을 암송하고 내가 내려 주는 메시지를 받아 책으로 만들어 만백성을 구하라." 하시며, 제 눈을 손으로 문지르게 하시고, 아픈 머리와 다리를 손으로 두드리게 하셨습니다. 그러고 나니 눈도 잘 보이고 걸을 수 있었으며 머리의 통증도 말끔히 낫게 되었습니다. 그때부터 십계명을 암송하고 나면 들려주시는 말씀을 기록하였고, 1999년 8월부터 2004년 7월까지 권당 288쪽, 총 160권을 받아서 "새로운 성경"이라는 책으로 펴내게 되었습니다.

그러한 저에게 죽기보다도 힘든 길이 시작되었습니다. 모든 교인들이 저에게 사탄이요, 이단이요, 악마요, 마지막 시대에 온 거짓 선지자라 하면서 공격하였고, 저를 짐승을 보듯이 대하는가 하면, 편협한 종교 지도자들의 선동으로 신도들이 이 책을 직접 읽어 보고 평가할 기회마저 막아 버렸습니다. 그래서 하나님의 말씀을 세상에 내는 데 많은 어려움을 겪으며, 피를 토하는 심정으로 책을 전하고 있습니다.

그러나 아무리 인간의 힘으로 막으려 해도, 하나님의 뜻이 세상에 전해지는 위대한 역사는 계속될 것입니다. 책으로 전해지는 "하나님의 말씀"은 세상 끝날까지 항상 우리와 함께하실 것입니다. 사람은 죽어도, 책에 기록된 말씀은 영원히 남으니까요.

■ 따뜻한 실천

하나님께서는 어려운 사람들에게 삶의 터전을 마련해 주고, 미래를 열어 주는 것을 기뻐하십니다. 어려운 이웃이 스스로 자립할 수 있도록 이끌어 주는 것이 진정으로 이웃을 돕는 것이라고 말씀하셨습니다. 그래서 일자리가 없는 제자들에게 작은 사업장을 만들어 주는 "달란트 사업"을 하고 있습니다. 식당, 반찬 가게 등을 차려 주고, 기존의 어려운 사업장이 자립할 수 있도록 돕고 있습니다(커피숍, 미용실, 의상실 등).

하나님께서는 교회에 나와서 모든 시간과 재물을 쏟기를 원하지 않으시고, 그 시간과 재물을 교육에 투자하여 스스로 미래를 열어 가기를 원하십니다. 그래서 제때 공부하지 못한 제자들에게 학업을 이어 가도록 하였습니다. 중화요리 주방장을 하며 초등학교 검정고시부터 공부하여 2012년에 방통대를 졸업한 36세 남성, 만학도들의 2년제 중학교에 입학해서 2007년에 명지대학을 졸업한 38세 여성, 중학교 검정고시를 시작으로 숭의여자대학을 졸업한 47세 여성 등이 있습니다. 그밖에도 많은 제자들에게 나이를 초월하여 배우고 깨우쳐서 사회 속의 당당한 일원이 되도록 인도하고 있습니다.

학자금 대출로 힘겨워하는 젊은이들을 위해 "따뜻한 바람 장학회"를 발족하여(2016년 12월) 대출받은 학자금 전액을 매월 갚아 주고 있습니다. 또한, 다문화 가정을 위해 "다문화 가족 랜드"를 조성하여, 각종 시설을 무료로 활용하도록 하고 있습니다.

이러한 따뜻한 실천이 아직은 미약합니다. 그러나 책의 수입이 늘고, 저와 뜻을 같이하는 분들이 늘어나면 계속 확대할 것입니다. 지도자로서 신도의 재물을 헌금으로 거둬들여 착복하는 것이 아니라, 하나님께서 기뻐하시는 일에 사용하도록 중매 역할만 하며 살아가고자 합니다. 이런 제가 과연 사탄이고 이단인가요? 하나님께서 기뻐하시는 일이라면, 저에게 사탄이라 하든 거짓 선지자라 하든 굽히지 않고 실천해 나갈 것입니다.

끝으로, 일상의 삶 속에서 "지금 내가 하는 행동이 과연 하나님께서 기뻐하실까, 슬퍼하실까?" 생각하고, 매사에 하나님께서 기뻐하시는 길을 택하기 바랍니다. 교회에 모여서 집단적으로 예배 드리는 것이 아니라, 개인이나 가정 단위로 새로운 성경을 읽어 스스로 깨우치고 그대로 행하면 충분합니다. 그것이 마음속에 성전을 짓고, 신령과 진정으로 예배 드리는 길입니다. 그러면 천국의 문에 들어서게 됩니다.

2017.2.1.

하나님 말씀 대역자 김용철

차 례

십 계 명

이 책은 십계명을 암송하고 나면 내려 주시는 "하나님의 음성"을 듣고 그대로 받아쓴 기록입니다. 하나님께서 십계명을 모세에게 내려 주셨지만, 그것은 만백성에게 내려 주신 것입니다. 마찬가지로 이 책의 모든 말씀도 저에게 내려 주셨지만, 만백성 각자에게 들려주시는 말씀입니다. 여러분도 이 책을 접할 때마다 십계명을 암송하고 나서 정독해 주시기 바랍니다.

제일은, 너는 나 외에는 다른 신들을 네게 있게 말지니라.
제이는, 너를 위하여 새긴 우상을 만들지 말고, 또 위로 하늘에 있는 것이나, 아래로 땅에 있는 것이나, 땅 아래 물 속에 있는 것의 아무 형상이든지 만들지 말며, 그것들에게 절하지 말며, 그것들을 섬기지 말라.
제삼은, 너는 너의 하나님 여호와의 이름을 망령되이 일컫지 말라.
제사는, 안식일을 기억하여 거룩히 지키라.
제오는, 네 부모를 공경하라.
제육은, 살인하지 말지니라.
제칠은, 간음하지 말지니라.
제팔은, 도적질하지 말지니라.
제구는, 네 이웃에 대하여 거짓 증거하지 말지니라.
제십은, 네 이웃의 집을 탐내지 말지니라.

나 여호와가 존재함을 믿는 그 자체가 구원의 길에 들어서는 기본이요 근본이며, 나의 새로운 성경을 가슴에 안고 정독하는 자, 반석 위에 서서 하늘에 오르는 찬란한 빛을 보게 되는 영광을 얻게 됨이니라. 진정 나를 따르고 믿는 자는 감히 사탄이나 마귀도 근접하지 못하느니라.

〈하나님 말씀〉

2002년 10월

3,680 번째 하나님 말씀

2002년 10월 15일 18시 01분

1 사랑하는 나의 아들아!
2 "네, 아버님! 말씀하옵소서."
3 인간사 너희 백성들이 밤길을 걸어감
이니, 그 목적지를 알며 가는 길을 알
고 가는 자는 얼마나 편안하고 수월하
게 가겠느냐?
4 그러나 방향을 모르며 길을 모르는 자
가 한 치 앞이 안 보이는 밤길을 걸어
갈 때 어떠한 고통과 시련이 그 앞에
있겠는가?
5 그는 바로 한 치 앞에 이루어지는 그
어떠한 변화도 모르고 가지 아니하겠
는가?
6 지금 나의 피조물 만백성 너희들이 하
늘에 오르는 길이요, 천국의 문을 들
어선다 하는 것이 바로 그와 같이 캄
캄한 밤에 길도 모르고 갈 방향도 모
르면서 그저 걸어가는 형국이니,
7 앞에 가는 자를 그저 따라가는 그와
같은 형국이 지금 너희들의 믿음의 길
이니라.
8 앞에 가는 자도 정녕 갈 길을 모르고
방향을 모르면서 너희에게 '이 길로
가면 하늘에 오르는 길이요, 구원의
길이며, 이곳으로 가면 너희들이 쉴
수 있는 집이 나오며 안락한 장소가
나온다.' 하며 캄캄한 밤길을 그저 따
라오라 하니 너희도 모르면서 그저 따
라가는 그와 같은 형국이니라.
9 하늘에 오르는 길이요, 깨달음의 길이
요, 천국의 문에 들어선다며 그와 같
이 가르치는 종교 지도자들이 나의 뜻
과는 전혀 관계없는 길로 역행하는 행
위를 하고 있음이니,
10 그들이 캄캄한 밤에 길도 모르면서 가
는 자들이니라.
11 그와 같은 자를 따라가는 너희에게 내
가 길잡이요, 안내자를 보내겠다 하여
보냈음이니라.
12 그러나 그를 보지 아니하고 듣지 아니
함이니, 지금 너희들이 그와 같은 형
국에 있음을 알아야 할 것이니라.
13 너희들이 모르는 자를 따라 밤길을 가
그 한 치 앞에 이루어지는 결과도 모
름이니, 오로지 지옥으로 가는 길을
달려가고 있음이니라.
14 내가 그리하여 목적지도 모르면서 캄
캄한 밤길을 가는 나의 백성들을 위하
여 법전이라 하여 160권의 장정의 책
을 만들어 세상에 내려보내니,
15 이게 나의 성령이요, 너희 생명이요,
영원한 구원의 길을 위하여 내려보내
는 것이거늘, 너희는 이 소중한 것을
보지 아니하여 그 은혜의 감사함을 모
르고 있음이니, 이를 과연 어찌하여야
하겠는가?
16 사랑하는 나의 백성, 너희는 들으라.
17 나의 법전을 접하는 자는 캄캄한 밤길
에 갈 길을 알며 목적지를 알며 방향
을 알고 가는 그와 같은 것이며,
18 나의 법전을 읽지 않고 깨우치지 아니

하는 자는 목적지도 모르고 가는 길의
방향도 모르며 캄캄한 밤길을 그저 걸
어가 쓰러지고 넘어져 낭떠러지로 떨
어짐이니, 이는 바로 무엇이냐?
19 지옥으로 가는 그와 같은 삶으로 가는
것임을 알라.
20 너희는 나 여호와의 그 깨우침 하나
를, 수천수만 가지의 그 깨우침을 인
간으로서 너희에게 그리 전할 수 있다
말할 수 있는가?
21 너의 제자가 법전 열여섯 권을 네 번
째 읽어 가면서 그가 깨달은 것이 무
엇이더냐?
22 뜨거운 불 위에 끓는 주전자 속에 있
는 그 물이 끓어 가볍게 수증기가 되
어 날아가는 것이 곧 너희들이 더럽고
추한 죄를 고통과 시련 속에서, 달궈
지는 그 쇠보다도 더 고통을 겪어 너
희 자신을 비웠을 때 하늘에 오를 수
있는 수증기와 같이 된다는 그 하나의
이치를 깨달았음이니라.
23 너희들이 평생 살아가면서 깨우치는
것이, 나의 법전을 세 번, 네 번, 다섯
번 읽어 하나의 그 깨달음을 얻는 것
이 너희들이니, 참진리요, 깨우침의
길이 얼마나 무섭고 힘든 것인지 아는
가?
24 그와 같은 하늘의 뜻을 내가 수백, 수
천 가지를 너희에게 가르쳐 주거늘,
25 그 은혜를 받는 너희들이 이는 정녕
나 여호와의 뜻이요, 하늘의 창조주
내가 너희를 구하기 위하여 내려보내
는 나의 법전이라는 것을 깨우치지 못
하니, 너희들이 얼마나 우매하고 어리
석고 오만한 자들인가?
26 너희 스스로 기록하여 보라.
27 나의 법전을 읽고 그 법전에서 너희를
깨우치고자 하며 너희에게 원하는 것
이 무엇인가를 연구해 보라.
28 그렇다면 지금의 믿음의 세계에서 허
덕이는 너희가 과연 그와 같은 깨달음
이요, 그와 같은 가르침을 너희의 종
교 지도자들에게 몇 번이나 들었으며
몇 가지를 배웠으며 얼마나 그와 같은
것을 배워 하늘의 진정한 참뜻을 알고
있는가를 스스로 되돌아보는 그와 같
은 계기를 갖지 아니하는 자, 나의 법
전을 들여다볼 수 없음이니 그리 알라.

3,681 번째 하나님 말씀

2002년 10월 15일 18시 27분

1 사랑하는 나의 아들아!
2 "네, 아버님! 말씀하옵소서."
3 너희들이 나로부터 생명을 받아 세상
에 나감이니,
4 너희 육의 세상에서 사랑을 베풀며 서
로 나누며 그와 같은 마음으로 살아가
며 너희 스스로 자신을 다스려 살아나
가 내가 만든 이 지상의 아름다운 성
전에서 나의 계명에 따라 살며 나에게
경배의 기도를 하면 바로 그것이 구원
의 길이라 하였음이니라.
5 그리하여 남을 위하여 사랑을 베풀며
선한 일을 행하며 살아가는 것이 너희
들이라 하였음이니라.
6 그러나 지금 종교 집단이라는 그곳에
소속된 너희들이 그 소속감 때문에 과
연 어찌 살아가고 있는가?
7 너희들은 종교 집단의 그 소속감 때문

에 그 소속에 얽매어 너희 손으로 만
든 성전에 와 기도하고 경배하지 아니
하며 너희 종교 지도자들의 가르치는
그 교리를 듣지 아니하는 자, 그리고
그들에게 재물을 바치지 아니하는 자,
8 그는 아무리 선하고 착한 일을 해도
나 여호와로부터 구원을 받을 수 없으
며 사랑을 받지 못한다고 그리 가르치
고 지금 이끌어 오고 있음이니라.
9 그러나 그것은 너희들이 손으로 하늘
을 가리는 그 형국에 지나지 아니함이
니,
10 이제 나의 피조물 만백성들이 그리 어
리석고 둔하지 아니하니, 그들이 바로
너희들을 단죄하기 시작하는 역사가
이루어지고 있음을 알아야 될 것이니
라.
11 너희는 너희 스스로 착하고 선하게 살
아가고자 하나, 잘못 가는 종교 지도
자들이 그 소속이요, 그 집단에 너희
를 끌어들여
12 너희가 지금 어떤 것이 진정한 구원의
길이며 너희들이 지금 어떠한 길을 가
고 있는지 그 이치도 깨닫지 못하고,
너희들이 지금 가고 있는 것을 알려고
하지도 아니하며, 너희들이 달려가고
있는 그 길이 진정한 구원의 길인지
아닌지 그 자체도 알려 하지 않으며,
깨달아 보려 하지 않으며, 두드려 보
려 하지 않으며,
13 그저 꼭두각시와 같은 삶으로써 살아
가면서 구원을 받는다며 잘못 살아가
고 있음이니,
14 내가 그런 너희들을 보기에 마음이 너
무나 아파, 내가 너희에게 뭐라 말하
였느냐?
15 너희는 스스로 깨우쳐 아름답게 살며
나에게 기도하고 경배하며 그리 살면
되는 것을,
16 종교 집단이라는 그 소속에 얽매여,
너희들의 인생의 살아가는 것을, 너희
들 자신이 너희들 자신을 살아가는 것
이 아니라 남에게 이끌려 가는 그와
같은 삶을 살고 있다 하였음이니,
17 즉, 무대에서 연극을 하는 그 배우들
이 항상 주역을 하지 못하며 조역을
하되, 제가 하고 있는 것이 무엇이며
이루는 것이 무엇인지도 모르며 그리
살아가는 것이 너희들이니라.
18 그리하여 내가 나의 법전을 세상에 내
려보내는 것은, 너희 삶에서 주역을
하라 함이니라.
19 무대에서 연극을 보이는 배우가, 주역
이 될 수 있는 너희들이 스스로 주역
이라는 것을 모르며 그 이끌어 가는
자에 따라서 꼭두각시처럼 춤을 추는
그와 같은 형국의 삶을 살고 있음이니,
20 너희 삶의 그 이면에서 무엇이 이루어
지며 무엇이 잘못된 것이며 무엇이 잘
못 가는 것인지 그 자체도 모르고 그
리 살아가는 것이니,
21 내가 바로 너희 스스로 주역이 되어
너희들의 삶을 깨달으며, 너희들이 삶
의 그 길을 바로 보며,
22 너희들이 어디에서 어떠한 일을 하고
있는 것이며, 너희들이 가고 있는 삶
이 무엇인가 그 모두를 돌아다보며 그
속을 볼 수 있도록,
23 너희들이 우매하고 둔하여 내가 그를
깨우쳐 주고자 나의 법전을 세상에 지

금 내려보냄이니, 이것은 무엇이더냐?
24 자신이 무엇인지도 모르고 사는 나의
백성 너희들이 이 지상의 주역으로서
스스로 주역의 삶을 살도록 내가 깨우
치고자 함이니, 이제는 이 세상의 주
역으로서 사는 삶을 사는 자만이 하늘
에 오르는 길을 볼 수 있음을 알라.
25 스스로 인생을 살아가지 못하며 종교
집단에 짜이고 얽매이고 얽힌 틀 속에
서 그저 그것이 진정한 구원의 길이라
생각하고 달려가는 자,
26 인생의 주역인 너희들이 주역 한 번
하지 못하며 그저 무대에 나가 제가
무슨 짓을 하는 것이며 그것이 관중을
위하여 무엇을 깨우치는 것인지도 모
르는 자와 마찬가지로 너희 인생을 그
리 살아감이니,
27 너희들이 지금의 종교 집단에 속해서
살아가는 것이 그와 같은 형국이니라.
28 너희들이 구원을 받지 못하는 것이 내
가 만든 이 아름다운 지상의 성전의
낙원에서 너희 스스로 주인으로서 살
지 못하기 때문이니,
29 이제 너희들이 스스로 주역으로서 무
대에 서며 인생의 주역으로서 살아가
는 그 길을 내가 가르쳐 주고 깨우쳐
주고자 나의 법전을 세상에 내려보내
니,
30 이를 읽지 아니하고 깨우치지 못하는
자, 정녕 구원의 길을 볼 수 없음을 너
희들은 알아야 될 것이니라.
31 이제 너희 스스로 주역으로서 살아가
는 그 삶을 찾으라.
32 그 삶의 길이 바로 무엇이던가?
33 나의 법전이니라.
34 너희들이 지금의 믿음을 가지고 가는
속에서 불안하여 잘못 가는 것을 알고
있으나,
35 한 자도 빼도 고쳐도 아니 되며, 오로
지 이는 그대로 지키고 살아야 되는
것이며, 나 여호와의 가르침이요, 나
의 뜻이라 그리 말하고 가르치는 구약
과 신약의 그 성서를 대신하여 너희들
이 깨우칠 것이 없기 때문에 계속 그
리 감이니,
36 바로 내가 구약과 신약을 덮으며 그를
대신하여 하늘의 이치를 알 수 있는
나의 법전을 내려보냄이니라.
37 구약과 신약은 너희들의 이루어진 역
사요, 인간 세상에서 이루어진 것이
며, 제사장이 이룬 역사며, 나의 백성
들이 이루어진 역사며, 나의 아들이
이루어진 그 역사를 기록하였음이니,
38 거기에는 나의 진정한 깨우침과 가르
침과 너희들이 가야 할 길이 명시된
것이 없음이니라.
39 그러나 제3의 시대에 그 모두를 덮고
다시 세상에 내보내는 나의 법전은 창
조주인 나의 뜻이요, 마지막 시대이기
에 너희들이 행할 길과 행했을 때 구
원받고 구원을 받지 못하는 그 모두를
상세히 나열하여 너희에게 내려보냄
이니,
40 이것이 바로 너희를 구원하고자 마지
막 내가 너희에게 주는 선물임을 알라.
41 이제는 주역으로서 너희 스스로 가도
록 이끄는 나의 법전을 읽고 깨우쳐
너희 자신을 찾으며 너희 자리를 찾
도록 그리하라.

3,682 번째 하나님 말씀

2002년 10월 15일 23시 21분

1 사랑하는 나의 아들아!
2 "네, 아버님! 말씀하옵소서."
3 네가 지금 너 스스로 변해 가는 그 역사의 소용돌이 속에서 너 자신이 바로 설 수 있으며 네가 만백성에게 한 점의 부끄럼이 없는 그 삶을 살아갈 수 있도록 너 스스로 변해 가는 그 방향은 하늘에서 나 여호와가 알며 모든 천사들이 그를 보고 알고 있음이니라.
4 이제 너희들이 하나의 도구를 만들기 위하여 쇠를 달구어 녹이듯이 네가 그와 같이 달구어지고 달구어져 녹아 있음이니,
5 이제 바로 대장장이가 그가 필요한 것으로 만들어 가듯이, 너는 그와 같이 너 자신의 모두를 다 태우고 녹였음이니, 이제는 네가 스스로 갈 수 있으며 바로 설 수 있는 그와 같은 단계에 들어섰음이니,
6 네가 이제는 정녕 내가 원하는 그 길을 갈 수 있으며 그 누구도 넘을 수 없는 어렵고 힘든 고비의 길을 넘어 만백성을 구하는 길을 갈 수 있음이니, 그것이 지금까지 네가 짧은 기간에 변해 온 그 삶의 형태이니라.
7 이제 네가 좀 더 변화되며 좀 더 나의 뜻에 따라 행하여질 때, 만백성이 너를 봄에 한 점의 부끄럼이 없이 당당히 설 수 있는 그와 같은 나의 아들로서 변할 날이 머지않았음을 너는 알아야 될 것이니라.
8 이제 너 스스로 알고 있을 것이니라.
9 네 몸속에 흐르는 피들이 맑고 맑아지는 것을 네가 느낄 것이며, 네가 나의 성령을 받으며 내가 너에게 내리는 그 메시지의 소중하고 귀한 것을 네가 알며 깨달아 가기 시작함이니,
10 그게 바로 네가 바로 설 수 있는 변화의 한 줄기에 흘러가고 있음을 입증하는 것임을 너는 알아야 할 것이니라.
11 너 자신이 불안하며, 너 자신이 변할 수 없으며 네가 육의 삶이라는 그 인생의 세속의 삶을 정녕 털어 버릴 수 없어서 불안하여 울던 그 시간이,
12 이제는 네가 과연 오늘에 있기 위하여 그날의 고통이 있었음을 알고 있을 것이니, 너는 모두를 다 알고 있지 아니한가?
13 그리고 너는 나의 음성을 들으며 나의 형체를 보며, 내가 너에게 원하는 것이 무엇인지 알며, 네가 그를 위해 스스로 변해 가는 그 역사를 알고 있음이니, 이제 네가 그대로 가면 되느니라.
14 무쇠로써 무엇을 만들고자 그 무쇠를 불에 달구어 녹이듯이, 불에 달구어지는 그 무쇠보다 더 어렵고 힘든 그 고통의 세월 속에 이제는 네가 불에 달군 무쇠처럼 녹아져 있음이니,
15 이제는 대장장이가 필요한 도구를 만들듯이 너는 내가 원하는 그 뜻으로 흘러갈 수 있는 그 방향이 잡혀 있으며, 네가 그리 지금 달려가고 있음이니라.
16 내가 너에게 말하였음이니라.
17 너희들의 선과 악은 백지 한 장의 차이라 하였음이니, 너는 이제 넘어지지

아니하고 변하지 아니하고 오로지 그
길을 갈 수 있는 경지에 들어섰음이니,
18 3부의 법전이 세상에 나오기 전에 네
가 그와 같은 경지의 깨달음을 얻고
있음이니 나 여호와의 기쁨이 이루 말
할 수 없으며, 너를 둘러싸고 반대했
던 모든 천사들까지도 너를 위하여 경
배의 박수를 해 줌이니, 너는 이를 알
지 않는가?
19 여기에서 네가 주저하지 아니하며 태
만하지 아니하며 지금의 네가 깨달음
을 향하여 달려온 것처럼 쉬지 않고
계속 나를 향하여 달려올 때, 그리고
내가 너에게 내리는 그 메시지를 하나
하나 가슴에 새겨 행하고자 노력할
때, 내가 이루고자 하는 그 역사는 이
루어질 것이니라.
20 너희는 매일 내가 그저 숨 쉬게 하며
마시게 하는 그 산소와 물의 소중함을
모르듯이, 나로부터 선택되어 만백성
을 구하는 이 대업에 참여하는 너희
자신의 소중함을 모르며,
21 너희들이 얼마나 위대한 역사를 이루
는 것이며 창조주 나 여호와의 뜻에
따라 삶을 살아간다는 그 자체가 얼마
나 선택된 영광이며, 너희들이 수십억
인구 중에 가장 소중하고 귀한 나의
아들딸들이라는 것을 너희 스스로 실
감하지 못하며 그리 느끼지를 못함이
니,
22 세상사에 인간들이 살아가면서 임명
장이라는 것을 받으며 직함이라는 것
을 받았을 때 실감하며 그 능력을 발
휘하며 제가 그 자리에 있는 것을 깨
우쳐 직분을 행하니, 그러나 그와 같
지 아니함이니라.
23 너희들은 그보다 더 확실하며 그보다
더 위대하며, 너희들이 이 세상 만백
성을 위하여 하는 그 길보다 더 위대
한 것이 세상사 너희들 세속에 이루어
지는 것이 없거늘,
24 너희들 인간 세속에서 이루어지는 어
떠한 것보다도, 너희들이 말하는 부귀
와 영화요, 명예도 나의 법전을 만드
는 선택된 너희들이 받은 그 임명장보
다 더 소중한 것이 없으며 귀한 것이
없는 것임을 너희들은 알아야 될 것이
니라.
25 그리하여 너희들 자신의 소중함과 귀
함을 알았을 때 너희들이 그와 같이
변할 수 있는 깨달음을 얻게 됨이니,
26 너희 자신이 나로부터 명을 받은 그
은혜와 은총이요, 영광의 소중함과 위
대함을 먼저 너희 가슴에 새기도록 그
리하라.

3,683 번째 하나님 말씀

2002년 10월 15일 23시 59분

1 사랑하는 나의 아들아!
2 "네, 아버님! 말씀하옵소서."
3 수천 년 동안 그 역사 속에서 수많은
너희 백성들이 살아가며 그리도 구원
의 길을 위하여 몸부림치며 매달려 인
생을 다 살아온 백성이 수없이 많이
있음이니,
4 지금 그들이 잘못 깨우쳐 잘못 가르치
는 자로 하여금 내 품에 온 자 없다 내
가 말하였음이니라.
5 그리하여 그와 같은 세월이요, 지금에

도 구원을 받고자 몸부림치고 발버둥
치는 너희를 위하여 내가 제3의 시대
에 '하늘에 오르는 길'이요, '하나님!
말씀하옵소서'라는 이 새로운 성경책
에 나의 성령을 나의 아들의 가슴을
통하여 세상의 너희에게 내려보냄이
니,
6 지금 내려보내는, 내가 법전이라 명한
이 책을 너희들의 귀로써 들으며 구원
의 길에 오를 수 있으며 너희들이 읽
으면 그것으로써 구원의 길에 들어설
수 있는 그와 같은 법전을 내가 너희
에게 만들어 주었거늘,
7 어찌하여 너희는 구원을 받는 것을 그
리 갈구하고 소원하면서 나의 법전을
보지도 않으려 하며 그 음성을 듣지도
않으려 하는 그와 같은 심성으로써 지
금 살아가는가?
8 너희는 너희를 구원하는 진정한 나의
성령으로 기록된 나의 법전의 그 뚜껑
을 열 때 너희가 그리 갈망하던 나 여
호와가 너희들과 같이한다 하였거늘,
9 너희들은 나의 법전을 만지며 나의 법
전을 보는 것을 벌레를 보는 것만도
못하게 그리 대함이니, 어찌하여 그러
고도 구원을 받는다 그리 말할 수 있
는 것인가?
10 너희들이 마음으로 나의 법전을 벌레
보듯이 하는 것도 그게 다 너희 의지
요, 너희 개인의 뜻에 그리하는가?
11 너희들은 지금 그리하지 못하느니라.
12 나의 법전이요, '하늘에 오르는 길'이
라는 이 책을 읽어 보며 나의 아들이
강론하는 것을 듣고 싶어 하는 백성들
이 있으나, 너희들은 너희 의지대로
그리하지 못함이니라.
13 지금 잘못 가르치는 종교 지도자들의
가르침이요, 그들에게 세뇌되었으며
그들의 세 치 혓바닥에 현혹되어 너희
들이 옳고 그른 것을 판단하는 그 능
력을 잃어버린 그와 같은 상태며,
14 너희 자신도 모르게 세뇌되어 너희 삶
을 저버리고 사는 너희들이 되었기에
지금 나의 법전을 너희들이 벌레를 대
하듯이 그리함이니라.
15 너희들이 나의 법전을 읽는 소리를 들
으며 나의 법전을 읽어 정독할 때 너
희들이 그리도 갈망하던 그 구원의 길
을 볼 수 있으며 구원에 오를 수 있는
나의 법전이거늘, 어찌하여 그를 그와
같이 대하며 핍박하며 너희들이 그리
사는가?
16 이는 너희 자신이 이제 정신을 차려
바로 구원의 길이 무엇이며 너희 스스
로 자신이 구원을 받고 못 받는 그 판
단력의 깨달음을 지금에 찾지 못한다
면 너희는 영원히 구원의 길을 볼 수
가 없음을 알아야 될 것이니라.
17 너희들이 나의 법전을 벌레 보듯이 하
며 이는 이단이요, 사탄이요, 마지막
시대에 온 자가 만든, 사악한 자가 만
백성을 지옥으로 이끌기 위하여 만든
간악한 책이라 그리 말하나,
18 이것은 너희들의 의지대로 말하는 것
이 아님을 알아야 될 것이니라.
19 너희 스스로 너희 마음속에서 나의 법
전을 그와 같이 벌레 보듯이 하며 사
탄이요, 이단이라 그리 생각하는가?
20 너희들은 너희 스스로 그리 판단함이
아니니라.

21 너희들이 잘못 가르치는 종교 지도자
들에게 세뇌되어 그들의 세 치 혓바닥
으로 가르치는 그 잘못된 거짓된 자들
의 말에 의하여 판단력을 잃었기에 너
희들이 지금 지옥으로 가고 있음을 알
아야 될 것이니라.
22 이제는 너희들이 너희 자신의 정신을
차려 나의 법전을 읽고 깨우쳐 구원의
길을 얻어야 할 것이니,
23 이를 얻지 못하는 자, 내 앞에 왔을 때
그것이 얼마나 억울하고 분한 일이며,
너희들이 평생 속아서 살아온 그 삶에
대한 것이 얼마나 무서운 죄로써 너희
에게 굴레를 씌우는가, 너희들이 그와
같은 죄의 대가를 치르는 것이 얼마만
큼 무서운 것인가를 알고 통곡하며 후
회할 때는 이미 늦음이니, 이를 알아
야 될 것이니라.
24 여기서 내가 너희에게 다시 한 번 강
조함이니, 너희들의 종교 지도자들이
그리 말하지 아니하는가?
25 이 세상의 모두는 나 여호와의 뜻에
의해 이루어지며 모두는 나 여호와의
뜻에 의해 행하여진다 그리 말함이니
라.
26 세상에 법전이라 하여 내가 내려보낸
것이요, '하늘에 오르는 길'이라 하는
이 법전도 나의 뜻에 의하여 세상에
나온 것이니, 너희들이 이를 읽어 보
고 깨우치는 것은 당연하거늘,
27 그를 보지 못하게 하며 그는 사탄이
요, 이단이라 말하니, 두말하는 그 지
도자들을 너희는 따라서는 아니 될 것
이니라.
28 너희들이 인간 세상에 살아가면서 평
범한 너희 세속의 삶 속에서도 한 입
가지고 두말하는 자, 그를 신뢰하지
않으며 인간으로 취급하지 아니하거
늘,
29 너희들은 종교 지도자들이 한 입 가지
고 두 말을 하고 있는 것을 어찌 그리
도 모르고 그를 깨우치지 못하는가?
30 너희들은 이와 같은 현실을 바라봐야
될 것이며, 단상에 서서 너희에게 교
리를 가르치며 평생 너희에게 재물을
거둬들이는 그와 같은 사악한 자들의
가르침을 이제 분석하고 깨우쳐 봐야
될 것이니라.
31 내가 너희에게 다시 말하나니, 내가
제3의 시대에 너희를 구하고자 마지
막으로 내리는 내 법전은 너희들이 그
리 구원의 길을 갈망하는 그 모든 길
을 열어 줄 수 있으며,
32 그저 그를 읽는 소리를 듣는 것만으로
도, 눈으로 그 책을 한 줄 한 줄 읽음
으로써 너희 소원을 이룰 수 있는 것
이 나의 법전임을 알라.

3,684 번째 하나님 말씀

2002년 10월 16일 0시 03분

1 사랑하는 나의 아들아!
2 "네, 아버님! 말씀하옵소서."
3 너희들이 인생에 살아가면서 너희에
게 가장 소중한 것이 무엇이더냐?
4 너희에게 가장 소중한 것이 무엇이냐
물으면 너희들은 너희 생명이라 그리
말할 것이니라.
5 너희들은 백 년도 안 되는 너희 육의
삶을 위하여, 너희들이 이 세상에 가

지고 있는 어떠한 것도 너희 생명을
연장하는 것보다 더 소중한 것은 없으
니,
6 너희들이 재물이나 명예나 그 모두를
너희 육의 생명을 연장하기 위해서 다
바치고 던져 너희 생명을 구하고자 하
는 것이 너희들의 지금의 살아가는 형
태이니라.
7 그러나 너희들은 육의 삶의 생명이 아
니요, 영원히 사는 다음의 세상이 있
음을 어찌하여 깨우치지 못하는가?
8 너희들은 백 년도 못사는 삶을 위하여
그 모두를 다 바침이니, 영원히 사는
나의 나라에 와 너희들이 영원히 생명
의 빛 속에서 살아가는 그를 위해서는
너희들이 과연 무엇을 바칠 수 있다
생각하는가?
9 너희들이 백 년도 안 되는 육의 생명
을 위하여 너희 모두를 다 바칠 수 있
음이니,
10 너희들은 영원히 사는 그 생명의 삶을
위하여 너희들이 그리 소중히 하는 육
신의 생명까지도 바쳐 구원의 길을 얻
을 수 있다면 그 길을 선택하는 자가
현명한 자일 것이며,
11 영원히 사는 삶을 위하여 너희 생명이
라도 바쳐 그 길을 구하고자 하는 자
있으면 또한 구원하는 것이 너희들의
행복임을 알아야 될 것이니라.
12 그러나 너희는 그를 깨우치지 못함이
니라.
13 너희들이 백 년도 안 되는 육의 삶을
위하여 그 모두를 다 바치며 다 던질
수 있다 하나, 너희들이 영원히 사는
너희 생명을 위해서는 과연 물질이요,
재물이요, 명예를 얼마나 바치고 그를
위하여 던지는가?
14 너희들은 그를 위해서 과연 얼마나 던
지고 희생하고 봉사하는가를 한번 따
져 보라.
15 너희들이 영원히 사는 그 생명을 위해
서는 너희들이 육에서 그리도 소중히
생각하는 그 생명마저도 바쳐 그를
구원하여야 하거늘,
16 그와 같이 생명을 바쳐서라도 구원의
빛을 보며 구원의 길을 올라야 하는
너희들이 과연 시간과 물질과 너희들
이 가지고 있는 것을 얼마나 바쳐 그
를 위하여 너희들이 만백성을 위해 희
생하고 봉사하고 살아가는가?
17 너희들은 백 년도 못 되는 생명을 위
해서는 모두를 다 던질 수 있으나, 영
원히 사는 너희들의 그 생명을 위해
서는 바칠 수 없는 것이 너희들이며
던질 수 없는 것이 너희들이며 사랑을
베풀지 못함이 너희들이니,
18 너희들이 얼마나 어리석고 우매한 백
성인가를 깨우쳐야 할 것임을 알라.

3,685 번째 하나님 말씀

2002년 10월 16일 0시 07분

1 사랑하는 나의 아들아!
2 "네, 아버님! 말씀하옵소서."
3 너희들이 인간사에 살아가는 삶에서
1년의 농사를 지어 추수하여 거둬들
일 때 어찌 거둬들이는가?
4 알곡식과 쭉정이를 구분하여 알곡식
만을 창고에 쌓는 것이 너희들의 삶이
아니더냐?

5 너희는 진정한 깨달음의 길을 살아온
자와 진정한 깨달음의 길을 살아오지
아니한 자로, 바로 가을에 추수하여
농부가 거둬들이듯이 내가 너희들을
구분함을 알아야 될 것이니라.
6 너희들이 선행을 하며 살아온 자와 악
행을 하며 죄를 지으며 살아온 자, 나
의 뜻에 따라 산 자와 살지 않은 자를
구분하여 내가 선별함을 잊어서는 아
니 될 것이니라.
7 농부가 가을에 추수하여 거둬들여 쭉
정이와 알곡식을 구분하여 알곡식을
창고에 그득히 쌓듯이, 내가 나의 천
국의 문을 열어 나의 나라에 오는 백
성은,
8 내가 너희들을 선하게 산 자, 악하게
산 자, 나의 뜻에 산 자, 살지 않은 자
를 구분하여 나의 뜻에 따라 계명을
지키고 산 그와 같은 나의 백성만을
천국에 거둬들임이니, 이는 곧 무엇이
더냐?
9 농부가 가을에 알곡식을 창고에 쌓는
그 역사의 순리와 같음이니, 너희들은
이를 알아야 될 것이니라.
10 너희들이 어찌 살아왔느냐에 따라서
그를 엄연히 구분하여 내가 지옥으로
갈 자와 천국으로 올 자, 그를 다스림
이니, 너희는 이와 같은 하늘의 이치
를 알아야 될 것이니라.
11 그리하여 너희들의 오늘의 삶이 과연
선을 행하며 사는 삶인가 악을 행하며
사는 삶인가 너희 스스로 점수를 매기
며 평가해 본다면, 너희들이 지옥과
천국이라는 너희가 갈 길을 알게 되어
있음이니,
12 너희 스스로 자신을 점검하여 지금이
라도 바로 살아가는 그와 같은 삶을
살아, 내가 너희들을 추수할 때 알곡
식과 같은 쓰임을 받는 데 선택되는
백성이 되어야 함을 잊어서는 아니 될
것이니라.
13 이를 명심하여 너희들은 행하라.
14 농부가 구분하여 쌓듯이 엄연히 나 여
호와가 나의 백성 너희들을 구분하여
천국의 문과 지옥의 문으로써 구분됨
을 잊지 말라.

3,686 번째 하나님 말씀

2002년 10월 16일 0시 12분

1 사랑하는 나의 아들아!
2 "네, 아버님! 말씀하옵소서."
3 나의 법전이 진정한 나의 성령이요,
나의 참진리의 가르침이라는 것은 가
장 낮은 곳에서부터 너희를 깨우침이
며 가장 낮은 가르침으로부터 너희를
이끌어 가고자 함이니라.
4 그리하여 그곳에 너희들이 참진리요,
나 여호와의 성령이라 그리 말함을 너
희는 잊어서는 아니 될 것이니라.
5 너희는 알아야 할 것이니라.
6 나의 참진리를 받아 전하는 백성이며
만백성을 구하는 너희는 어찌 깨달으
며 가야 하는가?
7 너희가 물을 뿌려 보라.
8 호스라는 것에 의하여 물을 뿌리면 그
물이 어디서부터 젖어 가는가?
9 호스의 주변서부터 물은 서서히 먹혀
들어가 많은 땅을 적시게 되어 있음이
니라.

10 너희들이 깨우쳐 가는 진리가 그와 같
음이니라.
11 나의 성령을 나의 아들이 직접 받음이
니, 나의 아들로부터 그 성령을 받는
것을 기록하며 직접 들으며 깨닫는 가
장 가까운 너희들부터 마음이 하나가
되어야 할 것이며 너희 마음에 변화의
역사가 이루어져야만 하는 것이니라.
12 직접 나의 성령을 받아 법전을 기록하
는 나의 아들의 주변에 가장 가까이
있는 너희들이 나와 같이, 나의 천사
와 같은 마음으로 변하지 아니하며 너
희가 하나로 변하는 그 역사를 이루지
못했을 때, 너희들 다음에 멀리 있는
그 백성들은 변할 수가 없음을 알아야
할 것이니라.
13 나의 선지자의 주변에 가까이 있는,
그리고 그를 따르는 제자 너희들이,
그 제자 중에서도 선지자와 더불어 나
의 법전을 만들고 엮어 가는 자, 제일
먼저 나의 성령의 뜻을 들으며 기록하
는 자, 그와 같은 너희들이 먼저 변하
며 천사와 같이 되었을 때 그다음 단
계의 나의 백성들이 변하여 감을 알아
야 될 것이니라.
14 가장 가까이 있는 자들이 변하지 아니
하며 마음을 하나로 이루는 그 역사를
이루지 못한다면 이는 그 누구도 이루
어질 수 없음을 너희들은 알아야 될
것이니라.
15 호스로 물을 뿌릴 때 그 물이 떨어지
는 곳부터 땅을 적셔 가듯이 그 원리
와 그 이치임을 너희는 알아야 할 것
이니,
16 어찌하여 이 간단한 이치 하나도 모르
며 너희들이 서로 갑론을박하고 때로
시시비하며 남의 허물을 탓하는 그와
같은 부끄러운 삶을 사는가?
17 나의 선지자의 팔을 벌려 그의 손에
잡히는 자, 그 팔을 벌려 그 품 안에
있는 자, 그리고 거기서 조금 떨어져
있는 자, 조금 더 멀리 떨어져 있는
자, 누가 먼저 깨우치며 누가 나의 아
들을 따라가며 천사와 같은 마음이요,
나 여호와와 같은 심성으로 살아갈 수
있으며 변할 수 있다 너희들이 말할
수 있겠는가?
18 나의 아들이 팔을 벌려 품에 안을 수
있는 그곳에 있는 자, 그리고 팔에 닿
는 자, 그와 같이 가까이에 있는 자들
이 완벽하게 변하지 아니하면 그다음
단계의 백성이 변할 수가 없음이니라.
19 이 이치를 너희들이 깨우쳐야 할 것이
니, 이와 같은 역사가 너희들로부터
이루어지지 아니하면 절대 너희들이
어려움이요, 그 고통에서 벗어날 수
없으며 너희들이 바라는 역사가 이루
어질 수 없음을 알아야 할 것이니라.
20 내가 한 사람의 변하는 자가 있으며
천사와 같은 마음을 가진 자가 있으면
모두를 다 주고도 바꾸지 아니한다 하
였거늘,
21 나의 아들로부터 내가 내리는 그 성령
을 직접 듣고 기록하며 또 법전을 만
드는 자, 나의 선지자의 팔 안에 있는
너희들이 변하지 아니하며 하나가 되
지 못한다면 그다음 단계의 모든 백성
들은 하나가 될 수 없음이니,
22 너희들이 열이라는 마음에 셋이 하나
가 되고 일곱을 버렸을 때 그다음의

백성들은 하나도 얻어지는 게 없음이
니, 이와 같은 이치를 깨달아 처신해
야 함을 잊어서는 아니 될 것이며,
23 나의 아들의 제자라 명한 자, 열여섯
의 신부라 명한 자, 그리고 나의 성전
에 와 직접 듣고 깨닫는 너희들이 완
전히 하나가 되지 아니하면 그다음 단
계에 있는 백성들이 어찌 하나가 되겠
는가?
24 꿈에도 생각지 말라.

3,687 번째 하나님 말씀

2002년 10월 16일 0시 21분

1 사랑하는 나의 아들아!
2 "네, 아버님! 말씀하옵소서."
3 내가 불로 직접 써 내린 그 십계명 속
에 '네 부모를 공경하라.' 기록하였으
며, 나의 성서에 기록하여 너희를 깨
우치기를, 부모를 공경하지 아니하는
자, 부모를 공경토록 하지 아니하는
자, 그와 같은 자가 나의 뜻을 역행하
는 자며 나의 뜻을 거역하는 자라 내
가 성서에 기록하여 놓았음이니라.
4 그러나 너희들은 그 대목을 과연 어찌
가르치며, 지금의 종교 지도자 너희들
이 가고 있는 형국이 과연 어떠하던가?
5 너희들은 여기서 신도라 하여 구원을
받았다 부르짖는 백성들, 너희들이 먼
저 한번 깨우쳐 봐야 할 대목임을 알
아야 될 것이니라.
6 부모를 공경치 아니하며 부모를 공경
치 아니하도록 가르치는 그와 같은 자
는 사탄이요, 잘못된 자라 내가 성서
에 기록하여 두었음이니,
7 지금 나의 피조물 만백성의 지도자라
하는 너희들은 과연 어찌 가르치는가?
8 너희들은 하나서부터 백 가지가 다 너
희 육의 부모를 먼저 공경하라 가르치
는 자 없음이니라.
9 너희 손으로 지은 그 성전에 먼저 바
치는 것이 너희들이 구원을 받으며 하
늘에 오르는 길이며 그것이 당연하다
그리 가르침이니라.
10 너희들이 백 가지 천 가지 중에 너희
손으로 지은 그 성전에 먼저 바치지
말며 부모에게 먼저 바치라 가르치는
자 있는가?
11 너희들이 큰 떡은 부모에게 놓고 작은
떡을 성전에 갖다 놓으라 말하는 자
있는가?
12 창조주인 나 여호와는 아무것도 필요
가 없으며 재물도 필요 없으며 금화와
은화도 필요 없으며 떡도 생선도 필요
없으니,
13 너희들이 창조주인 나 여호와 하나님
에게 바치는 것은 기도하는 마음이요,
경배하는 마음이요, 세상에 너희들의
생명을 내 준 그 은혜에 감사하는 기
도로써 너희들의 그 모두를 다 바치는
것이 가장 큰 은혜라 그리 가르치는
종교 지도자가 세상에 어디 있는가?
14 지금의 종교 지도자들이 과연 그리 가
르치느냐?
15 천 가지를 다 놓고 말해도 너희 육의
부모에게 먼저 바치며 더 좋은 것, 더
큰 것을 바치라 그리 말하지 아니할
것이니라.
16 낳아 주고 길러 주고 손으로 만질 수
있고 볼 수 있는 너희 육의 부모에게

모두를 다하는 자, 나 여호와에게 올 수 있는 자이며 근본이 되어 있는 자라 가르치는 자 있는가?

17 천 가지, 만 가지, 수십억 가지를 댄다 해도 지금의 종교 지도자들은 육의 부모보다 너희 손으로 지은 그 죄의 온상인 성전에 먼저 바치는 것이 하늘나라에 쌓아 놓는 것이며, 하늘나라에 그득히 쌓아 놓으니 그 축복이 있다 그리 사기극을 벌이니, 그를 바쳤을 때 과연 누가 쓰며 누가 챙기던가?

18 그것이 바로 사악한 자들이요, 잘못 가르치는 자들이라 하였음이니라.

19 그와 같이 가르치는 자가 나의 뜻을 막는 자며, 하늘에 오르는 길을 막는 자며, 그 눈을 가리는 자들이라 하였음이니,

20 과연 너희들이 지금 그와 같은 형태로 가르친다면 너희들이 역행하는 자이며, 사악한 사탄이요, 잘못된 자들의 가르침임을 너희들이 알아야 될 것이니라.

21 나는 나의 성령이요, 내 뜻을 나의 법전에 기록하였음이니, 너희 부모에게 먼저 하라 하였음이니라.

22 나의 성전이라며 너희들이 바칠 때, 너희 부모에게 열 개를 갖다 바치고 나서 하나를 갖다 놓는 그와 같은 마음으로 해도 내가 너희를 사랑하는 것이며, 그와 같은 마음 자세로 가야 한다 하였음이니라.

23 나 여호와에게 재물과 같은 것을 바치는 것이 아니요, 너희들이 감사하는 애절한 그 마음의 기도 소리요, 그 마음의 정성이면 나 여호와는 더 바랄 것이 없음이니라.

24 곧 너희들은 나의 자식이기에 그와 같은 아름다운 마음을 갖고 사는 자, 천국의 문에 들어설 수 있기 때문이니라.

25 너희 영혼이 천국에 들어오고 못 들어오며 내 품에 오고 못 오는 것이 가장 중요하거늘,

26 금화와 은화를 바쳐 그것을 살 수 있다고 생각하는 자, 그를 살 수 있다고 가르치는 것이 장사꾼이 아니던가?

27 나의 이름을 팔아 너희들이 하늘에 오른다는 그 천국의 이름을 팔아 사기극을 벌이는 장사꾼이니라.

28 그리하여 내가 성서에 기록하여 놓았듯이, 너희 부모에게 공경하지 말라 가르치는 자, 부모가 우선이라 가르치지 않는 자가 사탄이요, 이단이라 내가 말하였음이니라.

29 너희들이 물질이요, 모든 정성을 들이는 육의 세상에 있는 것은 육의 세상에 있는 너희 부모에게 먼저 바치는 것이 우선임을 잊지 말라.

30 나에게 바치는 것은 너희 육의 삶의 재물이나 명예와 같은 것이 아니라, 영의 세계를 위해서 필요한 너희들의 마음이요, 정성이며, 나의 십계명대로 살아가는 것이 너희들이 나에게 바치는 가장 큰 선물이며 위대한 것임을 알라.

31 지금과 같이 그리 가르치는 종교 지도자들이 사악한 자들이요, 너희를 지옥으로 이끌어 가는 것이니, 나의 성서의 구절을 찾아 그 뜻을 깨우쳐 보도록 그리하라, 불쌍한 나의 백성들아!

32 더 이상 현혹되지 말며 더 이상 기만

당하지 말며, 나의 법전을 읽고 깨우
쳐 하늘에 오르는 영광을 얻도록 그리
하라.

3,688 번째 하나님 말씀

2002년 10월 16일 0시 42분

1 사랑하는 나의 아들아!
2 "네, 아버님! 말씀하옵소서."
3 이 세상 하늘에 있든, 땅 아래에 있든,
물속에 있든, 어떠한 형상이든지 만들
지 말며 그것들에게 절하지 말며 그것
들을 섬기지 말라 하였음이니,
4 이는 물속과 하늘과 땅 위에 나 여호
와 하나만이 존재하며, 나의 가르침이
며 나의 뜻에 따라 행함이 구원을 받
는 길이라 함을 너희는 알아야 할 것
이며, 그리 깨우쳐야 얻음이 있음을
알아야 할 것이니라.
5 오로지 나의 계명에 따라 살아가며,
제3의 시대에 나의 성령을 직접 세상
에 내려보내니, 이 뜻에 따라 사는 것
만이 너희들이 구원을 받는 길임을 알
아야 할 것이니라.
6 하늘에 있든 물 위에 있든 땅속에 있
든 어떠한 형상도 만들지 말라 하였
음이니, 어떠한 형상을 만들어 놓고
그곳에 가 기도하고 경배하는 자, 다
잘못 가는 자들이며 잘못 깨우쳐 가는
자들임을 너희는 알아야 할 것이니라.
7 내가 직접 나 외에 다른 신들을 너희
에게 있게 하지 말라 하였으며, 하늘
이요, 땅이요, 물속에 어떠한 형상이
든지 만들지 말라 하였음이니,
8 남들이 만들어 놓은 것은 이단이요,
사탄이요, 우상이라 말하면서 저희가
만들어 놓은 것은 우상이 아니요, 진
정한 신이라 그리 말하고 믿고 감이
니, 이것이 너희들의 생각의 차이이며
마음 자세이니,
9 오로지 제 것만이 옳으며 제 것만이
최고라는 너희 욕심의 극치에서 그와
같은 행위가 이루어짐이니라.
10 그리하여 그것이 진정한 진실인지 아
닌지를 망각하기에 거기에 빠져 들어
감이니, 이를 너희들이 알아야 될 것
이니라.
11 모세의 시대에 그들이 금붙이를 모아
우상을 만들었음이니, 그게 정녕 저희
들의 신이라 생각하며 그들이 거기에
빠져 이성을 잃었음이니, 그리하여 그
들이 그와 같은 행위를 하지 아니하였
던가?
12 그리하여 너희는 지금 남들이 하는 것
은 우상이요, 너희가 하는 것은 우상
이 아니라는 그와 같은 생각에서 눈을
떠야 할 것이니, 너희 자신에게 냉혹
하라.
13 너희들이 하는 행위요, 너희들이 하는
행동 그 속에는 정녕 우상이 아니라
생각하지 말라.
14 너희들이 쇠붙이로 깎으며 나무로 깎
아 놓은 그 모두를 갖다 우상이 아니
라 그리 말하지 말라.
15 이와 같은 것을 알아야 할 것이거늘
너희들이 깨닫지 못함이니, 제가 우상
을 만들고 그곳에 절하며 경배하면서
도 스스로 우상을 숭배하는 것을 모르
는 것이니라.
16 그리고 남들만이 우상을 숭배한다 그

리 말함이니, 그를 너희들이 깨우쳐야
함을 알아야 할 것이니라.
17 사랑하는 나의 아들아, 너의 제자들
또한 마음속에 우상을 섬기는 자 없는
가?
18 스스로 자신에게 냉혹하여야 하며, 냉
정히 자신을 평가하는 그와 같은 마음
자세로 살아가야 함을 잊지 말라 그리
이르라.
19 사랑하는 나의 아들아!
20 "네, 아버님! 말씀하옵소서."
21 지금 내가 밤과 낮을 가리지 아니하며
너에게 나의 성령을 내려보내 네가 오
늘에 그 어려운 길을 가고 있음이니,
22 그를 따르는 제자 너희들이 얼마나 위
대한 자들인가를 깨우치라 수천 수백
번 너희에게 가르쳐 주었음이니, 과연
너희는 그를 어찌 깨우치는가?
23 사람의 병을 고치는 의술을 가진 자가
하루아침에 그와 같이 이루어지는가?
24 그가 노력하고 연구하여 그 생명을 구
원할 수 있는 의술을 갖게 되며, 피나
는 노력 속에서 만백성의 생명을 육의
고통 속에서 구하는 그와 같은 것을
이룸이니, 그의 노력과 그가 이루는
그것이 얼마나 위대하고 소중한 것이
던가?
25 너희는 하나의 의사라 하는 사람이 너
희들의 생명을 구원하기 위해 노력하
며 연구하여 남들이 고칠 수 없는 병
을 고치며 남들이 손댈 수 없는 것을
수술해서 생명을 구원하는 것을 보고
위대하다 그리 말할 것이니라.
26 그리고 그가 거기까지 올 때까지 얼마
나 노력하고 힘들여 왔는지 생각하지
아니할 것이니라.
27 너희들은 지금 개개인의 한 사람의 생
명을 구하기 위해 노력하며 오늘의 그
길을 가는가?
28 이 지상의 수십억, 너희들의 대대손손
그 백성들을 다 구원하는 그와 같은
역사를 이루고 있음이니, 너희들이 얼
마나 소중한 자인가를 알아야 할 것이
니라.
29 너희들이 만백성을 구하는 그 역사를
이루기 위하여 오늘의 노력과 오늘의
시련이 없이 그 길을 갈 수 있다고 착
각하지 말라.
30 사람의 생명을 구하는 의술을 가진 의
사도 남들보다 더 피나는 노력으로써
그가 그와 같은 역사를 이룰 수 있으
며 남을 치료해 줄 수 있거늘,
31 수천 수억의 백성을 구원하는 너희들
이 오늘의 시련과 고통 없이 그 역사
를 이루는 대열에 설 수 있다 생각하
지 말라.
32 이와 같은 깨달음을 너희들이 알 때,
너희 자신이 얼마나 소중하며, 오늘의
시련과 역경은 즐거운 마음으로써 모
두를 인내하고 가야 한다는 것을 깨달
을 것이며,
33 오늘의 나의 아들을 따라 같이 가며
나의 법전을 들으며 나의 성령의 가르
침을 듣는 그것으로써 너희는 세상 무
엇과도 바꿀 수 없는 선택된 은혜와
은총임을 알아야 할 것이니, 이를 잊
지 말며 스스로 깨우치도록 너의 제자
들에게 깨우쳐 주라.

3,689 번째 하나님 말씀

2002년 10월 16일 0시 47분

1 사랑하는 나의 아들아!
2 "네, 아버님! 말씀하옵소서."
3 '범을 잡으려면 범의 소굴에 들어가야
하며, 도둑을 잡으려면 도둑의 소굴에
들어가야 한다'는 말이 있음이니,
4 범을 잡고자 범의 굴에 들어가는 자의
위험과 그 두려움과 그가 생명을 잃을
수도 있는 그와 같은 어렵고 무서우며
험난한 길을 가지 아니하면 그를 잡을
수 없으며 그 굴을 들어가지 아니하면
그를 잡을 수 없다 하였음이니라.
5 지금 너희들이 가는 길이 과연 무엇이
던가?
6 도둑보다 더 사악한 자들 속에 들어가
그들을 바로잡고자 하는 것이 너희들
이 지금 가고 있는 길이 아니던가?
7 지금 나의 피조물 만백성 중에서 나의
법전을 읽으며 이것이 진정한 하늘에
오르는 길이라 깨우친 자들이 수없이
있음이니라.
8 그러나 그들은 두려워서 못 함이니라.
9 범을 잡고자 범의 소굴에 들어갈 수
있는 용기가 없으며 만백성을 구하는
데 저 자신의 생명을 하나 던지겠다는
그와 같은 생각도 없음이니,
10 그것이 바로 지금 나의 피조물 만백성
중에 나의 법전을 읽고 깨우쳤어도 나
의 성전이요, 네 앞에 와 나의 강론을
듣지 못하는 자들이니,
11 바로 너의 제자들은 범을 잡고자 범의
굴에 들어가는 그와 같은 자들이니라.
12 범을 잡고자 범의 소굴에 들어갈 수
있는 자들이며, 도둑을 잡고자 도둑의
소굴에 들어갈 수 있는 것이 지금 너
의 제자들이니라.
13 그리하여 내가 그들을 높이 사랑하며
높이 그들을 깨우쳐 쓰고자 함을 너는
알아야 할 것이니라.
14 지금 나의 피조물 만백성이 정녕 이는
나 여호와의 성령이요, 정녕 너희들의
구원의 길이라는 것을 알고 깨달은 자
들이 수없이 있음이니라.
15 종교 지도자들이요, 수십 년 동안 저
희가 구원을 받고자 했던 그 길이 잘
못되었다는 것, 그리고 나 여호와가
존재함을 알고 있으나, 제가 도둑으로
부터 해함을 당하며 범으로부터 해함
을 당할까 두려워 일어서지 못하고 있
음이니,
16 그 용기 없는 백성, 너희들은 너희 생
명을 바쳐 만백성을 구할 수 있는 그
와 같은 용기 있는 자로 다스려지지
아니한다면, 나의 백성을 구하는 전사
로서 내 명부에 기록될 수 없음을 알
아야 될 것이니라.
17 이제 나의 법전이 세상에 나감이니,
나의 법전의 이 대목을 읽은 만백성
너희들은 깨우친 자, 깨달은 자, 만백
성을 인도하는 자로서 도둑의 소굴에
들어갈 수 있는 자요, 범의 소굴에 뛰
어들어갈 수 있는 그와 같은 용기 있
는 백성으로 변하여,
18 나의 아들을 따라 천 년의 역사를 이
루는 나의 뜻을 이루는 데 전사로서
나의 장부에 이름이 기록되는 그 영광
을 얻도록 그리하라.

3,690 번째 하나님 말씀

2002년 10월 16일 06시 30분

1 사랑하는 나의 아들아!
2 "네, 아버님! 말씀하옵소서."
3 너희들이 세속에 살아가면서 어떠한
것을 이루고자 노력하든 만백성 중에
일인자요, 정상에 오른다는 것은 얼마
나 힘들고 어려운 길이더냐?
4 수십억 인구 중에 그가 제일의 정상에
오르는 역사를 이루는 것은 그 정상에
오르기 위하여 얼마나 힘들고 고통스
러운 훈련과 노력 속에 그가 얻어지던
가?
5 그러나 너는 여기서 너의 제자들에게
깨우쳐 주어야 할 것이니라.
6 세상의 만백성 중에 일인자가 되도록
정상에 오르는 것은 그 정상에 이르는
노력보다도, 정상에 올랐을 때 그 정
상을 유지하고 지키는 것이 더 힘들고
어려운 역경의 길임을 너희들은 알아
야 할 것이니라.
7 너는 창조주인 나로부터 성령을 받아
나의 음성을 들어 만백성을 구하는 이
법전을 만들고 있음이니, 이 세상에
진리의 뜻을 가장 많이 알며,
8 진리의 뜻이 무엇인가, 그리고 하늘에
오르는 길이 무엇인가 하는 것은 너보
다 더 이상의 정상에 있는 자가 없으
며, 너의 제자들 또한 너희보다 더 이
상 정상에 오른 자가 없음을 알아야
할 것이니라.
9 그 정상에 오른 그것을 너희는 정상에
오르는 것으로 끝나는 것이 아니요,
그를 영원히 지켜야 하는 것이 너희들
이니,
10 정상에 오르는 것보다도 그를 지킴이
몇십 배 더 어렵고 힘들다 하였음이
니, 그와 같은 최정상에 오른 자로서
24시간 그를 지키고 유지하는 것이
너희들임을 알아야 할 것이니라.
11 만백성을 구하여 하늘에 인도하는 것
은 잠시도 쉬는 것이 없으며, 잠시도
그 정상의 위치에서 무너져도 아니 됨
이니, 정상의 위치에 있는 자, 무너지
기가 얼마나 간단하고 쉬운지 알겠는
가?
12 그를 지키고 유지해야 하는 너희들은
항상 거기에서 무너져도 안 되며 거기
에서 돌아서서도 안 되며 거기에서 낙
오자가 되어도 안 되느니라.
13 영원히 너희 생명이 다할 때까지 정상
을 지키는 그와 같은 삶을 살아야 하
는 것이 나의 뜻이요, 나의 뜻을 따라
행하는 자들이 가야 하는 길임을 알아
야 할 것이니라.
14 사랑하는 나의 아들아!
15 "네, 아버님! 말씀하옵소서."
16 너의 제자들에게 이르라.
17 너희보다 더 믿음의 세계에 정상에 있
는 자 없으니, 그를 지키는 것은 또한
너희들이 24시간이요, 평생 그리 지
켜야 함이니,
18 너희들이 얼마나 마음의 각오를 단단
히 하고 살아가야 하는가를 스스로 알
라.
19 너희보다 더 믿음의 정상에 있는 자
없으니, 그를 행하며 지키는 데 최선
의 노력을 다해야 할 것이며, 지금까
지 너희들이 깨달음의 길에 온 것보다

도 더 어렵고 힘든 것이 정상을 지키
는 것이니,
20 그와 같은 노력을 중단하지 아니하고
부단히 가는 것이 너희들이 가야 할
길이며 행해야 할 길임을 알아야 할
것이니라.
21 너의 제자들 또한 내가 나의 아들을
통하여 '하늘에 오르는 길'이요, '하나
님! 말씀하옵소서'라는 새로운 성경,
이 법전을 기록하여 세상에 전함이니,
22 너희들은 나의 법전의 그 뜻이 나의
아들을 훈련시키며 나의 아들을 위해
서 그것이 있다 생각하는가?
23 나의 아들은 이미 내가 명하고 전해
줄 때 깨달았으며 그 길을 가는 것을
알며 갈 것을 알고 있음이니라.
24 모든 나의 법전은 나의 피조물 만백성
너희를 위한 것이며, 너희들이 따라
행하고 고치고 가야 하는 것이며, 너
희에게 내리는 나의 성령임을 알아야
할 것이니라.
25 나의 아들은 이미 내가 내릴 때 받으
며 그 뜻이 무엇인가를 알며 행해야
할 것을 알고 있음이니, 이미 그는 받
는 순간에 변해 있느니라.
26 그를 위해서 내가 나의 법전의 160권
을 세상에 내리는 것이 아니요, 만백
성 너희를 깨우치며 바로 가게 하고자
내리는 나의 법전이거늘,
27 너희들이 이는 나의 아들을 위하여,
나의 아들을 가르치며 나의 아들을 바
로 세우기 위한 것이라 착각하지 말라.
28 모두는 다 너희를 위하여 내리는 것이
며, 너희를 깨우치고자 내리는 것이
니, 곧 나의 성령이요, 나의 법전은 너
희들 것이니,
29 너희들이 나의 법전을 읽을 때, 너희
것으로 알고, 너희에게 명하는 것으로
알고 나의 법전을 접하고 읽을 때, 깨
달음의 역사를 이룰 것이니라.
30 모두는 너희 자신에게 내리는 것임을,
각자 너희에게 내가 내리는 명이요,
너희를 깨우치고 바로잡고자 내리는
것임을 잊지 말라.
31 그와 같은 자세로써 법전을 정독할 때
너희들은 정녕 깨달음을 얻을 것이니
라.
32 그와 같은 마음 자세요, 변화를 갖지
아니하며 나의 법전을 읽을 때, 그 속
에 있는 내용이요, 너희들의 지혜의
얻음을 얻을 수 없음을 알라.

3,691 번째 하나님 말씀

2002년 10월 16일 06시 42분

1 사랑하는 나의 아들아!
2 "네, 아버님! 말씀하옵소서."
3 인간사 너희들이 살아가면서 욕심이
라는 것을 버리며 마음에 욕심의 뿌리
를 뽑았을 때, 너희들은 세상 것을 다
얻게 되어 있으며 세상 모두를 다 얻
음이니라.
4 마음을 비우고 세상을 바라볼 때, 너
희들은 이 지상의 아름다움을 보고 알
수 있음을 알아야 할 것이니라.
5 마음을 비우고 욕심을 버려 세상을 볼
때, 그 모두가 다 너희 것임을 알 수
있음이니라.
6 내가 일찍이 나의 아들에게 그리 전하
였느니라.

7 흔들리는 줄 사다리를 붙잡고 하늘에
오르고자 하는 나의 아들에게 연필 한
자루요, 종이 한 장을 쥐여 주는 것도
그에게 얼마나 어렵고 힘든 부담인가
를 알아야 한다 내가 일찍이 너희들에
게 깨우쳐 주었음이니,
8 그를 가까이에 따르는 제자들이요, 그
의 기도 소리요, 그가 나로부터 듣는
성령을 정리하며 그를 받아 기록하며
그를 듣는 너희들이 과연 어찌하여 너
희 자신의 존재함을 먼저 생각하는 삶
을 살며 나의 아들을 따르려 하는가?
9 너희들이 지금 나의 법전을 전하여 천
년에 걸쳐 천사와 같은 백성들이 세상
에 살게 하며, 그리고 내가 이루고자
하는 새로운 왕국을 이루고자 이 대업
을 이룸이니,
10 그 나의 가르침이요, 지침서를 받아
세상에 전하는 너희들이 너희 자신이
무엇인가를 생각하고 이루고자 하면
되겠는가?
11 너희들은 오로지 고행이요, 어렵고 힘
든 그 길의 삶으로 인하여 남들이 갈
수 없는 인내와 고통 속에서 남들이
행할 수 없는 것을 행하며 가는 것이
너희들이 가야 하는 길인 것이니라.
12 사랑하는 나의 아들아!
13 너의 제자들과 너를 따르는, 나의 법
전을 읽은 백성, 너희들은 깨달으라.
14 내가 지금 나의 아들을 통하여 나의
성령을 태워 너희들의 구원의 빛을 내
려보내며, 그를 내가 법전이요, 나의
성령의 책이라 하여 너희들이 이를 읽
고 보고 깨우쳐 깨닫도록 함이니, 이
게 너희들에게 나로부터 얼마나 축복
이요, 영광의 길인지 아는가?
15 너희들이 하늘에 오르는 길을 내가 하
늘에 책으로 만들어 놓고 너희 스스로
하늘에 올라와 이 법전을 가져가라 한
다 하면, 너희들 제자들은 어찌 하늘
에 닿을 수 있으며 하늘에 올라와 이
법전을 가져갈 수 있겠는가?
16 내가 하늘에 법전의 이 가르침의 책을
만들어 놓으며 너희에게 올라와 이를
가져가라 한다 하면 너희는 정녕 가져
갈 수 있겠으며, 그 길을 어찌해야 하
겠는가?
17 그 법전이 너희들의 구원의 길이요,
하늘에 오르는 길이며 만백성을 구하
는 것이니 너희에게 이를 갖다 만백성
에게 전하라는 명을 내가 내렸을 때,
너희 제자들은 너희 가정을 생각하며
너희 자신을 생각하며 무엇을 생각할
수 있겠는가?
18 오로지 목숨을 다하여 죽을 때까지 하
늘에 올라와 이를 받아 가고자 온갖
방법과 수단을 다 동원할 것이며, 그
를 위하여 너희들은 남이 생각할 수도
없는 길을 가고 남이 상상할 수도 없
는 그와 같은 노력을 하지 아니하겠는
가?
19 그러나 내가 너희들에게 나의 법전을
지상에 너희 삶의 생활 속에서 내려보
냄이니, 너희들은 얼마나 나로부터 은
혜를 받은 자들이며, 내가 너희를 얼
마나 사랑하는가?
20 너희들은 바로 그와 같은 마음으로써
나의 법전을 대하며, 너희들의 삶이
요, 믿음의 길을 그리 가야 함을 알라.
21 너의 제자들에게 이르라.

22 너희들이 하늘에 올라와 나의 법전을
가져가라는 명을 받았다 할 때, 너희
들은 어떠한 방법으로 하늘에 올라와
나의 법전을 가져가겠는가?
23 그와 같은 노력과 그와 같은 마음으로
이 법전을 접하며 만백성을 구하는 길
에 그와 같은 노력과 모두를 다 바치
라 그리 이르라.
24 너희들의 희생에 의하여 만백성을 구
하는 길이라면 너희 자신의 그 희생이
영광된 것이며, 나로부터 선택된 너희
들의 그 대명이 얼마나 소중한 것인가
그것을 알라.
25 하늘에 와 나의 법전을 가져가라는 명
을 내림이 아니요, 내가 너희 지상에
서 너희들의 생활 속에 나의 법전을
내려보냄이니,
26 그를 받아 전하는 나의 선택된 백성
너희들은 이는 곧 하늘에 와 법전을
받아 가는 그와 같은 노력과 그와 같
은 마음 자세로써 오늘의 삶을 살아가
야 함이니라.
27 그와 같은 마음으로 살아가야 할 너희
들이 너희 제자요, 형제지간에 서로의
허물을 말할 수 있으며 그의 잘못된
점이요, 그의 마음을 탓할 시간적인
여유가 어디 있는가?
28 너희들에게 하늘에 와 나의 법전을 가
져가라 할 때, 너희들은 너희 생명을
다 바치는 그 노력으로써도 그를 이룰
수 없을 것이니,
29 오로지 너희들은 바람이 되며 구름이
되어 하늘에 와 가져가는 그와 같은
역사를 이루는 것밖에는 없음이니,
30 너희들이 바람이 되고 구름이 되기 위
하여 너희들이 날 수 있는 그와 같은
형태를 만들 때 과연 너희들은 얼마나
고통과 시련이 따르며, 또한 너희들이
과연 만들 수 있겠는가?
31 그와 같은 것을 내가 먼저 너희들에게
내려보냄이니, 너희들은 바람이요, 구
름이 되어 하늘에 와 나의 법전을 가
져가는 그와 같은 노력과 마음 자세로
나의 법전을 대해야 할 것이며,
32 오늘에 선택된 너희들이 하늘에 와 나
의 법전을 가져가라는 명이 아니라 지
상에서 내림이니, 하늘에 와 너희들이
날 수 있는 바람이요, 구름과 같이 깨
우치는 그와 같은 노력으로써 삶을 살
아가도록 그리하라.

3,692 번째 하나님 말씀

2002년 10월 16일 08시 45분

1 사랑하는 나의 아들아!
2 "네, 아버님! 말씀하옵소서."
3 창조주인 나 여호와요, 너희들이 세상
에 태어나며 늙고 병들어 또한 죽어
가는 그 모두까지 나의 관장하에 이루
어지는 것이며, 그와 같이 내가 너희
들의 모두를 다 통제하며 관장하거늘,
4 나의 아들 예수가 그와 같이 고통스럽
게 죽어 가는 모습을 바라보는 나 여
호와의 마음이 과연 얼마나 아프고 저
렸는지 아는가?
5 나는 나 자신의 그와 같은 고통스러움
을 너희를 사랑하기에 인내하였으며,
또한 나의 아들은 너희를 위하여 그와
같은 고통스러운 세속에서 살아갔음
이니라.

6 그리하여 그는 또 그리 죽어 갔음이니
라.
7 그러나 너희들은 나의 고통과 나의 아
들의 죽음에 대하여 과연 얼마만큼 깨
닫고 있으며 그 아픔을 얼마나 느끼고
있는가?
8 정녕 너희들이 아들이 죽어 가는 모습
을 보며, 그를 살릴 수 있는 부모가 그
를 살리지 않고 그가 죽어 가는 모습
을 그대로 바라보는 마음이 얼마나 찢
어지도록 아프고 저린지를 너희 인간
세상에서도 그는 상상할 수가 없을 것
이니라.
9 또한 그와 같이 십자가에 못 박혀 가
장 고통스러운 방법으로 죽어 가는 그
자신의 고통은 얼마나 처절하였던가?
10 그와 같은 모든 고통과 쓰라린 아픔을
우리 부자가 겪고 넘긴 것은 무엇이던
가?
11 너희들을 구하고자 함이었음이니라.
12 그러나 너희들이 지금 너희 손으로 지
은 성전에서 나의 백성들을 하늘에 오
르는 길로 인도한다 하며 재물이요,
금화와 그 모두를 거두어들이는 그와
같은 추한 작태를 부리게 하려고 나
창조주는 그와 같은 고통을 넘겼으며
나의 아들은 몸소 그 고통의 아픔을
넘겨 그와 같은 죽음의 길을 선택하였
다 생각하는가?
13 너희들이 지금 얼마나 모질고 사악한
죄를 짓고 있으며 얼마나 형용할 수
없는, 인간사에서도 감히 생각할 수
없는 그 죄를 짓고 있는지 알고 있는
가?
14 우리 부자의 고통을 위하여 너희들이
오늘의 너희 손으로 지은 성전이요,
종교 지도자 너희들의 기름진 배를 채
우게 하려고 그와 같이 예수가 죽어
가고 내가 그 고통을 인내하고 바라보
았다 생각하는가?
15 너희는 여기서 간단히 깨우쳐야 할 것
이니라.
16 나의 고통과 나의 아들의 그 고통이
무엇을 위하여 그리했던가?
17 바로 내가 너희들에게 지키고 구원을
받으라 하는 그 계명을 지키고 살도록
하려고 그와 같은 어려운 고통의 결정
을 하였음이니라.
18 그러나 너희들은 그 계명은 팽개치고
지킬 수 없다 그리 말하며, 너희들이
지금 흘러오는 세월 속에서 변질되고
또 변질되어 재물을 거두어들이며 나
의 백성들로부터 하늘에 재물을 많이
쌓아 놓는 자 축복을 받는다 하여 그
와 같이 거두어들이고 있음이니,
19 너희들이 그 재물을 거두어들임을 위
하여 내가 나의 아들을 그와 같은 죽
음의 길로 몰았는가?
20 종교 지도자들이요, 또 많은 것을 깨
우쳤다 하며 지도자라 하는 너희들이
한 번 생각해 보라.
21 너희들이 우리 부자의 그 고통스러운
죽음에 대하여 한 점의 부끄러움이 없
는 그와 같은 삶을 살아가고 있는가?
22 단상에 서서 나의 백성들에게 설교하
며 가르친다는 너희들은 과연 그 언행
이 일치하며 너희들이 말하는 것과 같
이 행하는 것이 똑같이 행해지며, 그
와 같이 행하고자 하는 굳은 결의 속
에서 반성하고 회개하며 살아가는 자

얼마나 있는가?
23 너희들은 어찌하여 이 무서움을 모르
는가?
24 너희들이 사악한 마음으로 나의 백성
들로부터 금화와 은화를 거두어들이
며 제왕적인 행위를 하도록 하려고 우
리 부자가 그와 같이 고통과 아픔을
겪고 견디었다 감히 생각하는가?
25 이 무서움과 두려움을 어찌 모르고 지
금도 단상에 서서 너희들이 찬송이요,
광란의 짓으로써 나의 백성들을 나의
품으로 보낸다 하여 그와 같이 가는
형국이 얼마나 무서운 짓인가?
26 이제 나의 법전을 읽는 백성 너희들은
깨우쳐 보라.
27 나의 아들이 십자가에 못 박혀 죽는
그 고통을 그대로 덮어 두는 내 아픈
가슴과 내 마음의 찢어짐의 그 고통은,
28 과연 너희들이 오늘과 같이 추한 작태
의 삶을 살아가게 하려고 그리 우리가
희생되었다 생각하는가?
29 너희들이 나의 계명을 지키며 바르게
살아 만백성에게 사랑을 나누며 선을
베풀며, 남들이 할 수 없는 그와 같은
아름다운 모습으로 살다가 하늘에 와
구원을 받아 나를 기쁘게 하고자 하는
그와 같은 뜻에서 내가 그 길을 행하
였음이니, 바로 그는 십계명을 지키는
것이니라.
30 그러나 너희들이 그 계명을 지킬 수
없다 말하며 육의 향락을 위하여 갖은
방법으로써 지금 그 작태를 부리고 있
음이니,
31 이를 더 이상 볼 수 없어서 내가 어리
석은 백성, 배운 백성, 미련한 백성,
누구든지 들으면 깨달으며 읽으면 깨
달을 수 있는 나의 법전을 밤낮을 가
리지 아니하고 고통스럽게 나의 아들
에게 내려 역사를 이루고 있음이니,
너희들은 이를 알아야 할 것이니라.
32 이제 너희들이 스스로 깨우쳐 보라,
한 점의 부끄러움이 있는 삶을 살면서
너희들이 구원을 받을 수 있는 것인가.
33 너희들의 한 점의 부끄러움이요, 추하
고 더러운 행위를 위하여 우리 부자가
그와 같이 고통스러운 죽음이요, 그
아픔을 견디고 넘겼다 생각하는가?
34 나의 이름을 부르는 자, 나의 아들 예
수의 고통을 부르며 그 고통의 피로
써, 보혈로써 구원을 받았다 말하는
자, 너희들은 한 점의 부끄러움이 있
는 삶을 살아가서는 아니 됨을 알라.
35 그와 같이 부르짖는 너희들이 한 점의
부끄러움이 있게 사는 것은 우리 부자
를 기만함이요,
36 너희들이 부끄러움이 없이 살도록 노
력하고 또 어떠한 고통이 있어도 사악
한 마음을 버리고 선한 마음을 선택하
여 사는 것은 우리 부자의 고통을 아
는 자들이며 그에 보답하고자 하는 자
들이니, 그들에게만 이 영광이 있음을
잊지 말라.
37 우리 부자의 죽음이요, 그 고통을 헛
되이 하지 말라 너의 제자들에게 이르
라.
38 그게 너희들이 보통 인간사에서 있을
수 있는 고통이라 생각하는가?
39 너희들은 그와 같은 이치를 깨달아서
라도 나를 부르며 그 고통스럽게 죽어
간 나의 아들의 이름을 부르며 그 흘

린 피로써 구원을 받았다 하는 자, 손
톱만큼, 바늘구멍만큼의 부끄러운 삶
을 살고자 하는 것은 아니 되며,
40 너희들이 남을 속이며, 백성을 속이
며, 이웃을 속이며, 말로써는 천사와
같이 하나, 뒤로는 추한 행위를 하고
살아가는 너희들의 모습은 정녕 아님
을 알라.
41 이제 이와 같은 이치를 깨달아 행하도
록 그리하라.

3,693 번째 하나님 말씀

2002년 10월 16일 18시 03분

1 사랑하는 나의 아들아!
2 "네, 아버님! 말씀하옵소서."
3 너희들 인간사에 살아가는 그 세속에
서도 노력하고 연구하는 자, 얻어짐이
있음이니라.
4 나의 법전을 가지고 만백성을 구하는
그 길에 가는 너요, 너의 제자들 또한
노력하고 고통의 길을 마다하지 아니
하며 자신과 용기를 저버리지 아니하
고 힘차게 나갈 때, 그 앞에 모든 것이
이루어짐을 너희들은 알아야 될 것이
니라.
5 인간 세속에 살아가는 너희들 속에서
도 얼마만큼 노력하느냐에 따라서 그
결과에 얻어짐과 실패함이 있듯이, 세
속에 살아가는 세상의 법도도 그러하
거늘,
6 만백성을 구하며 하늘에 오르는 길이
며, 내가 만든 아름다운 지상이 다 썩
어져 가 황폐한 이 땅에 새로운 씨앗
을 뿌려 그를 가꾸고 기르고자 하는
너희들이 노력 없이 어찌 이루어질 수
있겠는가?
7 황무지를 개간하여 씨앗을 뿌려 그 씨
앗으로써 식량을 구하고자 한 해의 긴
세월을 풀뿌리로 견디며 물로써 세상
을 견뎌 그 씨앗이 커 나오기를 바라
는 농부보다도 더한 심정이 너희들이
며, 개척자의 마음보다도 더 고통스러
운 것이 너희들이 가야 하는 길이니라.
8 하나의 인간이 그 역사를 이루기 위한
개척의 정신이 무엇이더냐?
9 한 알의 씨앗을 뿌려 그가 봄에 나와
가을에 거두어들이니, 그 씨앗에 의하
여 얻은 만큼 그를 관리하여 봄에 또
그를 뿌려 그 씨가 풍성해졌을 때 그
들은 거기서 양식을 구할 수 있을 것
이니,
10 그가 이루어지기 전에 그들은 풀뿌리
요, 나무뿌리요, 물로써, 짐승의 가죽
으로써 그들의 생명을 유지하며 그 씨
앗이 성장하기를 바라는 개척자의 고
통이 인간으로서 그와 같은 역사의 변
화를 이루고 살아가거늘,
11 지금 다 썩어져 간 이 세상에, 어디 하
나 바른 곳이 없으며 옥토가 없는 이
황폐한 땅에 옥토를 만들어 그 한 주
먹의 옥토 속에 씨앗을 뿌려야 하는
것이 개척자의 그 농부보다 너희들이
몇십 배 몇백 배 더 어렵고 힘든 길을
감이니, 어찌하여 너희들은 편안한 그
속에서 가려 하는가?
12 농부의 개척자의 그 손마디가 갈기갈
기 찢어지듯이, 굳은살이 배겨 그 몸
에 어디 하나 성한 곳이 없는 그와 같
은 고통의 역사 속에 그가 한 시대를

지남으로 인하여 그 후손들이 평온한
삶을 살아갈 수 있는 것이 개척자의
삶이 아니던가?
13 너희들은 그보다도 더 어렵고 힘든 역
경의 길을 가야 하며, 수천 수억의 나
의 백성을 구하는 길을 가는 너희들이
개척자의 고통만큼도 생각지 아니하
고 무슨 역사를 이루겠다는 그와 같은
생각을 하지 말라.
14 세속에 호화로움이요, 인간의 즐거움
이 있으며 향락이 있으며 그 편의를
위하여 모두가 다 존재하나, 이는 너
희들과 관계가 없음이니라.
15 그 속에 빠져들어 가며 그 속에 젖어
있는 너희들이라면 너희들은 개척자
로서의 그 정신도 발휘하지 못함이니
라.
16 세상의 부귀영화요, 육의 삶의 편안함
을 만들어 준 모든 기계문명이요, 모
든 혜택은 너희들과 관계없음이니,
17 너희들은 그것이 다 황폐해지며 썩은
것이라 봐야 할 것이니, 그 위에 너희
들이 새로운 역사를 이루고자 지금의
삶의 생활에서 벗어나지 못하면 아니
됨이니라.
18 그와 같은 혜택과 영광은 너희들과 아
무 관계도 없음이니, 너희들은 오로지
나의 성령이요, 나의 뜻을 만백성을
위하여 전하며 황폐한 땅에 씨앗을 뿌
리는 개척자의 그 정신만을 가지고 노
력하며 살아가도록 해야 할 것이니 그
리 알라.

3,694 번째 하나님 말씀

2002년 10월 16일 18시 26분

1 사랑하는 나의 아들아!
2 수십억 만백성 중에 너희들이 선택된
것이며, 나의 아들이요, 나의 딸이라
내가 너희들을 불러 만백성을 구하는
그 대열에 서는 너희들이라 하였음이
니라.
3 그러니 내가 너희들을 선택한 그 이유
가 무엇이라 말하였던가?
4 첫째는 너희들의 능력을 가지고 모두
를 다 이룰 수 있으며, 너희들의 능력
이면 지금의 형세에서 모든 걸 다 이
끌어 갈 수 있다 하여 너희들이 선택
되었으며,
5 그중에 너희들이 가장 중요히 선택된
것은 나의 아들이요, 나의 선지자가
가는 길에 그를 도와 만백성을 구하는
법전을 만드는 데 힘을 다 합쳐 그를
돕도록 하기 위하여 내가 너희들을 선
택하였다 하였음이니라.
6 그리하여 나의 법전이 세상에 나가는
이 역사를 이루는 나의 선지자요, 나
의 아들을 너희들이 돕는 것은 어떠한
마음 자세라 말하였더냐?
7 하얀 눈이 세상을 덮듯이 그 하얀 마
음이요, 한 송이 백합꽃처럼 너희들이
하얀 마음으로 나의 아들을 도우며 그
를 따라야 한다 하였음이니라.
8 그리하여 너희들이 열 가지, 백 가지
그 모두의 첫째 번이 다 나의 법전이
세상에 나가는 길의 역사를 이루는 것
이 너희들이 해야 할 일이라 내가 너
희들에게 그리 수차 깨우치고 가르쳤

거늘,
9 과연 너희들의 마음은 지금 어디에 있
으며 너희들의 삶의 그 형태는 어찌
살아가는 것인가?
10 너희 자신이 있는 자리요, 너희들의
마음가짐을 돌이켜 봐야 할 때이니라.
11 이를 너희들 자신이 반성하지 못하며
너희들이 서 있는 곳을 깨우치지 못한
다 하면, 너희들은 하얀 마음으로 변
할 수도 없으며 하얀 마음과 같은 그
마음으로 나의 아들이 나의 성령을 받
아 만백성을 구하는 이 역사를 이루는
데 너희들이 도움이 되지 아니하며 너
희들이 없는 자만 못함을 알아야 될
것이니라.
12 너희들은 알아야 될 것이니라.
13 나의 법전을 만드는 데 너희들이 동참
하는 그 은혜에 아무것도 견줄 것이
없거늘, 너희들 인간사에 살아가는 작
은 마음의 섭섭함을 가지고 마음의 불
평이요, 갑론을박하는 그와 같은 행위
를 하는 자, 너희들은 어찌 되는 줄 알
고 있는가?
14 너 하나의 불평이요, 너 하나의 불평
불만이요, 너 하나의 섭섭한 마음으로
인하여 그는 너 하나로써 그치는 것이
아님을 알라.
15 나의 법전이 세상에 나가 전해지며 만
백성이 깨우쳐 하늘에 오르는 길을 너
희들이 방해하는 것이며 그를 막는 것
이니, 너희들이 얼마나 사악한 행위를
하는 것인가를 깨달아야 될 것이니라.
16 너희들이 하나의 불평이요, 작은 섭섭
함을 갖고 갑론을박하는 그와 같은 마
음 자세를 가지고 나의 아들 옆에 있
으며 나의 성전에 와 법전을 공부한다
하면,
17 너희들은 이 길을 위하여, 나의 아들
이 가는 길이요, 법전이 세상에 나오
는 것을 돕고 그 역사에 참여함이 아
니라, 그에게 칼질을 하며 그 손을 자
르며 그 뿌리를 자르고자 하는 사악한
자로 돌변함이니라.
18 너 하나의 섭섭함이요, 너 하나의 불
평이 너 하나로 끝나는 것이 아니며,
19 나 여호와 창조주가 이루고자 하는 그
대역사에 네가 반기를 드는 그와 같은
죄를 짓고 살아감임을 알아야 할 것이
니 이를 명심하여 행하도록 그리하라.

3,695 번째 하나님 말씀

2002년 10월 16일 21시 30분

(강론을 마치며)

1 사랑하는 나의 아들아!
2 "네, 아버님! 말씀하옵소서."
3 나의 피조물 만백성 너희들을 세상에
내보내며 너희들이 나의 품이요, 하늘
에 오를 수 있는 그 정답을 다 내려보
냈음이니라.
4 그리하여 너희들이 그 정답을 그대로
시행하고 지키면 되는 것을, 정답을
지키지 못하는 자가 갑론을박하고 있
음이니라.
5 바로 정답이 무엇이더냐?
6 내가 직접 불로 써 내려 너희들에게
지키라는 십계명이니라.
7 그게 바로 너희들이 구원을 받는 정답
이거늘, 그 십계명대로 행하지 아니하
며 그를 지키지 아니하고 행하지 않기

에 너희들이 갑론을박 시시비비가 거
기에서 이루어짐이니라.
8 너희들 제자들과 나의 법전을 읽고 깨
우쳐 하늘에 오르고자 하는 백성, 그
들에게 깨우쳐 주라.
9 나 여호와요, 창조주가 내린 바로 그
정답인 십계명대로 너희들이 살아간
다면 시시비비가 필요 없으며 거기에
갑론을박이 필요 없으며 구약 시대가
어떠하며 신약 시대가 어떠하다는 그
어떤 것이 필요가 없음을 너희들은 알
아야 할 것이니라.
10 내가 그리하여 너에게 깨우쳐 주지 아
니하였더냐?
11 내가 불로써 직접 요약해 내린 그 십
계명에 있지 않은 행위를 하는 것은
너희들이 나를 경배하며 나를 위하여
오는 길이 아니라고 내가 너희에게 말
하여 주었음이니라.
12 오로지 너희들이 구원을 받는 것은 십
계명대로 행하는 것이니, 곧 정답을
내가 내려 주었음이니라.
13 그 정답을 옮겨 써 나에게 그를 바친
다면 너희들이 100점을 맞을 것이며,
우등생이 되는 것이 당연한 것이니라.
14 옮겨 쓰라 하여 정답까지 준 그 정답
을 옮겨 쓰지 아니하고 옳다 그르다
갑론을박을 천날 만날 해 봐도 너희들
이 죽을 때까지 답이 없으며 결론을
얻지 못하는 그와 같은 결과임을 알라.
15 내가 십계명의 정답을 내려보냈으나
너희들이 그를 지키지 못하고 그리 옮
겨 쓰지 못하여 나에게 우등생이 되지
못하였기에 제3의 시대에 지금 나의
법전을 세상에 내려보내 너희들을 구
원하는 마지막 한 번의 그 기회를 주
고자 하는 것이 나의 뜻임을 알라.
16 너희들이 내가 내린 십계명의 그 정답
대로 살았으며 그 정답을 옮겨 써 나
에게 바쳐 우등생이 되어 하늘에 오르
는 그와 같은 삶을 살았다면,
17 지금 제3의 시대에 나의 법전이 세상
에 내려가지도 아니하였을 것이며, 오
늘에 너희들이 앉아 갑론을박하는 이
와 같은 역사도 있지 아니하였을 것임
을 너희들은 알아야 할 것이니라.
18 그러나 여기서 너희들이 하나 깨우치
고 가야 할 것이 있음이니라.
19 내가 십계명을 세상에 내려보냈을 때
그것을 받은 백성들이 그대로 지키며
그대로 시행하고 왔더라면 오늘과 같
이 사악한 시대는 이루어지지 아니하
였을 것이니라.
20 내가 모세의 손에 그 십계명을 내려보
냈으니 그를 받은 백성들이 그를 지키
고 사는 것이 하늘에 오르는 길이라
하며 그리 행하였더라면 오늘과 같이
험악한 시대는 이루어지지 아니하였
을 것이니라.
21 여기서 너희들이 깊이 깨우쳐야 될 것
이니라.
22 내가 마지막 시대에 나의 법전을 내려
만백성을 구하며 천 년에 걸쳐 새로운
역사를 이루고자 하는 나의 법전을 내
려보내는 것을 처음에 듣고 처음에 깨
달으며 나의 음성을 듣는 것이 바로
누구더냐?
23 너희들이니라.
24 너희들이 바로 서지 못할 때, 지금과
같은 세월이 흐른 다음에 나의 법전은

너희들이 말하는 천국에 오르는 길의
가르침이 아니요, 지옥으로 가는 그
가르침의 책으로써 변질되며 그리 추
락한다는 것을 잊지 말라.
25 모세의 시대에 그 백성들이 십계명을
바로 지키지 못하여 오늘과 같이 험악
한 세상이 이루어졌듯이,
26 처음으로 나의 성령을 들으며 나의 법
전을 접하고 공부하는 너희들이 이 법
전대로 살지 못한다면 나의 백성을 구
하는 이것이 생명의 빛이요, 진리가
아니라, 사악한 자들의 손에 넘어가
지옥으로 이끌어 가는 그와 같은 역사
로 변질됨이니,
27 이는 내가 이루고자 하는 역사를 이룰
수 없음이니, 너희가 소중하며, 나의
법전을 처음으로 접하며 처음으로 듣
고 행하는 너희들이 이대로 행하는 것
이 가장 소중하기에 이를 지킬 수 있
는 너희들을 내가 선택하였음이니,
28 이 나 여호와의 뜻을 알아 너희들이
바르고 곧게 살아가는 그 마음을 가지
라.
29 너희들의 마음을 다 비우라.
30 너희들이 마음을 비우고 하늘을 보면
모두를 다 알게 될 것이니라.
31 너희들이 마음을 비우는 것만이 나의
법전대로 지키는 것이며 너희들이 행
함이니라.
32 내가 모세에게 십계명을 내릴 때 그
백성들이 욕심을 버리지 못하여 그를
버려두었으며, 그들로 하여금 오늘과
같은 험악한 시대가 이루어졌음이니,
33 너희들이 잘 가고 잘못 감에 따라서
세월이 흐른 다음에 나의 법전이 사탄
의 앞잡이가 되거나 만백성을 구하는
참진리의 빛이 됨이니, 그것은 너희들
의 손에 달렸으며 너희들의 마음에 달
렸음을 알라.

3,696 번째 하나님 말씀

2002년 10월 17일 0시 40분

1 사랑하는 나의 아들아!
2 "네, 아버님! 말씀하옵소서."
3 구약과 신약의 성서가 책으로 기록되
어 그를 가지고 공부하며 그것만이 하
늘에 오르는 길이라 너희들이 그리 가
르치고 배우고 있으나,
4 정녕 가르치는 자 또 배우는 그들이
나의 뜻이 무엇인가, 내가 원하는 것
이 무엇인가를 성서를 읽고 깨우칠 수
가 없으며 알지 못함이니라.
5 그리하여 내가 나의 아들을 통하여 너
희들에게 이르기를, 수박이라는 과일
을 겉만 보고 평가하는 것이며, 진정
그 속은 알 수 없는 것이 너희들의 지
금의 형국이라 그리 말하였음이니라.
6 알지 못하는 자가 어찌 백성을 가르칠
수 있으며, 알지 못하는 자가 어찌 나
의 뜻을 알아 하늘에 오르는 길을 인
도할 수 있겠는가?
7 지금 많은 종교 지도자, 너희들이 성
서를 읽고 가르치며 단상에 서서 설교
를 하나 진정한 그 뜻을 모르고 있음
이니라.
8 성서를 보고 그 뜻을 알 수 없는 백성
너희들이 나의 법전을 읽고 정독하면
그 뜻을 알게 되어 있으며,
9 나의 법전을 정독하여 읽고 또 깨우쳐

읽었을 때 그를 읽고 너희들이 성서의
그 구절 하나하나를 짚고 넘어가 보
면, 이것은 잘못된 것이요, 이것은 진
정한 나의 뜻이요, 그리고 너희들이
알지 못하여 헤맸던 그 뜻이 다 거기
에 기록되어 있으며 그를 깨우칠 수가
있음을 알라.
10 너희들이 수천 년 동안 오며 지금까지
나의 피조물 만백성을 인도한다 하며
그를 기본으로 하여 설교하며 가르치
는 그 성서의 깊은 뜻을 몰라 불안하
며 이해할 수 없으며 알지 못하는 그
대로 그냥 가르쳐 넘어갔음이니,
11 너희들이 모르기 때문에 불안했던 것
이며 너희들이 알 수 없기에 불안했던
그 성서의 내용을, 나의 법전을 읽고
정독하면 그 뜻을 다 알 수 있으며 그
깨우침을 얻을 수 있는 것이니라.
12 그러하니 바로 이것이 나의 법전이
창조주 내가 직접 너희들에게 내리는
것이며, 참진리의 빛임을 알라.
13 나의 법전을 읽고 읽는 자, 깨닫고 또
깨닫는 자, 너희들이 성서를 읽고 읽
을 때 그 속에 있는 진정한 뜻이 무엇
이며 내가 너희들에게 가르치고자 하
는 것이 무엇인가를 알고 깨닫게 되어
있음이니,
14 너희들은 그와 같이 나의 법전을 읽고
성서의 깊이를 깨달으며 성서에 잘못
기록되어 온 부분과 인간의 계명을 만
들어 놓은 그 부분을 다 알게 될 수 있
음이니라.
15 그러니 너희들이 성서를 가지고 공부
하며 그 알 수 없는 뜻과 깊이를 나의
법전을 읽음으로 인하여 깨우칠 수 있
으며 그 뜻을 알 수 있음이니,
16 이는 곧 창조주 나의 뜻이며 나의 참
진리의 가르침이라는 것을 너희들이
그를 보고 알 수 있을 것이니, 그리 알
라.
17 성서를 보고 깨닫지 못하는 자, 이해
하지 못하는 종교 지도자, 그리고 나
의 피조물 만백성 너희들은 나의 법전
을 정독하라.
18 그러면 성서의 깊이를 알 수 있으며
성서에서 너희들에게 가르치고자 하
는 그 뜻을 알 수 있음이니라.

3,697 번째 하나님 말씀

2002년 10월 17일 0시 59분

1 사랑하는 나의 아들아!
2 "네, 아버님! 말씀하옵소서."
3 내가 너희들에게 제3의 시대에 마지
막으로 너희들을 구원하고자 내리는
나의 성령이요, 나의 뜻을, 너희들은
이를 책으로 만들어 만백성에게 전함
이니,
4 이는 나의 뜻이요, 또한 나의 뜻에 의
하여 나의 뜻이 기록되는 법전의 내용
들은 너희들의 지상에서 지금 하나하
나 그와 같이 시행되고 지켜 가고 있
으며, 너희들이 그리 지키지 아니하면
정녕 구원을 받을 수 없음을 알아야
될 것이니라.
5 나의 법전에서 너희들을 깨우치며 너
희들을 다스리고자 하는 그와 같은 내
용이 또한 구약과 신약의 성서에 이미
기록되어 있음이니,
6 너희들이 그 참뜻을 알지 못하기에 오

늘의 나의 법전을 너희들이 알 수 없
으며 이해할 수 없음이니라.
7 너희들이 정녕 나의 구약이요, 신약의
성서를 깨우쳐 제대로 공부하며 나의
뜻에 의하여 무엇인가를 내가 전하고
자 하는 것을 깨달은 자는
8 나의 법전을 접함으로 인하여 눈을 뜨
게 되며 하늘의 이치를 알게 되며, 나
의 법전이 정녕 너희들을 구원하고자
내리는 나의 뜻이라는 것을 알게 됨이
니라.
9 나의 법전을 읽고 너희들이 정독하면
서 이것이 나의 뜻이요, 구약과 성서
에 기록되어 있는 그 하나하나를 쉽게
풀이하여 너희들에게 비유의 뜻을 알
수 있고 실천할 수 있도록 깨우쳐 내
려보낸 것임을 알게 되며,
10 이것이 정녕 위대한 나의 뜻이라는 것
을 너희들이 알게 될 것이니라.
11 그러나 구약과 신약을 제대로 깨닫지
못하는 자, 그 뜻을 알지 못하는 자는
나의 법전을 읽고도 알 수 없으며, 그
러기에 너희들이 사탄이요, 이단의 장
난이라 그리 말하는 것이니라.
12 또한 내가 너에게 일깨워 주었듯이,
나의 법전을 읽고 깨우치는 자는 이제
성서를 보면 그 성서의 깊은 뜻과 그
의미를 알 수 있다 하였음이니, 이는
그것이니라.
13 성서를 읽고 깨우친 자는 나의 법전을
보면 나의 뜻이라 알 수 있으며, 나의
법전을 읽고 성서를 보면 이게 정녕
나의 뜻이라는 것을 알 수 있도록 그
리되었음이니,
14 그 어느 한 쪽을 깨우쳐도 하나를 인
정할 수 있도록 되어 있으며 하나의
뜻을 알게 되어 있으니,
15 이는 같이 가고 있음을 알 것이며, 같
은 의미가 있음을 알아야 될 것이며,
같은 방향으로 너희들을 깨우쳐 가르
치고자 하는 그 뜻이 거기에 있음을
알아야 될 것이니라.
16 그러니 너희들이 성서를 읽고 나의 법
전을 모르며 나의 법전을 읽고 성서의
그 깊이를 바라보지 못한다 하면, 정
녕 나로부터 선택된 백성이 아니요,
나의 뜻을 모르고 살아가는 그와 같은
백성임을 너희들은 알아야 될 것이니
라.
17 사랑하는 나의 아들아!
18 "네, 아버님! 말씀하옵소서."
19 이제 너의 제자들에게 일러 깨우쳐
줄 때가 되었음을 알라.
20 너희들이 나의 법전을 읽으면 성서를
알며, 성서를 깨우친 자 나의 법전을
알 수 있음이니,
21 이제는 너희들이 새로운 역사요, 새로
운 시대를 이루기 위하여 도전하는 자
들이며, 그곳에 뛰어든 자들임을 알아
야 될 것이니라.
22 나의 뜻에 따라 새로운 역사를 이루며
새 시대를 이루기 위하여 그 누구도
할 수 없는 그곳에 도전하고자 뛰어든
자는 도전하지 아니하고 살아가는 자
와 차별화가 있어야 됨을 알아야 할
것이니라.
23 나의 법전을 읽고 깨우쳐 새로운 시대
를 역사하고자 도전하고 있는 너희들
은 보통의 나의 백성들과 차별화된 그
삶의 길을 가야 할 것이니,

24 이 길을 가지 못한다면 너희들은 나로
부터 새로운 역사를 이루는 곳에 너희
들의 몸과 마음을 모두 바쳐 도전하는
그와 같은 자가 되지 못함을 알아야
될 것이니라.
25 너희들은 나의 백성들과 완벽히 차별
화되는 그와 같은 변화를 이루어야 되
는 것이 너희들이 가야 하는 길이며,
너희들이 나를 따르는 백성임을 알아
야 할 것이니라.
26 너희들이 새로운 역사의 나의 뜻이 정
녕 나 창조주의 이루고자 하는 뜻이
며, 가르치고자 하는 뜻이라 하며, 나
의 법전이 나의 성령이라는 것을 믿고
도전하는 자들이며, 새로운 개혁이요,
변화를 이루고자 하는 너희들은 그와
같은 용기 있는 삶을 살듯이,
27 너희들이 생활하며 살아가는 것이 나
의 뜻을 모르고 그저 하늘에 오르는
길이라며 믿음의 길을 가는 백성들과
차별화가 되는 변화된 삶으로 사는 것
이 가장 중요함을 알라.
28 그리하여 스스로 너희들이 변하는 역
사를 이루도록 하라.
29 변화의 역사를 이루지 못하는 너희들
은 정녕 깨우친 자가 아니며 나의 백
성들을 변화하는 속에서 이끌어 갈 수
있는 자질이 없으며 능력이 없는 자임
을 알라.

3,698 번째 하나님 말씀

2002년 10월 17일 01시 08분

1 사랑하는 나의 아들아!
2 "네, 아버님! 말씀하옵소서."
3 이 세상의 만물을 창조한 이는 나 여
호와며, 창조주는 나 하나이니, 나의
뜻을 내려보내 이를 받아 기록하는 나
의 법전은 무엇이던가?
4 내가 너희들에게 내려보내 성령으로
써 기록되는 이 법전 속에 세상의 모
든 것이 안 들어 있는 것이 없으며, 여
기에 속하지 아니한 것이 없음이니라.
5 내가 나의 아들을 통하여 세상을 통제
하며 나의 뜻을 전하여 만백성을 구원
한다 하였음이니,
6 곧 이 세상의 창조주인 나를 대신하여
이 세상에 내려가 만백성을 구하는 역
사를 이루는 너는 이 모두의 지배자라
하였으며, 네가 다 관리하고 지배하는
자라 내가 말하였음이니라.
7 곧 나의 성령이요, 나의 법전의 160권
을 세상에 내려보내 만백성을 구하니,
이는 나의 진리요, 나의 성령의 가르
침이니,
8 너희들이 어떤 백성이 이 지상에서 강
론하든, 어떤 과학자요, 어떤 능력 있
는 자요, 어떠한 종파에 속한 자들이
만백성을 깨우치려 강론하며 가르치
는 그 내용이 다 나의 법전의 일부분
의 한 장을 준비하고 있으며 그 한 장
속에 기록된 내용들임을, 너희들은 그
이치를 알아야 될 것이니라.
9 세상을 창조한 나 여호와의 성령이요,
나의 진리가 160권으로써 세상에 내
려가니, 어떠한 유능한 지도자요, 어
떠한 능력 있는 자요, 어떠한 분야에
서 자기가 이름을 날리는 자라 하여
강론하고 가르치는 모든 그 진리의 뜻
이 나의 법전의 한 페이지 속에 기록

되지 아니한 것이 없으며 그를 가지고
너희들이 가르침이니,
10 이는 곧 반대로 생각해 볼 때, 너희들
이 강론하고 만백성을 가르치는 것은
다 나의 법전이 세상에 와 있음을 너
희들이 미리 준비하여 강론하고 가르
치는 것이며, 나의 법전에 있는 내용
을 너희들이 가르치고 있음을 알아야
될 것이니라.
11 이와 같은 이치를 깨닫고 살아간다 하
면, 이 나의 법전 속에 세상의 모든 이
치가 들어 있지 아니한 것이 없으며,
12 너희들이 강론하며 가르치든 어떠한
설교를 하든 그 모두는 나의 법전의
일부분을 가지고 가르치는 것이니, 나
의 법전의 뜻이 세상에 전해지는 그
역사를 하는 것임을 알아야 될 것이니
라.
13 내가 너희들에게 이르나니, 이 세상
나의 피조물 만백성에게 내가 한두 가
지씩 지혜를 준 자들이 있음이니라.
14 그들이 바로 무엇이던가?
15 나의 법전이 세상에 나갔을 때 나의
아들의 가는 길을 도우며 나의 법전
앞에서 너희들이 이는 진정한 나 여호
와의 뜻이라 하여, 미리 예수가 올 것
을 예언한 것처럼 그리하도록 임무를
주었으나,
16 너희들이 하나의 깨달음을 갖고 하늘
을 향하여 모두를 받았으며 나로부터
선택되어 만백성을 구원하는 자라는
착각 속에 오만하며 자만하는 그와 같
은 삶에 지금 도취되어, 이 세상을 통
일하며 만백성을 구원하는 것이 너희
들이라고 그리 착각 속에 있음이니,
17 너희들이 지금 그 착각과 환상을 버리
지 아니하면 나로부터 구원을 받을 수
있는 그 기회를 보지도 못함을 알아야
될 것이니라.
18 내가 나의 아들이 세상에 나가 나의
법전을 전할 때 그를 도우며 그를 입
증하며 그가 올 것을 예언할 수 있도
록 너희들에게 각자 임무를 주었음이
니,
19 성서를 태우도록 한 자요, 또는 십일
조요, 헌금을 받지 말아야 되는 것이
며 너희들이 손으로 지은 그 성전을
짓지 말라 하는 것을 각자 한 사람에
한 가지씩 깨우쳐 주었음이니,
20 그들이 모여서 나의 아들에게 와 경배
하며, 이는 정녕 나 여호와의 아들이
요, 이 시대에 마지막 너희들을 통제
하기 위해 지상에 온 왕이라 생각하여
너희들이 하나씩 배운 것을 갖다 꿰어
맞출 때, 그 모두가 나의 법전 속에 들
어 있는 것이니라.
21 나의 법전 속에 있는 그 모두를 하나
하나 미리 떼어 너희들에게 주었음이
니,
22 백 명이면 백 명이 하나씩 받은 것을
가지고 너희들이 한자리에 모아 '내가
받은 것은 이것이요, 네가 받은 것은
이것이라' 하며 같이 갑론을박하고 나
의 아들에게 와 경배하는 마음으로써
토론할 때,
23 너희들이 받은 것을 하나하나 꿰어맞
춰 보면 바로 나의 법전을 통하여 너
희들을 가르치며 깨우치는 내용이 거
기에 있음이니,
24 이게 곧 하나의 큰 배를 만드는 데 그

와 같은 역사함에 있어 너희들을 미리
내보냈음이니라.
25 그러나 너희들이 그 자리를 찾지 아니
하며, 너희들만이 선택된 자라 하며
하늘을 봐 오만한 그와 같은 삶을 살
아가니, 나의 아들이 오늘에 힘들고
어려운 길을 가고 있음이니라.
26 이와 같은 이치를 너희들이 깨달아야
될 것이니라.
27 이제 나로부터 무엇을 받았으며 무엇
을 역사했으며 한 가지의 깨달음을 가
지고 제가 하늘을 향하여 모두를 다
대명을 받은 것처럼 착각하는 자들,
너희들이 이제 모여서 너희 겉과 속을
다 털어놔 똑같이 너희들이 받은 그대
로만 대화할 때, 그것은 하나씩 다 꿰
어맞추게 되어 있는 것이니라.
28 그림을 그릴 때 제자리에 놓아야만 그
그림이 완성되는 것과 마찬가지로 너
희들이 가지고 있는 것을 하나하나 꿰
어맞춰 토론할 때 그 모두가 이 법전
속에 다 있음이니,
29 그를 통제하는 나의 아들이야말로 너
희들을 지배하는 자요, 너희들에게 깨
달음을 주는 것이며,
30 앞에서 만백성을 구하는 역사를 이루
도록 명받은 자들이 지금 저희들이 모
두를 지배하는 것처럼 착각하고 있음
이니,
31 그리하여 나의 아들이 오늘에 힘들게
가는 그 역사를 이루는 곳에 나로부터
대명을 받은 자들이 그를 저버린 그
죄가 얼마나 무서운 것인가를 깨닫게
될 것이니,
32 나의 법전을 읽은 모든 백성들은 깨우
쳐 너희들이 이 세상을 지배하는 자라
생각하는 자, 나의 법전의 앞에 와 너
희들이 받은 것을 그곳에서 찾으면 한
장의 페이지 속에 너희들의 가르침이
있을 것이니,
33 그 한 장을 가지고 160권에 기록되어
있는 그 모든 장들을 다 이기려 하는
우매한 짓을 하지 말라.
34 너희 자신의 분수를 아는 그와 같은
길을 알아야 될 것이니라.
35 그리하면 너희들이 나의 법전을 읽을
때 너희들이 일부분이요, 일부를 깨달
았다는 것을, 너희들의 진정한 대명을
알게 될 것이며, 나로부터 받은 그 명
령의 뜻을 알게 될 것이니,
36 나의 법전을 읽고 정독하고 또 정독하
도록 하여 스스로 우를 범하는 그와
같은 길을 가지 말라.

3,699 번째 하나님 말씀

2002년 10월 17일 01시 19분

1 사랑하는 나의 아들아!
2 "네, 아버님! 말씀하옵소서."
3 수천 년 그 믿음 속에 살아가며, 나의
피조물 만백성이 수없이 구원의 길을
갈망하며 죽어 갔음이니라.
4 그리고 지금 나의 피조물 만백성, 구
원을 받는다며 믿음을 갖는 자, 너희
들이 10년, 20년 동안 평생을 다 거기
다 바치면서도 과연 구원을 받을 수
있으며 하늘에 오를 수 있는 그 확신
을 얻었다 생각하는가?
5 그리고 너희들은 정녕 구원을 받았다
생각하는가?

6 너희들은 불안하며 공포에 떨고 있음
이니라.
7 평생을 믿음의 길을 간 자도 정녕 이
것이 진정한 믿음의 길인가, 그리고
이것이 정녕 하늘에 오르는 길이며 너
희 자신이 하늘에 오를 수 있는가, 그
와 같은 불안과 공포의 세월이 너희들
이 살아가는 삶이니라.
8 너희는 그러나 그를 알 수도 없으며
확신을 얻을 수 없으며 볼 수도 없음
이니라.
9 이는 곧 나와는 전혀 관계도 없는 길
로 너희들이 가기 때문이니라.
10 너희들이 평생을 다 바쳐 가면서도 불
안하고 믿지 못하는 그와 같은 심리의
상태에서 믿음의 길을 가고 있음이니,
내가 나의 법전에 기록하여 너희들에
게 뭐라 깨우쳤는가?
11 너희들이 정녕 이가 이 시대의 나의
아들인지 나의 아들이 아닌지 알 수
있는 것은 머지않아 너희들의 삶에서
볼 수 있다 말하였으며,
12 나의 법전이 진정한 나 여호와의 성령
으로써 정녕 만백성을 구하는 나의 뜻
인가 아닌가 하는 것을 너희들이 10
년이라는 그 세월 속에 답을 알 수 있
으며 그 모두를 알 수 있다 내가 너희
들에게 일깨워 주었음이니라.
13 나의 아들이 정녕 나의 아들이요, 나
의 법전이 정녕 나 여호와 창조주의
뜻이며, 마지막 너희들을 구원하는 것
인가 아닌가를 너희들이 10년이라는
세월 속에 그 모두를 직접 확인하며
볼 수 있다 내가 그리 법전에 기록하
여 너희들에게 깨우쳤으나,
14 나의 법전을 공부하며 깨달았다는 자,
나의 아들을 통하여 내리는 나의 음성
의 성령의 가르침을 직접 들은 자, 그
와 같은 자들이 나의 성전을 떠나며
나의 법전을 버리고 가는 우를 범하
니, 그들은 바로 무엇이더냐?
15 스스로 욕심을 버리지 못하였으며, 너
희 마음에 가지고 있는 그 욕심의 뿌
리를 버리지 못하였음이니라.
16 인간 세상에서 단숨에 무엇인가를 얻
고자 하며, 삶에서 한탕주의요, 기회
주의라는 그와 같은 마음 자세로 믿음
의 길을 가고자 하는 것이며, 구원을
받고자 하는 것이니라.
17 그러하니 너희들이 한탕주의 마음으
로써 믿음의 길을 가는 것은 정녕 진
리의 참길을 찾아 구원을 바라는 것이
아니라, 어디까지나 육의 삶이요, 세
속의 삶의 부귀와 영화를 얻기 위하여
믿음에 매달림이니,
18 이것이 너희들이 얼마나 잘못 가는 믿
음이며 어리석은 믿음인가를 알아야
될 것이니라.
19 내가 성서에 기록하여 너희들에게 일
깨워 주었으며, 나의 법전에 기록하여
너희들을 깨우쳐 주었음이니라.
20 모두는 나 여호와 창조주가 미리 알고
있음이니, 나에게 달라는 기도를 하지
말며 구원하는 것을 기도하지 말라 내
가 그리 말하였거늘,
21 육의 삶에 무엇인가 변화를 이루기 위
하여 나의 성전을 찾으며 나의 법전을
읽고 깨우치고자 와서 제자라 말하며
엎드려 기도한 자들이 바로 한탕주의
자들이요, 육의 삶을 위해서 하는 어

리석은 자들이니라.
22 그리고 그들은 욕심을 버리지 못하였
기 때문에 10년의 세월 속에 그 모든
답을 볼 수 있으며 결과를 볼 수 있으
며 너희들이 축복과 영화의 그 소용돌
이의 한복판에 서 있는 그와 같은 영
광을 얻을 것이라 말하였어도 이를 버
리고 떠나는 것이 너희 백성들이니,
23 정녕 그와 같은 마음을 가지고 나로부
터 구원을 받으며 축복의 그 역사를
얻으려는 생각을 하고 믿는 자, 그와
같은 어리석은 자들이 이곳에 왔다가
떠나는 자들임을 알라.
24 이제 남아 있어 나의 아들과 같이 가
고자 하는 너희들은 정녕 10년 안에
그 모든 역사의 소용돌이의 중심부에
서 있게 될 것이니, 인내하고 기다리
는 그와 같은 마음을 가지라.
25 너희들이 정녕 지금의 종교요, 지파에
가 10년, 20년, 평생을 바쳐서 나의 법
전을 읽고 깨우치는 것만큼 얻을 수
있다면 그리 가도 너희들이 벌을 받지
않을 것이며, 그만큼 역사를 이룬다
하면 벌을 받지 아니할 것이니라.
26 바로 내가 이루고자 하는 새로운 천
년의 역사의 그 기틀은 오로지 나의
아들을 통하여 이룰 수 있으며, 나의
법전을 통하여 이룰 수 있으며, 내가
주관하는 곳에서만 이루어진다는 것
을 잊지 말라.

3,700 번째 하나님 말씀

2002년 10월 17일 06시 44분

1 사랑하는 나의 아들아!
2 "네, 아버님! 말씀하옵소서."
3 너희들이 인간사에서 어떠한 역사를
이루기 위하여 목표를 세우며 그 목표
를 위하여 한 계단 한 계단 노력하고
노력함에 따라서 그 결과가 얻어지게
되어 있음이니라.
4 나를 향하여 모든 백성을 구하기 위하
여 나의 성령을 받아 기록하며 너를
따르는 모든 제자들 또한 이제는 한
계단 한 계단 너희들이 변해 가야 되
는 것이며, 그 변화되는 속에서 나의
모든 백성들과 너희들과의 차별화가
서서히 벌어지며 그 한계가 보이게 됨
이니라.
5 너는 만백성을 구하는 나의 아들로서,
오늘의 너의 훈련이 많은 세월과 많은
시간 속에 네가 쌓고 또 이루어졌음이
니,
6 이제는 모두를 다 네가 완벽히 갈 수
있는 그와 같은 너 자신의 훈련과 그
기간이 그만큼 흘렀음이니라.
7 이제는 완벽한 자세로 네가 서서 너
자신이 가는 그 길에 네가 어떠한 부
닥침과 어떠한 사탄의 유혹에도 스스
로 견디어 이길 수 있는 그와 같은 훈
련을 쌓았음이니, 이제는 네가 정녕
바로 서는 그 역사의 변화만 남아 있
음이니라.
8 네가 바로 서지 못하며 네가 바로 가
지 못할 때, 모든 역사는 다 물거품이
되어 버림을 알아야 할 것이니라.
9 내가 너희들에게 말하였듯이, 뼈를 깎
는 그 어려움과 고통, 그 시련을 인내
하지 못하며, 너희 스스로 변함에 있
어서 그 누구도 이룰 수 없는 그 길을

이루어 내지 못한다 하면,
10 너희들 또한 나로부터 선택된 나의 아
들과 딸로서 나의 명을 받아 대역사를
이루는 그와 같은 일을 결코 이루어
낼 수 없음을 알아야 될 것이니라.
11 이제는 네 머리가 변하기 시작할 것이
며, 너 자신이 변하는 그 세월과 네가
생각하며 계획한 그 모두를 실천하고
이룰 때가 되었음을 알아야 할 것이니
라.
12 네 마음속에는 무엇을 소중히 가지며
무엇을 소중히 생각하는 그와 같은 자
리가 없어야 함을 알아야 할 것이니라.
13 이 세상 인간 세속에 아무것도 소중한
것이 없으며 특별한 것이 없으며 남다
른 것이 없음이니,
14 너 또한 인간관계의 맺어짐에 누구를
더 깊이 생각하며 누구를 더 그리워하
며 누구를 더 아끼며 누구를 더 사랑
하는 그와 같은 마음자리도 네 마음속
에 한 점이 있어서는 아니 됨이니라.
15 그것이 네가 가야 할 길이며, 네가 바
로 서야 할 길인 것이니라.
16 이제는 완벽히 서야 되며 완벽히 가야
될 것이니라.
17 내가 너희에게 말했듯이, 백에서 아흔
아홉 개를 잘하나 하나를 잘못한다면
그것으로써 모두가 다 무너진다 하였
음이니,
18 그 마지막의 하나를 놓아 버리는, 그
것을 지키고 실현하는 그와 같은 너의
결단과 네 마음자리가 소중함을 알아
야 할 것이니라.
19 그것이 너의 제자들을 사랑하는 마음
이요, 너의 제자들이 모두를 다 이끌
어 가는 대변화의 역사가 이루어질 것
이니라.
20 사랑하는 나의 아들아!
21 "네, 아버님! 말씀하옵소서."
22 예수가 목숨을 바쳐 나의 뜻을 따라
순종했던 그 마음보다 더한 괴로움은
없을 것이며, 더 어려운 결정은 없을
것이니라.
23 나 여호와의 이 뜻을 네가 알아 이제
는 완벽한 사람으로서, 완벽한 나의
아들로서 서야 할 것이니라.
24 네가 아끼는 사람, 사랑하는 사람, 그
리고 소중히 간직하고 싶어 하는 것,
너의 제자들을 사랑하는 마음, 그들의
소원을 들어주며 그 뜻을 이루어 주고
자 하는 마음, 너의 제자들을 구원의
길로 인도하며 한 사람도 그 손을 놓
지 아니하고자 하는 마음,
25 어떠한 역경이 있다 해도, 네가 어떠
한 희생을 치르더라도 너의 제자들이
천국의 문에 들어설 수 있도록 인도하
고자 하는 네 마음, 그것이 바로 무엇
인 줄 알겠는가?
26 네가 바로 서는 것이니라.
27 네가 바로 서지 못해 무너지면 너의
제자들, 네가 아끼는 사람, 네가 소중
히 생각하는 사람, 그리고 네가 소중
히 간직하고 살아왔던 그 모두가 다
나에게 역행하니 물거품이 되는 것이
며, 그들이 다 쓰러져 무너지는 것이
니라.
28 그리고 그들이 또한 구원을 받을 수
없음이니라.
29 그들을 아끼고 사랑하는 것은 네가 바
로 서야 됨이니라.

30 완벽히 서는 것이 그들을 네가 아낌이
요, 그들을 천국의 문으로 들어서도록
하여 구원하고자 하는 애절한 너의 뜻
이 이루어짐을 알라.
31 네가 무너지면 아무것도 이룰 수가 없
음이니, 모두는 너의 뒤를 따라 그들
이 오르고 못 오르는 것이 그들의 운
명이며, 네가 존재하는 속에 그들이
존재함을 잊어서는 아니 될 것이니라.
32 사랑하는 나의 아들아, 사랑하는 나의
아들아!
33 예수의 죽음의 그 고통보다 더한 아픔
은 없을 것임을 너는 알라.

3,701 번째 하나님 말씀

2002년 10월 17일 12시 10분

(강론을 마치며)

1 사랑하는 나의 아들아!
2 "네, 아버님! 말씀하옵소서."
3 너의 제자들을 나 여호와가 사랑함이
니라.
4 인간의 노력으로써는 감히 생각할 수
없으며 넘을 수 없는 그 시련의 길을
넘고자 노력하는 너희들의 그 마음을
나 여호와가 알고 있음이니라.
5 하나의 꽃이 피기 위해서는 그 꽃의
나무가 성장하여 봉오리를 맺어 그 봉
오리가 피며, 벌과 나비가 날아들어
그 씨를 또 세상에 뿌리게 되어 있음
이니, 오늘의 너의 제자들의 그 모습
이 과연 어떠하다 생각하는가?
6 사랑하는 나의 아들아!
7 너의 제자들은 지금 꽃봉오리가 맺히
기 시작하는 그와 같은 아름다운 모습
으로 변하여져 가고 있음이니라.
8 그 맺히기 시작하는 꽃봉오리가 서서
히 자라 큰 덩어리를 이룬 다음에 그
는 무엇을 이루던가?
9 꽃이 피게 되어 있음이니라.
10 이제 그 꽃을 피우는 큰 봉오리가 되
기 위하여 하나의 봉오리를 맺어 가는
그와 같은 아름다운 것이 너희들의 마
음의 변화며 너희들의 지금의 모습이
니라.
11 오늘 나의 성전에 와 공부하며 나의
법전을 보며 나의 성령을 직접 듣는
너희들은 정녕 하나의 꽃봉오리가 맺
어지기 시작하는 결실을 얻었음이니,
내가 너희들을 사랑함이며, 나 여호와
의 기쁜 마음을 너희들은 알지 못할
것이니라.
12 살짝 언 얼음판을 건너갈 때 너희들의
마음이 어떠하던가?
13 그것이 깨질까 깨지지 아니할까 조바
심하는 그 마음, 정녕 깨지지 아니하
여 너희들이 강을 건너는 그와 같은
은혜를 입기를 바라는 것이 아니던가?
14 오늘 나의 성전에 와 나의 아들을 통
하여 내리는 나의 성령의 뜻을 듣는
너의 제자들을 내가 바라보는 마음이
그러하니라.
15 너희들이 살얼음판에 발을 들여놓고
그것이 꺼질까 안 꺼질까 불안하며 그
것이 꺼지지 않기를 바라는 것이 너희
들의 마음이니, 나 여호와가 너희들을
바라보는 마음이 너희들의 그 마음과
똑같으니라.
16 너희들이 낙오자가 나오며, 등 돌리며
떠나는 자가 나오며, 힘들고 어려워

좌절하는 자가 나오며, 힘들고 어려워
거짓 하는 자가 나오며, 이웃을 속이
는 자가 나오며, 겉과 속이 다른 삶을
살아가는 그와 같은 너의 제자들이 나
오지 아니할까 하여 나 여호와의 마음
이 살얼음판을 건너기 위해 발을 딛는
그와 같은 심정임을 너희들은 알아야
될 것이니라.
17 너희들을 사랑함이니, 너희들은 낙오
자가 나와서도 아니 되며 등 돌리는
자가 나와서도 아니 됨이니라.
18 이제 작은 꽃봉오리가 맺히기 시작하
였으니, 그 봉오리가 곱게 커 활짝 꽃
을 피우는 그와 같은 역사를 이루도록
해야 될 것이니,
19 너희들의 오늘의 그 변화된 마음 하나
로도 이 세상의 어느 백성도 너희를
따를 수 없으며, 내가 하나의 의인을
구한다면 세상과 바꾸지 아니한다 하
였음이니,
20 곧 꽃봉오리를 맺은 너희 제자들이니,
그가 필 날이 머지않지 않겠는가?
21 시간이 흐르면 꽃은 피게 되어 있음이
니라.
22 그러니 너희들이 조금만 더 노력하면
그 꽃의 열매를 피울 수 있는 경지에
오를 것이니, 이 모두는 너희들 자신
의 노력이요,
23 마음이 변하고자 하며 나의 성령을 믿
으며 나의 법전을 믿으며 나의 아들을
믿으며 이 마지막 시대에 내가 새로운
역사를 이루고자 하는 나 여호와의 뜻
을 너희들이 믿는 데서 그와 같은 작
은 봉오리가 맺어진 오늘의 역사가 이
루어졌음이니,
24 나 여호와의 이 기쁜 마음을 너희들에
게 전하며,
25 얼음판에 발을 딛는 너희들과 같은 마
음으로 바라보는 나 여호와의 기쁨이
영원히 지속되어 너희들을 내 품에 안
을 수 있는 그와 같은 영광을 버리지
말라 그들에게 전하라.

3,702 번째 하나님 말씀

2002년 10월 18일 06시 27분

1 사랑하는 나의 아들아!
2 "네, 아버님! 말씀하옵소서."
3 크나큰 제방을 한 번에 무너트리려면
얼마나 많은 장비와 인원이 동원되며
힘이 들던가?
4 그러나 작은 개미구멍만 한 구멍이 하
나 나면 그것으로 서서히 무너지는 그
와 같은 이치를 내가 너에게 깨우쳐
주었거늘,
5 어찌하여 너는 나의 법전을 세상에 전
하는 것을 한 번에 눈이 내려 세상을
다 덮듯이 덮는 그와 같은 우매한 생
각을 하며 네 마음속에 불안해하는가?
6 이제 법전이 3부의 역사가 이루어짐
이니, 너는 개미구멍만 한 구멍을 뚫
는 그 역사의 이치를 깨닫도록 그리하
라.
7 적은 자 모여서 그 구멍이 커짐으로
제방이 무너지는 그 간단한 이치와 순
리를 가지고 네가 역사를 한다면 네
마음이 불안하지 아니하며 초조하지
아니하며 네가 그리 울지 아니하여도
될 것을,
8 어찌하여 한 번에 제방을 무너트려 그

많은 장비와 인력과 물자를 가지고 그
를 역사하려 하느냐, 아들아!
9 이제 그와 같이 마음을 바꿔 세상을
보도록 하라.
10 네가 아름답게 살아가며 네가 이제는
바른 삶을 살아 만백성에게 빛이 되고
자 그 길을 가고 있음이니,
11 너의 그 모습이 얼마나 아름답고 소중
한 삶인가를 나 여호와가 알고 있으
며, 네가 가고자 하는 그 마음을 내가
아느니라.
12 아들아, 그것으로써 네가 할 수 있는
일은 다 했으며, 네가 가고자 하는 그
역사의 기틀은 네가 다짐이니라.
13 이제 너는 제방을 한 번에 무너트리기
위하여 그 많은 장비와 물자와 인원을
동원하고자 하지 말라.
14 그저 한구석에 작은 구멍을 뚫는 그
노력을 하라.
15 작은 구멍을 뚫게 되면 그 구멍에 의
하여 제방이 무너지는 이치를 너는 어
찌 깨닫지 못하는가?
16 그와 같은 이치로써 네가 행하면 될
것을….
17 "네, 아버님! 알겠사옵나이다.
18 그 간단한 이치 하나를 생각하지 못하
였사옵나이다.
19 서서히 작은 데서부터 시작하여 그 역
사가 이루어지는 것을, 한 번에 모든
역사를 이룰 수 있는 사람을 보내 주
시기를 바랐으며, 그와 같은 능력 있
는 사람이 오기를 바랐사오니,
20 얼마나 이게 어리석은 저의 깨달음인
가를 알았사옵나이다."
21 큰 능력을 가지고 오는 자는 사업적으
로 올 것이며, 영업적으로 올 것이니
라.
22 그러나 네가 너의 제자들의 작은 힘으
로써 그 제방의 둑을 뚫음으로 인하여
너희들은 에덴의 동산이요, 낙원의 동
산을 만들 수 있는, 변화되지 않는 그
와 같은 너희들의 길을 역사할 수 있
거늘, 사랑하는 나의 아들아!
23 너의 제자들의 힘을 모아 그것으로써
이루라.
24 그러면 거기에 답이 있음이니라.
25 그리하여 너희들 스스로 개미의 역사
로 이룰 때 거기에는 누구도 관여하지
못하며 왈가불가할 수 없음이니라.
26 네가 하는 일에 많은 장비요, 인력이
요, 능력 있는 자가 와 너희들의 그 사
업을 돕는다면, 그는 정녕 사업적으로
너희들을 관리할 것이며 너를 통제하
게 될 것이니,
27 너희들이 개미구멍을 뚫는 역사를 위
해 너의 제자들을 내가 보냈음이니,
그와 같은 이치를 깨우쳐 그리하도록
하라, 사랑하는 나의 아들아!
28 "아버님, 알겠사옵나이다.
29 그 뜻이 무엇인가를 알겠사오며 그
말씀이 무슨 말씀인가를 알겠사옵나
이다.
30 그리 가겠사옵나이다.
31 저의 제자들과 힘을 합쳐 작은 개미의
구멍을 뚫어 그 제방의 물이 빠지는
그 역사를, 제가 지금 몸부림치는 그
반대의 길로써 그 역사를 이루도록 그
리하겠사옵나이다."
32 아들아, 그리하라.
33 그리하여야 모든 것을 네가 다 주관할

수 있으며, 너의 제자들이 주관하여
이룰 수 있음을 알라.
34 이제 너의 제자들이 네 앞에 와 있는
것을 알겠는가?
35 그 개미구멍의 역사를 이루기 위해서
임이니 그리 알라.

3,703 번째 하나님 말씀

2002년 10월 18일 06시 38분

1 사랑하는 나의 아들아!
2 "네, 아버님! 말씀하옵소서."
3 내가 너희들에게 너희들은 새로운 마
음이요, 새로운 역사의 길에 도전하였
으며, 새로운 도전의 길을 선택한 나
의 백성들이라 그리 말하였느니라.
4 지금까지 잘못 믿어 온 그 수천 년의
역사의 종교 앞에 그들을 다 뿌리를
뽑으며, 그들을 덮어 버리며,
5 이를 이단이요, 사탄이라 말하는 그들
은 스스로 저희들이 사탄이요, 이단이
기에 진정한 새로운 역사를 이루고자
하는 나의 이 뜻 앞에 그들이 감히 나
의 성령이요, 나의 법전이요, 나의 뜻
을 사탄이요, 이단이라 그리 말함이니,
6 그를 바로잡기 위하여 그 새로운 역사
앞에 도전장을 낸 너희들이 나로부터
선택된 백성임을 알아야 될 것이니라.
7 지금 수천 년 동안 하늘에 오르는 길
이요, 만백성을 구하는 길이라 하여
종교 지도자들이 가르치고 이끌어 온
그것이 정녕 하늘에 오르는 길이 아니
며,
8 나와는 관계도 없는 그와 같은 믿음의
역사 속에서 변질되고 변질되어 나의
뜻과는 거리가 먼 형국으로 나의 백성
들을 이끌어 옴이니, 바로 그들이 이
단이요, 사탄인 것이니라.
9 그리하여 진정 나의 성령이요, 나의
뜻이요, 새로운 역사를 이루고자 지금
나의 아들을 통하여 내리는 나의 법전
을 그들은 이단이요, 사탄이라 그리
말함이니,
10 정녕 사탄과 이단이 진정한 나의 뜻을
보고 참진리를 보고 그리 뒤집어씌우
며 이를 존재하지 못하도록 하는 것이
며,
11 그 많은 인력과 그 많은 물자와 그 많
은 조직을 가지고 이단이요, 사탄으로
전락된 그들이 저희들의 세상을 만들
기 위하여 새로운 역사를 이루는 나의
성령으로 기록된 법전을 사악한 자요,
이단이요, 말세에 오는 거짓 선지자가
하는 행위라 그리함이니라.
12 모든 나의 백성들이 그리 몰아가거늘,
그곳에 너희들이 그것이 아니며 진정
한 나 여호와의 뜻이라 그들에게 거부
함이니,
13 그게 바로 새 시대를 이루고자 하는
나의 뜻에 따라 너희들이 혁명을 이루
는 것이며, 너희들이 그들 앞에 도전
하는 그와 같은 나의 백성이니라.
14 그러니 너희들은 과연 지금의 나의 법
전을 읽으며 나의 아들로부터 성령을
들음이니,
15 그들과 차별화된 삶의 변화를 먼저 이
루어야 되는 것이 너희들이 가야 할
길임을 알아야 될 것이니라.
16 나의 법전을 손에 들고 있는 그 자체
가 구원의 증표요, 하늘에 오를 것이

라는 것을 너희들은 알고 있기에 그를
모르며 가는 그 백성들을 너희들이 깨
우쳐 준다는 것이 얼마나 힘들고 어려
운 길인가?
17 저희들이 가고 있는 길이 사탄의 길이
요, 지옥으로 가는 것을 모르며, 저희
들은 천국으로 간다 그리 부르짖고 그
착각에 빠져 있으며 환상에 젖어 있는
백성들에게 나의 법전을 읽고 깨우치
는 것이 하늘에 오르는 길이라며 그를
너희들이 돌려놓는 것이 얼마나 어렵
고 힘든가?
18 그 역사를 이루는 너희들이 먼저 차별
화가 되어야 한다는 것을 내가 너희들
에게 일깨워 주며 전함이니,
19 이와 같이 너희들이 스스로 변하는 그
역사를 이루며 차별화된 깨달음을 얻
는 그것이 먼저임을 알아야 될 것이니
라.
20 너희들이 변해야 됨이 여기 있음이니
라.
21 새로운 역사를 이루고 새 시대를 이루
기 위해 도전장을 던진 너희들은 그만
큼 어렵고 힘든 그 바탕 위에서 이겨
야 될 것이니,
22 너희들이 승자가 되는 것은 지금의 잘
못 가는 나의 백성들과의 차별화이니
라.
23 그들과 차별화가 되지 아니하고 너희
들이 그들의 생활과 똑같이 살아가는
그 형태가 이루어진다면 아무것도 이
룰 수 없음을 알아야 될 것이니 그리
알라.

3,704 번째 하나님 말씀

2002년 10월 18일 12시 17분

(강론을 마치며)

1 사랑하는 나의 아들아!
2 "네, 아버님! 말씀하옵소서."
3 많은 사람이 모여 음식이라는 것을 먹
게 됨이니 너희들이 기도하고 '아멘!'
이라 하며 같이 음식을 들 때 너희들
의 기도하는 마음이 어떠하던가?
4 모든 나의 백성들이요, 지금의 믿음의
길을 가는 백성들은 앞에 만들어진 그
음식을 먹는 것에 감사를 드리며, 그
먹게 된 것에 대한 감사하는 마음의
비중이 큼이니라.
5 그러나 나의 법전을 읽고 깨우친 나의
선택된 백성 너희들은 너희들이 먹을
수 있도록 만들어진 그 음식을 놓고
먹게 되어 감사하는 것이 아니요, 거
기에 대한 감사의 기도를 드리는 것이
아님을 알아야 될 것이니라.
6 너희들은 그 음식이 너희 앞에 와 음
식으로 변하여져 너희들이 먹게 되는
그 과정에 감사드리는 그와 같은 마음
을 가져야 됨을 알라.
7 너희들이 음식을 먹되 그 음식이 어디
서 누구로부터 왔으며, 누구의 은혜에
의하여 그것이 자라서 그와 같이 너희
앞에 음식상에 오를 수 있으며,
8 그 음식 하나하나가 누구의 은총과 은
혜 속에서 자란 것인가, 그 모두가 어
찌 성장하여 어찌 자랐기에 너희들이
그를 먹을 수 있는가, 그리 생각하는
마음 자세를 갖는 것이 차별화된 너희
들이 갖는 마음의 깨달음임을 알아야

될 것이니라.
9 깊은 바닷속에 있는 물고기를 음식으
로 만들어 접할 때, 너희들은 그저 먹
는 것으로써 감사하다 하며 그 음식을
먹게 된 것에 기도를 드리나,
10 그 물고기가 누구의 은혜에 의해서 어
찌 바닷속에서 살았으며, 그 깊은 물
속에서 그가 어찌 성장하였으며,
11 그리하여 성장한 그 물고기가 너희들
앞에 음식으로 와 네가 먹게 되었으니
그걸 누가 주었는가를 생각하는 그와
같은 깨달음의 마음 자세로 생각할 때,
12 요리사가 만든 음식이요, 너희 앞에
와 있는 그 음식에 감사하는 마음보다
나 여호와의 전지전능함에 감사하며
내가 너희들에게 준 은혜에 감사함을
느끼게 될 것이니,
13 이게 바로 너희들과 일반 믿음의 길을
가는 백성들과의 차별화며, 깨달음이
요, 경지가 다름을 알아야 될 것이니
라.
14 너희들은 매사에 그와 같은 깊이와 모
두 너희들이 취할 수 있으며 너희들이
관리할 수 있는 그 근본이 어디서 왔
으며 누구의 은혜에 의하여 그가 성장
하여 너희들이 취할 수 있는가, 그리
만들어 준 그 근본을 찾아 생각한다
하면,
15 너희들이 나 여호와를 생각하게 되며
나에게 감사하는 마음이 가슴에 이루
어짐을 잊지 말라.
16 나 여호와의 은혜로써 그 음식이 성장
할 수 있도록 하며 너희들 앞에 네가
음식을 취하여 생명을 유지할 수 있도
록 한 그 근본이 나 여호와의 사랑이
요, 은혜라 생각한다 하면,
17 너희들이 그 음식을 대할 때 어찌 대
할 것이며, 음식 자체에 대한 감사의
기도를 하고 '아멘!'이라 하며 먹는 기
도하는 자들과 나에게 감사하는 마음
을 갖는 그 마음의 차이는 어떠하던가?
18 하늘과 땅의 차이임이라.
19 너희들은 매사에 그와 같은 깨달음으
로써 행해야 될 것이며, 매사를 다 나
여호와에게 감사하는 마음, 내가 너희
들에게 준 은혜라는 마음을 잊어서는
아니 될 것이니라.
20 그리하면 너희들의 마음이 넓어지며,
너희들의 마음이 세상 이치를 깨닫게
됨을 잊지 말라.

3,705 번째 하나님 말씀

2002년 10월 18일 20시 54분

1 사랑하는 나의 아들아!
2 "네, 아버님! 말씀하옵소서."
3 너희들이 법전을 읽고 공부하며, 나의
성령을 들어 깨우쳐 공부한다 하여도
너희들의 마음의 변화와 본심이 어떠
하냐에 따라 너희들이 변한 것을 측정
하는 그와 같은 삶을 살아야 될 것이
니라.
4 정녕 순수한 마음으로써 나의 법전을
믿으며 변해 가는 삶을 살고자 하는
자에게 내가 나의 아들을 통하여 미래
의 어렵고 힘든 것을 깨우쳐 주며 전
하여 줌이니라.
5 너희들은 정녕 이와 같은 기적의 역사
를 모르고 있는가?
6 너희들은 그와 같은 깨달음을 얻어야

할 것이니라.
7 너희들이 아무리 법전을 읽고 깨우쳐
마음을 비웠다 해도 말과 행동이 일치
하지 아니할 때, 그는 내가 기억하지
아니함을 알아야 될 것이니라.
8 너희들이 나의 뜻에 따라 살아가고자
하며, 마음의 속과 겉이 일치하는 삶
을 살아갈 때, 오로지 진실된 마음에
서 살아가는 자들에게 내가 그 길을
깨우쳐 주며 나의 아들을 통하여 너희
들의 어렵고 힘든 부분을 미리 알려
줌이니,
9 이게 곧 기적의 역사임을 알아야 될
것이니라.
10 내가 성서에 이리 기록하여 미리 가르
쳐 주었음이니라.
11 너희들의 과거요, 지난날의 깨달음에
연연하는 자, 새로운 역사가 이루어지
는 나의 법전을 보고 깨달을 수 없다
말하였음이니, 이와 같은 내용을 내가
성서에 미리 기록하여 너희들에게 깨
우쳐 주었음이니라.
12 너희들은 여기서 하나를 배우고 또 깨
달아야 될 것이니라.
13 너희들이 과거에 지금까지 믿어 왔던
믿음이요, 너희들이 생활했던 그 모두
를 버리지 못함으로 인하여 너희가 나
의 성령의 깨달음을 받을 수 없으며
변화될 수 없다는 것은 바로 너희들이
그 마음을 비우지 못하고 있기 때문임
을 내가 너희들에게 강조함이니라.
14 새로운 나의 법전을 읽고 나의 아들로
부터 성령의 강론을 듣는 것이 진정한
나의 성령이요, 너희들의 생명을 구원
하는 것이라 믿는 자는 속과 겉의 마
음이 다르지 아니할 것이며,
15 그와 같이 믿지 못하는 자는 지금까지
너희들이 믿어 왔던 믿음의 세계에서
그를 버리지 못함이니,
16 그를 버리지 못하기에 정녕 하나의 마
음으로 변할 수가 없으며, 속과 겉의
생각이 일치하지 아니하는 그와 같은
믿음에서 스스로 헤매고 있음을 알아
야 될 것이니라.
17 그리하여 내가 과거에 집착하지 말며,
과거의 믿음이요, 생활에 집착하는 자
정녕 변할 수 없다는 그 대목을 성서
에 일찍이 기록하여 너희들에게 가르
쳤음이니, 이와 같은 이치를 깨달아야
될 것이니라.
18 너희들이 나에게 오르는 믿음으로 가
는 길이요, 나의 법전을 읽고 나의 성
령을 듣는 그것이 바로 무엇이더냐?
19 너희들의 믿음의 변화요, 믿음의 깨달
음이니라.
20 너희들의 통상적인 육의 삶이 아니요,
하늘에 구원을 받는 그 영혼을 위한
삶의 변화를 이루는 것이니,
21 그 변화를 이루고자 할 때 너희들이
지금까지 믿어 왔던 그 모든 믿음을
다 털어 버리지 못한다면 너희들은 한
곳에 항상 의구심을 가지고 있음이니,
너희들의 믿음이 곧 속과 겉이 다른
그와 같은 길을 가고 있다 하였음이니
라.
22 그와 같은 자, 나에게 역사의 은혜를
입을 수 없음이니, 속과 겉의 모든 믿
음이 하나가 되는 그와 같은 마음 자
세로 변해야 될 것이니라.
23 오로지 지금 나의 법전이요, 나의 성

령만이 너희들을 구원하는 진정한 참
진리요, 빛이라 그리 굳건히 믿고 따
라가는 자, 그들에게 내가 이제 기적
을 서서히 이루어 줄 것이며,
24 나의 아들을 통하여 너희들에게 미래
를 가르쳐 줄 것이며 인도해 줄 것이
니, 이를 명심하여 행하도록 그리하라.

3,706 번째 하나님 말씀

2002년 10월 18일 20시 59분

1 사랑하는 나의 아들아!
2 "네, 아버님! 말씀하옵소서."
3 내가 너희들에게 일찍이 깨우쳐 주었
음이니라.
4 나의 아들에게 많은 뜻을 전하고자 하
는 자, 그리고 나의 아들이 잘못 간다
고 비치는 것을 채찍질하는 자, 그리
고 그를 바로잡기 위해 비판하는 자,
그와 같은 너의 제자들이 많이 네 주
변에 있음으로 인하여 네가 변화될 수
있는 것이며,
5 네가 또한 나의 뜻에 따라 대임을 수
행할 수 있는 그와 같은 길에 들어섬
에 네가 빠른 변화를 이룬다 하였음이
니라.
6 그리하여 너의 제자들이 너를 비판하
며 네가 잘못 가는 부분에 대하여 너
에게 조언할 수 있는 제자들이 많이
있으며 너에게 심한 채찍질을 할 수
있는 제자들이 네 주변에 많이 있음으
로 인하여 네가 나의 뜻에 따라 변하
는 그 길에 네가 쉽게 갈 수 있다 그리
하여 내가 너의 제자들에게 일렀느니
라.
7 너희들이 매를 들며 채찍을 들며 나의
아들이 바로 갈 수 있도록 하는 것이
너희들의 대임이라 하였으니,
8 그 채찍을 드는 자, 과연 그것을 들 자
격이 있는가 먼저 스스로 변화하는 역
사를 가지라 하여 내가 너희들에게 일
깨워 주었음이니라.
9 오늘 내가 나의 아들을 통하여 너희들
에게 하나의 깨달음을 더 전하나니,
10 너희들은 나의 아들이 잘못 가는 것을
채찍질하며, 또 창조주 나의 뜻에 살
아갈 수 있도록 비판하는 그와 같은
것이 너희들이 해야 할 임무며,
11 그와 같은 제자들이 많음으로써 너희
들이 바른 시대의 삶을 살아갈 수 있
으며, 나의 뜻에 따라 새로운 역사를
이룰 수 있는 것은 당연한 사실이니라.
12 그러나 너희들이 나의 성전을 떠나며
나의 아들 곁을 떠나 비판하고 채찍질
하며 단죄하고자 하는 자는,
13 그는 나의 뜻을 역행하는 자며, 그는
내가 존재함을 부인하며, 내가 존재하
지 아니함을 믿고자 하는 그와 같은
마음 상태인 자가 나의 성전을 떠나
나의 아들을 채찍질하며 비판하는 것
이니, 그는 나와 관계없는 자식임을
너희들이 알아야 될 것이니라.
14 나로부터 선택된 나의 아들딸들이요,
정녕 나에게 구원을 받고자, 나에게
오르고자 하는 자, 나의 성전을 떠나
서 나의 아들에게 채찍질해서는 아니
되는 것이며, 나의 성전을 떠나서 나
의 아들을 비판하는 그와 같은 행위를
해서는 아니 됨을 너희들은 알아야 될
것이니라.

15 정녕 나의 아들이 바로 서기를 바라
며, 나 여호와가 존재하는 것을 믿으
며, 지금 내가 내려보내 너희들에게
법전이라 하여 만백성을 구원하는 나
의 이 책을 정녕 믿는다면,
16 너희들은 이 나의 성전에 나와 나의
아들과 더불어 내가 너희들을 깨우치
고자 나의 아들을 통하여 내려보낸 그
나의 성령의 가르침과 나의 법전을,
나의 아들이 가르치는 그 뜻을 정독하
고 깨우치고 배워 너희들이 이 성전에
남는 자만이 나의 아들을 비평할 수
있으며 평할 수 있으며 채찍질할 수
있는 자임을 알아야 될 것이니라.
17 어떠한 이유에서든 나의 아들에게 등
을 돌리며 나의 아들의 곁을 떠나며
나의 성전을 떠나서 비평하고 채찍질
하는 그들은 사악한 사탄의 부하가 되
며 사탄의 자식으로서 변질되어 있기
때문에 너희들이 그와 같이 사악한 자
리에 서 있음을 잊지 말아야 될 것이
니라.
18 이것이 내가 너희들에게 전하는 것이
니, 이를 읽고 깨우쳐 그와 같은 우를
범하는 일이 없도록 그리하라.
19 다만, 나의 성전에 나와 존재하며, 나
의 아들의 강론을 들으며, 나의 법전
을 읽고 깨우쳐 가는 그 속에서 나의
아들에게 채찍을 가하며 비평을 하며
나무라는, 그리고 비판하는 자세로 같
이 이끌어 가는 것이 너희들이 나의
백성으로서 해야 할 길임을 잊지 말
라.

3,707 번째 하나님 말씀

2002년 10월 18일 21시 03분

1 사랑하는 나의 아들아!
2 "네, 아버님! 말씀하옵소서."
3 내가 너희들에게 미리 일깨워 깨우쳐
주었음이니라.
4 너희들이 나의 십계명을 지키고 나의
뜻에 따라 사는 것과 지금 제3의 시대
에 만백성을 구하고자 내가 내려보내
는 나의 법전의 뜻대로 깨우쳐 행하고
실천하는 길은 강하고 강한 자세가 아
니라 하였음이니라.
5 강한 형태로써 나의 법전이요, 율법을
지키는 것이 아니니라.
6 나의 율법과 나의 계명과 나의 법전을
지키는 것은 너희들이 유하고 부드러
운 마음의 형태로써만이 이룰 수 있으
며, 그것이 나의 뜻이며, 너희들이 지
킬 수 있는 길이라 내가 너희에게 일
찍이 깨우쳐 가르쳤음이니라.
7 그러나 지금 너희들이 믿음의 길을 가
는 그 자세는 어떠한가 너희 자신을
돌이켜 봐야 될 것이니라.
8 지금 너희들은 믿음이라는 한 길에 구
원을 받았다는 그 마음 하나만으로 무
쇠보다 더 강한 자세로써 그 믿음의
길을 가고 있지 아니한가 너희 스스로
돌아봐야 할 것이니라.
9 가장 유하고 부드러운 자세가 나의 법
전을 지킬 수 있으며 나의 십계명을
지킬 수 있는 그와 같은 믿음의 형태
요, 자세라 하였거늘,
10 너희들은 타협을 모르며 돌아다볼 줄
모르며 이웃을 볼 줄 모르며, 오로지

너희 것만이 구원을 받는 길이요, 그
길만이 하늘에 오르는 길이라 하여 달
려가는 그 모습이 무쇠보다 더 강한
믿음의 형태로 가고 있지 아니한가?
11 그와 같은 자세로써는 하늘에 오르는
빛을 볼 수도 없으며, 나의 음성을 들
을 수도 없으며, 그 길조차도 보지 못
하는 그와 같은 어리석은 삶을 사는
것이 너희들임을 알아야 될 것이니라.
12 정녕 하늘에 오르고자 그 믿음의 길을
가는 자, 나의 법전을 지키며 나의 계
명을 지키고 하늘에 오르고자 하는
자, 그 모두는 부드럽고 유한 형태의
믿음으로써 갈 때,
13 진정한 참빛을 볼 수 있음을 내가 나
의 아들을 통하여 너희들에게 다시 한
번 전함이니, 내가 너희들에게 깨우치
는 이 뜻을 깊이 행하여 구원을 받도
록 그리하라.
14 타협이 없으며, 오로지 외길의 믿음이
요, 무쇠보다 더 강하고 단단한 형국
으로 가는 그 믿음은 내가 원하지 아
니하며, 나에게 올 수 없는 길을 가고
있다는 것을 깨우쳐 그리 알도록 하라.

3,708 번째 하나님 말씀

2002년 10월 18일 21시 16분

1 사랑하는 나의 아들아!
2 "네, 아버님! 말씀하옵소서."
3 내가 나의 아들을 통하여 법전에 기록
하여 너희들을 깨우쳤음이니, 너희들
이 알고 짓는 죄는 아무리 용서를 빌
어도 용서를 받을 수 없다 하였음이니
라.
4 이는 곧 상대성이 있기 때문에 용서를
받을 수 없다 말하였으며, 또한 너희
들이 알고 짓는 죄는 열 배로 갚았을
때 그게 원상태가 된다 그리 말하였음
이니라.
5 그리고 죄를 짓고 죄를 가지고 있는
자, 구원을 받을 수 없으며 천사들이
사는 하늘나라에 오를 수 없음이니라.
6 이와 같이 나의 법전에 가르치며, 나
의 아들이 너희들을 깨우쳐 전하는 이
강론을 들으면서, 너희들은 허황된 자
며 정신 나간 자며 세상물정을 모르는
자가 헛소리한다 그리 말할 것이며,
7 나의 아들에게 '너는 과연 그리 사느
냐?' 물을 것이니라.
8 그러나 내가 일찍이 성서에 그리 기록
하여 너희들에게 깨우쳤음이니, 너희
들이 오로지 그 뜻을 알지 못함이니라.
9 너희 눈으로 죄짓는 것을 보면 그 눈
을 뽑는 것이 차라리 나으며, 너희들
의 팔이 죄를 지으면 그 팔을 자르는
것이 차라리 낫다 내가 그리 가르쳤음
이니,
10 너희 종교 지도자들이 가르치기를 뭐
라 말하는가?
11 성서에 기록되어 있는 그 내용대로 그
저 너희들이 눈으로써 죄를 지으면 눈
을 뽑으며 손으로써 죄를 지으면 손을
자르라 그리 말하느니라.
12 그러나 그 뜻이 그와 같은 것이 아님
이니라.
13 지금 내가 법전에 전하여 죄지은 자
용서받을 수 없으며 죄지은 자 하늘에
오를 수 없다 그리 말하였음이니, 이
는 곧 무엇이더냐?

14 너희들이 죄를 짓는다면 팔을 자르고
눈을 빼는 그와 같은 고통을 겪더라도
절대로 하늘에 오를 수 없다는 뜻이
여기에 있음을 알아야 될 것이며, 종
교 지도자는 그리 가르쳐야 됨을 알라.
15 너희들이 팔을 자르더라도 죄를 지어
서는 아니 되는 것이니, 그는 바로 무
엇이더냐?
16 너희들이 죄를 지으면 하늘에 오를 수
없음이니, 비록 팔을 자르고 손을 자
르고 눈을 뽑아낸다 하더라도 죄를 짓
지 말라는 뜻이니, 이는 즉 무엇이더
냐?
17 너희들이 작은 죄라도 짓고 그를 용서
받지 못했으며 그를 갚지 못했을 때
너희들은 어떠한 방법으로써도 하늘
에 오를 수 없다는 뜻이 여기에 있음
이니,
18 이와 같이 깨우쳐야 될 것이며, 그와
같이 종교 지도자가 나의 백성들을 가
르쳐야만 될 것이니라.
19 그러나 너희들은 그 뜻을 알지를 못하
며 내가 그 원하는 것을 알지를 못함
이니, 그저 종이 위에 써져 있는 문구
그대로 읽고 넘어가니,
20 그를 보고 깨우치는 백성이 무엇을 알
며 그 신도들이 무엇을 알아 선함을
행하며 죄를 짓지 않고 살겠는가?
21 나의 성령을 통하여 너희들에게 깨우
쳤듯이 지금 내가 법전에 이를 기록하
여 상세히 너희들에게 그 이유를 깨우
쳐 줌이니,
22 나의 법전을 잘못된 것이며 정신 나간
자요, 마지막 시대에 거짓 선지자가
세상을 혼란케 하는 말이라 하는 자,
바로 너희들은 그 죄를 용서받지 못하
며 구원의 길을 볼 수 없음을 알라.
23 사랑하는 나의 백성 너희들은 들어야
될 것이니라.
24 너희들이 어떠한 죄든 지으면 하늘에
오를 수 없음이니 너희 몸을 잘라 내
더라도 죄를 짓지 말라는 그 이유는
무엇이더냐?
25 작은 죄라도 지은 자 구원을 받지 못
함이니, 너희들이 그와 같은 고통과
인내 속에서라도 죄를 짓지 말라 함이
니라.
26 너희들이 과연 눈을 빼내면서도 죄를
지을 수 있으며 팔다리를 잘라 내면서
도 죄를 짓겠는가?
27 팔다리를 자른다 하며 너희에게 죄를
짓지 말라 한다면 그 팔다리를 자를
수 없으니 너희들이 죄를 짓지 아니할
것이며, 너희 눈을 뽑는다 하면 과연
죄를 지으며 간음하며 강도질하며 살
인하며 도둑질을 하겠는가?
28 너희들은 못 할 것이니라.
29 그와 같이 그 뜻이 거기에 있음을 알
아야 될 것이니라.
30 그리하여 너희들이 작은 죄를 지어도
구원을 받지 못하기에 차라리 손발을
자르더라도 죄를 짓지 말라 하는 뜻이
여기에 있음이니, 거꾸로 가르쳐야 되
는 것을 너희는 그저 읽어 넘어가니,
그를 듣는 백성들이 어찌 경각심을 가
지며 깨우침을 알며 진정한 진리를 알
겠는가?
31 나 여호와의 뜻은 무엇이더냐?
32 너희들이 어떠한 형태든지 죄를 짓지
말라 함이니라.

33 너희들이 죄를 짓고자 할 때 팔다리를
자른다 해도 과연 죄를 짓겠느냐?
34 팔다리를 잘라서라도 죄를 짓지 않는
자가 구원을 받는 것이며, 그 잘라진
상태로 구원을 받는 것이 영광이라 함
은,
35 너희들이 팔을 자르고 눈을 뽑아내더
라도 죄를 짓지 말라 하는 무서운 가
르침이 거기에 있음을 나의 백성들은
알고 깨우쳐 차후에는 이 뜻을 바로
새겨 너희들이 어떠한 죄를 지어서도
하늘에 오를 수 없음이니, 목숨을 바
쳐서라도 죄를 짓지 아니하는 그와 같
은 삶을 살아가는 데 모두를 다 바쳐
가도록 그리하라.

3,709 번째 하나님 말씀

2002년 10월 18일 21시 23분

1 사랑하는 나의 아들아!
2 "네, 아버님! 말씀하옵소서."
3 구약 성서가 기록되었음이니, 구약 시
대에 그를 기록했으며 역사했던 그 나
의 백성들이 지금 살아 있어서 그들에
게서 너희들이 직접 듣고 깨우쳐 배운
다 하면 너희들은 얼마나 진정한 진리
를 배우며 바른 깨달음을 얻으며 하늘
에 오르는 길을 볼 수 있겠는가?
4 그러나 그들은 지금 존재하지 아니하
며, 그들이 기록으로써 말로써 전한
것이 세월이 흐르면서 변화되고 변질
되었음이니, 지금에 와서 종교 지도자
라는 그 많은 백성들이 바르고 곧게
가르치는 자가 없음이니라.
5 나의 아들 예수가 세상에 나와 만백성
을 구하고자 하여 강론했음이니,
6 지금 나의 아들 예수가 존재하여 이
세상에 살면서 너희들을 가르치고 깨
닫게 한다면 신약에 기록되어 있는 그
내용을 너희들은 정확히 알 것이며 그
뜻을 알 것이며,
7 너희들은 이와 같이 변질되지 아니하
는 종교 지도자요, 믿음의 길을 가는
백성으로서 구원의 길을 얻을 수 있을
것이니라.
8 여기에서 너희들은 하나 깨우쳐 생각
해야 될 것이니라.
9 내가 지금 나의 아들의 제자라 부르는
자, 나의 성전에 와서 나의 아들에게
공부하고 배우는 너희들이 정녕 소중
하고 위대한 나의 아들딸이라 말하였
으며,
10 내가 얼마나 너희들이 소중하면 너희
들에게 신부라 그리 명하였으며, 너희
들의 이름을 하늘에 걸어 놓았으니 너
희들이 낙원의 동산에 네 문패요, 명
패 앞에 와 설 수 있도록 아름다운 삶
을 살라 내가 그리 강조하는가?
11 나의 아들 예수가 지금 살아 있어서
직접 너희들에게 강론하며 가르친다
면 얼마나 정확한 믿음이요, 나의 뜻
을 그대로 전하여 너희들이 천사가 될
수 있겠는가?
12 너희들은 지금 나의 아들을 통하여 내
가 직접 나의 성령을 내리며 나의 뜻
을 전하며 내가 이루고자 하는 그 모
두를 '법전'이라 하여 기록하여 책으
로 만듦이니,
13 이 160권의 장서가 세상에 나오며 이
160권에 기록된 모든 내용을 정확하

게 알며 그를 설명할 수 있는 나의 아
들이 사는 이 시대에 같이 사는 자가
얼마나 소중한 자들이며,
14 그로부터 강론을 들으며 내가 전하는
나의 법전의 뜻을 그로부터 정확히 듣
고 배우는 너희들이야말로 얼마나 축
복과 영광을 받은 백성이며,
15 또한 나의 아들이 지금 살아 있어 너
희들에게 내가 내리는 성령의 그 뜻이
요, 법전의 내용을 상세히 깨우쳐 주
고 가르쳐 줌이니,
16 그를 듣고 보는 백성 너희들이 바로
섰을 때 그를 또 전하게 되어 있음이
니,
17 너희들이 바로 전하고 전하지 못함에
따라 나의 법전이 세상에 존재할 수
있고 없음이 거기에 있으며,
18 천 년에 걸쳐 천사들만이 사는 그 역
사를 이루는 것이 바로 무엇이더냐?
19 나의 법전을 바로 전함이니라.
20 그렇다 하면 지금 나의 법전을 기록하
는 자는 누구더냐?
21 나의 아들이니라.
22 그는 나의 성령을 받아 그 뜻을 알고
있으며 내가 원하는 방향을 알고 있으
며,
23 그가 존재하여 살아 있는 동안 그의
제자라 하여 법전을 읽은 나의 백성들
이 그로부터 강론을 들으며 법전에 내
가 전하고자 하는 그 내용의 내 뜻을
그대로 전해 들음이니,
24 바로 너희들만이 바로 설 자들이니라.
25 그리하여 너희들이 바로 섰을 때 그
후손들이 또 바로 서며 너희들의 제자
가 또 바로 설 수 있음이니, 그리하여
너희들이 소중한 자들이며 너희들이
위대한 자라는 것을 알라 하였으며,
26 너희들이 선택된 그것이 축복이며, 지
금 이 동양의 작은 나라에 나의 아들
이 존재하는 이 시대에 사는 자 축복
된 자며,
27 그 제자라 하여 또 법전을 읽고 그가
강론하는 것, 내가 내린 법전을 직접
너희들에게 설명해 주고 깨우쳐 주는
그 모두를 듣고 보고 지금 공유하고
사는 너희들이 얼마나 나에게 소중하
며, 너희들이 얼마나 크나큰 영광과
은총 속에 살아가는 백성인가 알아야
될 것이니라.
28 너희가 바로 서지 못하면 구약 시대에
우상을 만들고 광란했던 그들과 같이
변화될 것이며,
29 예수의 시대에 나의 아들 예수를 죽게
하며 지금까지 하늘에 오르는 길이
무엇인지 저희들의 지침이요, 방향이
요, 길도 모르면서 하늘에 오르는 길
이라 하며 재물을 거둬들이는 이와
같은 형국이 또다시 이루어질 것이니
라.
30 너희들이 그와 같은 것을 모두 다 제
거하며 바르게 나의 뜻을 전할 수 있
는 것은 나의 아들이 존재하며 살아
있는 이 시대에 직접 배우고 강론을
듣는 백성들이 바로 배우고 깨우쳐야
되기 때문이니,
31 그리하여 너희들이 얼마나 소중하고
귀한 자인지를 알아야 할 것이니라.

3,710 번째 하나님 말씀

2002년 10월 18일 22시 14분

1 사랑하는 나의 아들아!

2 "네, 아버님! 말씀하옵소서."

3 너희들은 그리도 구원의 길을 소망하며 너희 인생의 그 모두를 다 바쳐 구원을 얻고자 그리함이니라.

4 그리하여 수천 년 동안 나의 피조물 만백성이 믿음이라 하여 너희 손으로 지은 그 성전에 가 모두를 다 바치고 살아가는 그와 같은 삶을 살았으며, 또한 그 후손 너희들이 지금도 그와 같이 살아가고 있음이니라.

5 그러나 이 모두가 나와는 관계없는 암흑의 세상의 삶이라 한다면 과연 너희들은 얼마나 고통스러운 길인가를 알아야 될 것이니라.

6 그리하여 지금 내가 제3의 시대에 만백성 너희들을 구원하고자 나의 아들을 통하여 '법전'이라 하여 책을 세상에 내려보냄이니,

7 내가 이 법전을 세상에 내려보내며 뭐라 너희에게 깨우쳐 주었던가?

8 나의 법전 속에는 너희들이 태어나는 이치와 늙으며 병들어 죽어 가는 그 모든 이치를 다 너희들이 깨달을 수 있으며, 느끼고 볼 수 있는 그것이 다 이 법전에 기록되어 있다 내가 너희들에게 가르쳤음이니라.

9 다만, 너희들이 이와 같은 모든 이치를 깨닫고 나의 법전의 내용을 알 수 있는 것은 바로 너희들이 천사와 같은 마음으로 변하는 그 삶이 아니면 이를 볼 수 없음이니라.

10 너희들이 천사와 같은 마음으로 변했을 때 너희들의 모두를 다 알 수 있으며, 하늘에 오르는 길이며 하늘의 진정한 그 빛이요, 천국의 문을 보게 될 것이며, 나 여호와가 원하는 그 뜻을 다 알 수 있는 것이니라.

11 너희들이 마음을 천사와 같이 비우고 나의 법전을 읽을 때 그 속에 모든 답이 다 있음을 알아야 될 것이니라.

12 너희들이 진실된 마음을 갖는 그 속에서 모두를 다 얻을 수 있다 나의 법전에 기록하여 너희들에게 전하나, 너희들은 나의 법전을 믿지 않으려 함이니라.

13 그러나 너희들은 여기서 깨달아야 될 것이니라.

14 내가 너희들에게 성서에 기록하여 이미 이 뜻을 전하였음이니,

15 '진실한 믿음의 길을 가는 자, 못 이루는 것이 없다.' 내가 나의 성서에 일찍이 너희들에게 깨우치고자 기록하여 전하였음이니,

16 너희들이 성서의 그 한 구절을 음미한다면 나의 법전이 무엇을 의미하는 것인지, 이 나의 법전이 정녕 나의 피조물 만백성 너희들을 구하기 위하여 세상에 보내는 나의 성령이라는 것을 알게 될 것이니라.

17 그리하여 너희들이 진실한 마음의 길을 가는 자 모두를 다 얻을 수 있으며 못 얻는 것이 없다 말하였듯이,

18 내가 바로 나의 법전을 너희들이 천사와 같은 마음으로 읽고 깨우쳤을 때 너희들이 늙어 죽고 사는 것이며 하늘에 오르는 천국의 길을 볼 수 있다 말

하였음이니,
19 너희들은 이와 같은 이치를 깊이 깨우
쳐 천사와 같은 마음으로 변할 수 있
도록 그와 같은 마음의 변화의 생활
속에서 나의 법전을 정독하여 깨우치
면 이 세상의 모든 이치와 하늘의 이
치를 알 수 있는 것이 여기에 있음을
알아야 될 것이니라.
20 이와 같이 이 시대에 법전이 나올 것
이며 진실된 자는 다 모두를 볼 수 있
는 이와 같은 것을 내가 너희들을 깨
우치고자 성서에 미리 기록하여 너희
들에게 전하였음이니,
21 그 구절을 읽어 의미를 알며 그 뜻을
깨우치는 자 나의 법전을 읽고 정독하
라.
22 그리하면 그 속에 모두가 다 있으며
너희들이 의구심 가는 것, 너희들이
의문 나는 것, 너희들이 깨닫지 못하
여 평생 죽을 때까지 발버둥치고 몸부
림치다 죽어 가는 그 모든 정답이 여
기에 있으며 여기서 찾을 수 있음을
알게 될 것이며,
23 그리하여 깨우쳐 읽은 자, 너희 후손
들에게 바로 가르치는 그 역사의 한
장을 이루도록 그리하라.

3,711 번째 하나님 말씀

2002년 10월 18일 22시 21분

1 사랑하는 나의 아들아!
2 "네, 아버님! 말씀하옵소서."
3 내가 너희들에게 뭐라 전하였던가?
4 나의 법전을 읽고 깨우쳐 열 권의 법
전을 가지고 형제에게 전하는 자, 내
가 너희들의 머리 위에 손을 얹어 너
희들의 죄를 다 용서하여 준다 하였음
이니라.
5 너희들이 어찌하여 이를 믿지 않으려
하며 이를 듣지 않으려 하며 이를 행
하려 하지 아니하는가?
6 나의 법전에 너희들이 거짓 하며 기만
하며 도둑질하며 살라는 구절이 있던
가?
7 십계명을 암송하며 받아쓴 나의 법전
에 너희들이 하늘에 오르는 길이요,
착하고 선하게 살며 악의 씨를 뿌리
뽑으며 선한 것을 너희 가슴에 심는
그와 같은 모두를 다 깨우쳐 가르쳤거
늘,
8 나의 법전을 읽고 깨우쳐 열 권의 법
전을 이웃 형제에게 전하여 그를 구원
하는 자, 내가 그 머리에 손을 얹어 너
희들의 모든 죄를 다 용서하여 준다
하였거늘,
9 너희들은 어찌하여 그 위대한 영광을
받지 않으려 하며 보지 않으려 하며,
그리고 너희 손으로 지은 성전에 가서
재물과 은화를 바치며 구원을 받았다
며 광란의 짓을 하면서 그 길만이 구
원을 받는다 그리 착각하는가?
10 이와 같은 역사의 위대함은 내가 제3
의 시대에 너희들을 바로 직접 터치하
며 나의 아들을 보내 너희들을 구원하
고자 하기에 너희에게 그와 같은 영광
과 은혜를 내리거늘, 어찌하여 너희는
이를 받으려 하지 아니하는가?
11 내가 또한 너희에게 뭐라 하였느냐?
12 너희들이 천국에 오르도록 내가 너희
죄를 다 용서하여 주었음이니, 내가

용서해 주는 것으로써 너희에게 조건
을 제시하지 아니하였던가?
13 너희들은 나로부터 용서를 받는 그 순
간부터 나의 법전을 읽고 나의 백성에
게 전하며 어린아이와 같은 마음으로
세상을 살아가야 될 것이며, 아이와
같은 마음으로 살아가라 하였느니라.
14 그것이 너희들이 나로부터 구원을 받
아 내가 너희 죄를 용서하여 주었음이
니 이는 곧 너희들이 천국의 나에게
올 수 있는 것이라 내가 너희들에게
말하였거늘,
15 어찌하여 이 간단한 이치요, 간단한
이 길을 선택하지 아니하며 너희들은
이를 바로 보지 아니하려 하는가?
16 내가 그러기에 너희들에게 깨우쳐 주
고자 함이니라.
17 내가 뭐라 말하였느냐?
18 내가 성서에 일찍이 기록하여 너희들
을 깨우치고자 하였음이니라.
19 너희들이 정녕 어린아이가 되지 못한
다면 천국에 들어올 수 없으며 천국의
그 뜻을 볼 수도 없다는 그 구절을 성
서에 기록하여 일찍이 깨우쳐 주었거
늘,
20 어찌하여 너희들은 나의 법전에 똑같
이 기록되어 너희들에게 아이와 같은
형태로 사는 것만이 천국에 오르는 길
이라 가르치는 그것은 틀리며, 성서에
기록되어 정녕 어린아이가 되는 자만
천국에 오른다 한 그 뜻은 맞다 말하
는가?
21 너희는 성서에 기록된 그 뜻이 맞는다
면서, 그와 똑같은 내용으로써 똑같은
것을 인정하며 그리 부르짖으며 그리
가르치는 자,
22 그리고 너희들의 죄를 용서해 주면서
그와 같이 살아가는 자가 나의 나라
천국에 올 수 있다 그리 내가 너희들
이 원하는 성서에 기록된 것과 똑같은
내용으로써 가르치며 그리 전하는 나
의 법전은 어찌하여 이단이요, 사탄이
요, 사악한 자가 한다 그리 말하는가?
23 너희들은 여기서 깨달아야 될 것이니
라.
24 너희들은 성서의 가르침은 그를 알고
지나가나, 나의 법전에서 너희들이 행
하고 진정으로 실행함으로써 구원을
받는다는 그 이치의 깨달음은 따르려
하지 아니함이니라.
25 그저 말로써 너희들은 구원을 받으며
말로써 어린아이와 같은 마음으로 되
어 구원을 받는다 그리 말하나, 여기
서 행함이 없이는 그를 할 수 없음을
알라.
26 행하지 아니하는 믿음은 죽은 믿음이
요, 행하는 그와 같은 어린아이의 마
음으로 변하지 아니하면 구원을 받을
수 없음이니, 어린아이처럼 행함이 중
요함을 알라.
27 바로 무엇이더냐?
28 나의 아들이 너희들에게 전하였음이
니라.
29 어린 아이와 같은 마음으로 변하는 삶
을 살라 하였음이니, 또한 성서에 기
록된 그 내용, 어린아이가 되지 못하
면 천국에 오르지 못한다는 것은 무엇
이더냐?
30 어린아이의 마음과 같이 살라 함이니,
똑같은 뜻으로써 내가 전하는 것이 창

조주 나의 뜻이 아니던가?
31 미리 나온 성서는 나의 뜻이라 하면
서, 나의 법전에 지금 제3의 시대에
너희들을 구원하고자 마지막 내가 심
판하는 그 똑같은 뜻이요, 똑같은 깨
우침이요, 똑같은 가르침은 믿지 아니
함이니, 이것이 너희들이 얼마나 어리
석고 우매한 자들인가?
32 이를 너희 스스로 깨우쳐야 할 것이니
라.
33 똑같은 뜻으로써 가르치는 것은 똑같
은 창조주의 뜻임을 너희들이 알라.
34 어찌하여 이를 구분하여 하나는 진정
한 뜻이요, 하나는 사탄의 장난이라
그리 어리석은 행위로써 너희들 자신
을 변호하는가?
35 너희들이 우월성이 있으며 나로부터
이 지상의 최고의 특혜받은 백성이라
는 그 착각과 환상에서 깨어나야 될
것이니 그리 알라.
36 그리 깨어나지 못하는 자, 너희들은
지옥으로 감을 머지않아 알게 될 것이
니라.

3,712 번째 하나님 말씀

2002년 10월 18일 22시 30분

1 사랑하는 나의 아들아!
2 "네, 아버님! 말씀하옵소서."
3 내가 너희들에게 뭐라 말하였느냐?
4 너희들의 깨우침이 높아지며 경지에
오른다 하여도 너의 제자들이요, 나의
법전의 가르침을 받는 그들은 모두가
하나가 되어야만 한다 하였음이니라.
5 그들의 마음이 하나가 되지 아니하면
아무것도 이룰 수 없다 내가 너희들에
게 수차 그리 깨우쳐 주었음이니, 너
희들은 그 뜻을 알겠는가?
6 너희들이 정녕 하나가 되지 아니하였
을 때는 어떠한 힘도 발휘할 수가 없
음이니라.
7 너희들이 나의 뜻으로 하나가 되어 믿
음의 길을 갈 때 너희들이 발휘하는
그 힘의 위대함은 이루 말할 수 없으
며 너희들이 나의 참뜻을 만백성에게
전할 수 있음이니라.
8 나의 아들에게 직접 너희들이 가르침
을 들으며, 나의 법전을 받아 기록한
나의 아들이 나의 뜻이요, 내가 원하
는 것을 상세히 너희들에게 설명해 주
니,
9 그러한 나의 아들이 살아서 그 밑에
가 제자로서 배우는 너희들이 하나가
되지 아니한다면,
10 너희들의 그 모든 것은 지금의 종파처
럼 수천수만 가지의 갈래로 갈라지는
그와 같은 역사가 이루어지며, 지금과
같은 시대가 되풀이됨이니라.
11 그리하여 내가 그와 같이 갈라지는 종
파의 지금과 같은 형국을 막기 위하여
너희들에게 하나가 되라 함이니라.
12 너희들이 하나가 되지 아니하면 내 뜻
을 이룰 수 없음을 알아야 될 것이니
라.
13 사랑하는 나의 아들아, 너의 제자들에
게 물으라, 성서에도 하나가 되지 아
니하면 아니 된다 기록되어 있음을.
14 너희들이 둘이 합쳐 기도하며 무엇을
원하고자 할 때 내가 그를 들어주며
너희들이 못 이룰 것이 없다 내가 성

서에 일찍이 기록하였음이니,
15 너희들이 하나가 되는 것이 얼마나 소
중하며 중요한 것인가를 알겠는가?
16 지금 마지막 시대에 나의 뜻을 직접
받아서 기록하며 그 뜻의 의미를 알며
내가 원하는 것을 아는 나의 아들이
살아서 너희들에게 직접 강론하니,
17 이보다 더 바로 가르치며 진실한 참진
리를 깨우치는 길이 없으며 바로 듣는
가르침이 없음이니라.
18 그러니 지금 나의 아들 밑에서 배우는
너희들이 하나가 되지 아니하면 너희
들은 그 능력을 발휘할 수가 없으며,
19 너희들이 하나가 되지 못했을 때 너희
들은 모든 지금의 갈라지고 갈라진 종
파의 형국처럼 갈라지게 됨이니,
20 그리하여 내가 너희들을 바로잡고자
하나가 되라 함이니라.
21 하나가 되었을 때 너희들이 나의 뜻을
전할 수 있으며, 내가 전하는 그 역사
가 너희 후손에게 바로 전해지기 때문
이니라.
22 너희들이 하나가 되었을 때, 한 명이
잘못하여도 많이 남아 있는 너희들의
그 뜻이 전해질 때 그 잘못 가르치고
자 하는 자는 뿌리를 내릴 수 없게 됨
이니,
23 너희들에게 그리하여 하나가 되라 함
이니라.
24 둘이 하나가 되는 그 역사가 얼마나
위대한 것인가를 내가 성서에 기록하
여 너희들에게 이미 깨우쳐 주었음이
니,
25 나의 성서의 그 구절을 읽고 나의 법
전을 읽고 깨우친다면 너희들이 그 눈
을 뜨게 되며 내가 원하는 그 뜻을 알
수 있음이니, 그리 알라.
26 오로지 성서는 비유하여 너희들에게
그저 전한 것이며,
27 지금 나의 법전은 내가 그 뜻과 이치
를 상세히 설명하여 너희들이 알기 쉽
고 행하기 쉬우며 너희들의 마음을 바
로잡아 주고 굳히는 데 도움이 되도록
내가 가장 낮은 해석으로써, 가장 낮
은 깨달음으로써, 가장 낮은 그 위대
한 진리로써 너희들을 깨우쳐 가고 있
음이니, 너희는 이를 알아야 될 것이
니라.
28 이제 너의 제자들에게 하나가 되는 뜻
을 내가 깨우쳐 주었으니,
29 너희들은 하나가 되는 그 길만이 나의
법전을 받아 전하는 것이며, 영원히
내 뜻이 그리 빛나 천 년 후에 그 역사
를 이룰 수 있을 것이며,
30 너희들이 하나가 되지 아니하면 지금
보다 더 많은 종파로 갈라지고 찢어져
내 뜻이 전해질 수가 없음을 알라.
31 그리하여 하나가 되라 함을 잊지 말
며, 성서에 이미 둘이 하나가 되었을
때 내가 너희들과 같이하며 너희들이
원하는 모두가 이루어질 것이라 그리
깨우쳐 주었음이니 그리 알라.

3,713 번째 하나님 말씀

2002년 10월 18일 22시 39분

1 사랑하는 나의 아들아!
2 "네, 아버님! 말씀하옵소서."
3 너희들이 정녕 구원의 길은 무엇이라
말하였느냐?

4 너희들이 생명을 나로부터 받아 나가 세상에 살아감이니 그것은 60점 속에서 너희들이 살아갈 수 있는 모두를 주었으며,

5 너희들이 인간 세속에 사는 그 60점 속에서 구원을 받는 영혼의 양식은 바로 나의 계명이요, 내가 내린 그 계명을 지키고 사는 자만이 구원을 받는다 내가 그리 말하였음이니라.

6 그러니 너희들이 구원을 받고자 하면 그 십계명을 지키고 살지 아니하면 정녕 영혼을 구원할 수 없다 내가 나의 법전에 기록하여 만백성 너희들에게 전함이니,

7 너희 종교 지도자들이요, 지금 믿음을 가진 그 믿음의 집단의 백성들은 뭐라 말하느냐?

8 이는 사탄이요, 이단이요, 사악한 자가 하는 짓이라 하여 너희들은 나의 법전을 찢어 버리며 벌레 보듯이 집어 던지며,

9 악을 쓰며 나의 아들에게 이단이요, '너는 빨리 불 속에 타 죽어라.' 그와 같은 사악한 말을 하고 있음이니라.

10 그리고 그가 곧 죽기를 바라며 나의 법전이 세상에서 사그라지고 없어지기를 바라는 것이 너희들이니라.

11 그러나 너희들은 여기서 깨우쳐야 될 것이니라.

12 내가 나의 아들을 통하여 계명이 영혼을 구하는 생명의 길이라 하였으며, 모두를 다 지탱할 수 있으며 너희들의 영혼이 구원을 받을 수 있는 모든 양식이요, 생명이 바로 계명이라 그리 말하였음이니라.

13 과연 이 뜻이 잘못되었는가?

14 나의 아들이 너희들에게 전하는 나의 성령의 가르침이 정녕 무엇이 잘못되었는가?

15 너희들은 여기서 너희들이 성서라 하여 한 자도 빼도 더해도 아니 되며 그것만이 생명이라 가르친다는 그 성서를 열어 보라.

16 그 성서의 장에 내가 너희들에게 일찍이 깨우쳐 준 구절이 있음이니라.

17 너희가 생명을 구원받고자 하며 생명의 길에 들어서려면 계명을 지켜라, 십계명에 기록되어 있는 그 모든 계명을 지키지 아니하면 생명의 구원의 길에 들어설 수 없는 것이라 하여 계명을 지키는 자만이 구원을 받는다 내가 성서에 기록하여 두었음이라.

18 너희들은 그러면 성서에 기록되어 있는 계명을 지키라는 그 뜻과 나의 아들이 너희들에게 60점의 인간 세상이요, 하늘의 이치를 가르쳐 주며 계명을 지키는 것이 구원의 양식이라 그리 세분하여 상세히 나의 뜻을 가르쳐 주는 것이 무엇이 다르던가?

19 나의 아들에게 내가 성령을 직접 내려 법전에 기록하여 너희들이 십계명을 지키는 것만이 영혼을 구하는 생명의 양식이라 그리 말하였음이니라.

20 그리 전한 그 뜻과 내가 성서에 기록하여 너희들에게 계명을 지키지 않는 자 구원의 빛을 볼 수 없으며 생명을 구할 수 없다 기록하여 둔 그 구절과 무엇이 다르던가?

21 너희들이 그와 같이 어리석고 우매한 백성임을 알아야 될 것이니라.

22 그러하니 내가 성서에 그리 기록해 둔
것도 너희들은 공부하지 아니하며 그
뜻마저도 모르며,
23 나의 법전에서 계명이 얼마나 중요한
것이며 그것이 영혼의 생명이라는 걸
너희들에게 가르쳐 주고 전하고자 하
나, 너희들이 지금 믿음의 길을 가는
것은 무엇이더냐?
24 나의 아들 예수의 보혈로써 구원을 받
았으며 저희들만이 천국에 올 수 있으
며 천국의 문의 티켓을 받아 놓은 것
처럼 오만한 자, 너희들이 지금 바로
무엇을 하고 살아가는가?
25 나의 십계명을 부정함이니라.
26 그리고 나의 계명을 지킬 수 없다 그
리 부정함이니, 이는 곧 내가 존재함
을 믿지 아니하며 너희들이 사악한 사
탄의 자식으로서 존재하는 것이니라.
27 너희들이 나의 진정한 자식으로 남아
있다면 내가 지키라 성서에 기록되었
으며 나의 법전에 전하는 그 계명을
지킬 것이거늘, 어찌하여 지키지 아니
하고 그를 부정하고 사는가?
28 그와 같은 자는 구원을 정녕 받을 수
없음을 알아야 될 것이니라.
29 나 여호와에게 오르고자 한다면 너희
들은 나의 계명을 인간이기에 지켜야
된다 그리 굳은 결의를 가지고 지키지
아니하면 아니 될 것이니라.
30 너희들이 죄를 짓는 것도 그를 보는
눈을 빼고 천국에 오는 것이 나으며,
너희들이 죄를 짓는 손을 자르고 그와
같은 몸으로 천국에 오는 것이 차라리
낫다 그리 말하였음이니,
31 내가 지키라는 그 계명을 지키지 아니
하는 자, 나의 계명을 지키는 것은 너
희들이 목숨을 바쳐 지켜야만 구원을
받는다 그리 가르쳐 주며 그리 행하지
아니하는 자, 정녕 구원받을 수 없음
을 알라.
32 내가 일찍이 너희들이 구원을 받고자
하면 너희들이 구원의 생명은 바로 계
명을 지키는 것이라 그리 기록하였으
니,
33 지금 나의 아들이 십계명이요, 내가
내린 계명을 지키지 아니한 자는 정녕
구원을 받을 수 없으며, 구원받을 생
각도 하지 말며,
34 그는 나와 아무런 관계도 없는 백성이
며, 그는 지옥 불로 달려가는 믿음을
믿고 가는 자들이라 내가 기록하여 전
함이니,
35 여기에 무엇이 다른 것이 있나 보라.
36 이러고도 너희들이 깨우치지 못할 때,
나의 아들이 존재하며 직접 그 음성으
로써 들려주며 나의 법전을 기록하여
책으로 너희 손에 전해 주는 이 영광
된 시대에 사는 너희들이 그 축복과
영화를 모르고 살아감이니,
37 이는 너희들의 죄며 너희들의 어리석
음임을 알라.

3,714 번째 하나님 말씀

2002년 10월 18일 22시 45분

1 사랑하는 나의 아들아!
2 "네, 아버님! 말씀하옵소서."
3 너의 제자들과 만백성에게 전하라.
4 나의 아들이요, 나의 선지자에게 만백
성의 종이며, 하늘의 나의 종이요, 가

장 낮은 자세로 살아가라 내가 나의
아들에게 그리 깨우쳐 주고 가르쳐 주
었음이니,
5 하늘에 오르고자 하는 나의 백성 너희
들은 과연 어떠한 자세로 살아야 하늘
에 오를 수 있다 생각하는가?
6 나의 아들에게 만백성의 종이라 하며
그 종과 같이 살아야만 된다 내가 가
르쳤음이니, 그 제자들이요, 그 뜻을
배우는 백성 너희들이 가장 낮은 자세
로써 살아가며 가장 낮은 자세로써 행
하고 실천하고 살아갈 때 믿음의 우등
생이 된다는 그 이치를 깨달아야 될
것이니라.
7 너희들을 이끌어 가는 나의 아들에게
가장 낮은 자세요, 종의 자세로써 살
라 하였음이니,
8 그를 따르는 제자 너희들이 가장 낮은
자세로써 행하며 살아갈 때 정녕 우등
생이 됨을 알아야 될 것이니라.
9 너희들은 지금 어찌 살아가는가?
10 가장 낮은 자세로써 살아가는 것이 너
희들이 우등생으로서 하늘에 오르는
길을 볼 수 있으며 그 구원의 길에 들
어설 수 있다 내가 그리 가르치거늘,
지금의 믿음의 길을 가고 있는 백성들
이 과연 어찌 살아가는가?
11 그들은 저희들과 뜻이 다르고 저희들
과 같은 믿음이 아니라 하여 형제와
부모 사이에도 차별화를 두며 이웃 형
제에게도 차별화를 두는 것이며,
12 저희들과 같은 믿음을 갖지 않은 자에
게는 차별화를 지나 경원시하며 짐승
보듯이 그리하는 것이 아닌가?
13 그러니 가장 낮은 자세요, 종의 자세
로써 살아가는 것이 우등생이 되는 믿
음이라 하였거늘,
14 저희들은 특별한 사람이요, 특별히 선
택된 사람이요, 그것도 부족하여 저희
들이 이 세상의 제일 으뜸이라 그리
착각하고 사는 자,
15 그 속에서 그와 같은 믿음의 길을 가
는 자들이 과연 구원의 길에 들어설
수 있으며 구원의 빛을 볼 수 있다 생
각하는가?
16 이 세상에서 가장 어리석은 자가 저희
들은 특별히 선택된 사람이요, 그리고
저희들이 성서라는 것을 들고 저희 손
으로 지은 그 성전에 가 울고불고하며
그 환상의 짓에 젖어 있는 그것이 구
원의 길이며,
17 거기에 나의 아들 예수의 보혈로써 구
원을 받았다 하며 저희들이 최고라 자
부하며 저희들만이 이 세상에 나 여호
와로부터 선택된 위대한 백성인 것처
럼 차별화를 두고 가는 자들이니,
18 그들처럼 어리석고 불쌍한 자들이 없
음을 알라.
19 너의 제자들에게 이르라.
20 너희들은 나로부터 선택된 백성들이
니, 가장 낮은 자세요, 만백성의 종의
자세로 살아갈 때 너희들이 가장 믿음
의 우등생이 되니,
21 그 우등생이 나로부터 영광과 상장과
상품을 그득히 받는 그와 같은 축복이
있음을 알라.
22 그러하니 내가 너희들에게 가르치며
나의 아들까지도 만백성의 종이라 그
리 살아가라 하였음이니,
23 하물며 지금의 믿음을 가진 자들이 과

연 종의 자세의 마음으로 살아가는 것
이며,
24 종교 지도자들이 과연 종의 자세로써
그와 같은 마음을 가지고 만백성을 구
한다며 이끌어 가고 있는가?
25 이것이 아닐 때 그는 지옥이요, 사탄
의 자식으로 너희들을 이끌어 감이니
라.
26 사악한 자이기에 나의 뜻이요, 나의
아들이요, 진정한 진리의 성령을 가지
고 가르치는 자를 사탄이요, 이단이라
그리 말하느니라.
27 내가 내려다보는 것은 나의 성령을 받
아 기록하는 나의 아들이 정녕 나로부
터 대명을 받은 자요,
28 그 밑에 와 공부하고 배우는 그 제자
들 또한 오로지 진리의 길을 탐구하
는, 천 년에 걸쳐 새로운 역사를 이루
는 그 뿌리의 백성이며, 너희들이 사
탄이요, 이단이니라.
29 사탄이요, 이단이요, 사악한 후손들이
지금 나의 아들이요, 나의 아들을 따
르는 그 제자들에게 되려 사탄이라 하
는 그와 같은 형국에 지금 아우성치고
있음을 알라.

3,715 번째 하나님 말씀

2002년 10월 18일 22시 51분

1 사랑하는 나의 아들아!
2 "네, 아버님! 말씀하옵소서."
3 저희들이 구원을 받는다는 것에 눈이
어두워 낳아 주고 길러 준 부모의 공
도 모르며 그 은혜도 모르며 사는 백
성들, 그리하여 저희들이 손으로 지은
그 성전에 가 모두를 다 바치고자 하
는 그와 같은 믿음의 길을 가는 자들,
그들이 얼마나 어리석은 자들이라 내
가 말하였느냐?
4 너희들이 나의 성전에 나에게 무엇을
바치고자 한다면 너희들을 낳아 주고
길러 준 그 부모에게 열배 백배 한 다
음에 나 여호와를 생각해도 내가 너희
들에게 축복을 내린다 하였음이니라.
5 오로지 너희들이 나에게 바침은 너희
들이 아름다운 마음으로 기도하고 경
배하는 그것으로써 내가 더 이상 바랄
것이 없다 하였음이라.
6 이제, 아들아! 너의 제자들에게 전하
라.
7 나의 뜻에 따라 살며 나의 품 안에 살
며 나의 주관하는 속에 산다 말하는
자, 그리고 특별히 저희들만이 선택을
받았으며 저희들만이 위대한 자라 생
각하는 자들,
8 나의 뜻에 따라 행하며 구원을 받고자
내가 원하는 그 길을 간다 말하며 기
도하고 경배하며 찬송하며 광란의 짓
을 하며 믿음의 길을 가는 자, 말로써
는 나의 품 안에 와 살고자 나의 뜻에
따라 산다 말하나,
9 그들의 행동이요, 그들이 살아가는 모
습은 겉과 속이 다를 때, 그 죄는 이루
말할 수 없음을 알라.
10 아무것도 모르는 백성들이 지은 죄보
다도 내 뜻에 따라 살아간다며 나를
빙자하여 나를 기만하는 그 죄가 더
무서움을 알아야 될 것이니라.
11 나 여호와를 찾으며 나의 품에서 산다
말하는 너희들이 죄를 짓고 사악하고

추한 짓을 하며 살아갈 때, 그 죄가 얼
마나 무서우며, 내가 과연 너희들을
기억하겠는가?
12 너희들은 여기서 깨달아야 될 것이니
라.
13 나의 존재함을 믿지 아니하며 나를 따
르지 아니하며 나를 경배하지 않는 백
성들이 착하고 선하게 살아간다 할
때, 나는 나를 믿는다면서 기만하고
거짓 하는 백성을 사랑함이 아니요,
14 나의 존재함을 믿지 아니하여도 선하
고 착하게 살아가는 그 백성들을 더
사랑하는 것이며 그들을 더 소중히 생
각함을 너희들은 알아야 될 것이니라.
15 나를 기만하는 자, 나의 품속에 살면
서 내 뜻에 따라 구원의 길을 가며 나
의 아들 예수의 그 삶을 따라 살아간
다고 말을 하면서 그와 같이 행하지
아니하는 자는 곧 나를 기만하는 자
요, 나를 속이는 자요, 나를 부정하는
자임을 너희들이 알아야 될 것이니,
16 나 여호와는 그런 자들을 사랑하지 아
니함이니라.
17 나의 이름을 부르지 아니해도 저희들
끼리 선하고 착하게 살아가는 자, 나
는 그 백성을 더 사랑함을 너희들은
알아야 될 것이니라.
18 너희들이 나의 아들의 보혈로써 죄 사
함을 받았으며 사랑을 베풀고 살며 나
여호와의 뜻대로 산다 그리 말하면서
사랑이 메말라 있으며 나의 뜻대로 살
지 아니하며,
19 험악한 행위요, 거짓 하며 추한 행동
으로써 나를 기만하고 사는 자, 그 죄
가 얼마나 가중되고 무서운 것인가를
너희들이 내 앞에 왔을 때 알 날이 머
지않았음이니라.
20 나의 이름을 빙자하여 거짓되고 추한
행위를 하며 살며 진심으로 어렵고 힘
든 그 계명은 지키지 아니하고 말로써
만 행한다 하는 자, 너희들의 죄의 가
중함을 알라.
21 그와 같이 나를 기만하지 아니하며 나
를 경배하지 아니하며 찾지 아니한다
해도 선하게 사는 백성, 나는 그들을
더 사랑함을 너희들은 알라.
22 그러한 자 축복받지 못하며 구원받지
못한다는 사악한 말로써 너희들의 추
하고 더러운 모습을 감추려 하지 말라.
23 그리 가르친 잘못된 자의 그 죄가 얼
마나 무서운 것이며 그 형벌이 가중되
는가 너희들이 죽어 내 앞에 왔을 때,
지옥에서 그들이 받는 죄의 대가를 보
게 될 것이니라.

3,716 번째 하나님 말씀

2002년 10월 19일 06시 29분

1 사랑하는 나의 아들아!
2 "네, 아버님! 말씀하옵소서."
3 이 세상 그 모두는 나 여호와가 창조
하였으며 이 모두가 다 존재하는 것도
또한 나의 주관하에 존재하며 모두가
운영되고 있음이니,
4 나의 아들이 나를 대신하여 육을 가지
고 나의 뜻을 나의 백성 너희들에게
전하여 너희들을 구원하는 대명을 받
고 그를 행함이니,
5 이는 곧 2천 년 전, 예수가 나의 뜻을
받아 나를 대신하여 세상의 너희들을

구원하고자 하였듯이 오늘의 나의 아
들이 그와 같은 대명을 수행하고 있음
이니,
6 이 세상에 옳고 그르며 슬프고 괴로운
너희들의 그 모두는 나를 대신하여 나
의 아들을 통하여 모두를 내가 받아들
이며, 그를 통하여 너희들에게 내린다
하였음이니,
7 너희들은 이와 같은 나의 뜻을 어찌하
여 그대로 받아들이지 아니하며, 그대
로 생각하여 너희들이 나의 법전을 읽
어 구원의 길을 가려 그리하지 아니하
는가?
8 너희들이 아무리 믿음이요, 몇천 년
동안에 흘러온 전통의 그 믿음 속에서
예수의 보혈로써 구원을 받았다 울부
짖고 아무리 광란의 믿음을 가져도 그
는 내가 듣지 아니한다 하였음이라.
9 내가 나의 아들을 세상에 내려보내어
너희들을 구원하고자 하는 것도 나의
아들을 통하여 내렸듯이,
10 오늘 내가 제3의 시대에 천 년의 왕국
의 기틀을 잡아 가며 선한 백성들이
나의 지상의 낙원에서 살아갈 수 있는
그 역사를 이룸에 있어서 나의 아들을
통하지 아니하면 아무것도 거둬들이
지 아니하며 내리지 아니하는 것은 하
늘의 법도임을 너희들은 알아야 될 것
이니라.
11 그리하여 내가 나의 아들을 통하여
160권이라는 법전으로써 너희들이 행
하여 하늘에 오르는 것을 상세히 기록
하여 내려보냄이니, 이보다 위에 있는
것이 세상에 없음을 알라.
12 나의 법전이 이 세상 무엇보다도 제일
위에서 제일 높이 너희들을 통제하고
가르치는 나의 뜻임을 알라.
13 이 세상 어느 것도 나의 법전 위에 존
재할 수 없으며 나의 법전 외에 더 위
대한 진리가 없음을 너희들은 알아야
될 것이니라.
14 그러하니 그 법전의 진리의 뜻을 받아
기록하는 나의 아들이 이 세상의 모두
를 주관하며 통제하는 것을 너희들은
어찌 그리도 모르는가?
15 내가 너희들에게 말하지 아니하였던
가?
16 나의 법전이 세상을 덮을 때 이는 진
정한 나의 법전이요, 이 역사가 이루
어지지 아니할 때 나의 법전이 아니라
내가 너희들에게 말하였음이니,
17 오늘 나의 성전에 와 공부하는 자, 그
리고 나의 성령을 듣는 자, 그 제자들
에게 그 뜻을 깊이 심어 줘, 그들의 마
음에 동요가 있어서는 아니 됨을 알아
야 될 것이니라.
18 내가 10년 안에 너희들이 이 세상의
변화의 역사를 살아서 본다 하였음이
니, 서서히 시간은 다가오며 변화의
소용돌이는 머지않아 이루어질 것이
거늘,
19 너희들이 그 기틀을 다져 놓지 못한다
하면 아무것도 이룰 수 없음이니라.
20 너희들이 기초를 다져 놓지 아니한 그
곳에 건축의 건물을 세울 수 없음이
니, 너희는 기초를 다지는 자들이니라.
21 너희들이 기초를 다지는 것은 재물로
써 다짐이 아니요, 무슨 물질적인 것
으로 다짐이 아니라, 너희들이 하나가
되어 마음을 비우는, 바로 천사와 같

이 너희 스스로 변하는 것이 너희들이
내가 이루는 그 성전을 지을 수 있는
기초를 다지는 것이 아니던가?
22 천 년의 역사를 이루는 그 새로운 성
전의 변화를 위하여 너희들이 기초를
다지는 것은 하나가 되라는 것이니,
하나가 되라는 것은 무엇이더냐?
23 어떠한 것으로써도 하나가 될 수 없느
니라.
24 사악한 마음이요, 사탄과 같은 마음이
요, 욕심을 버리지 못한다 하면 서로
시기하고 질투하기에 너희들이 하나
가 될 수 없음이니라.
25 다만, 하나가 될 수 있는 건 천사와 같
은 마음이요, 창조주 나 여호와의 심
성과 같은 마음으로 너희 모두가 다
변할 때 하나가 될 수 있음이니라.
26 거기에는 욕심이 없으며 질투함이 없
으며 시기함이 없으며 남을 음해함이
없음이니라.
27 다만, 자신만을 다스려 나가며, 자신
이 남에게 부끄럽지 않은 삶을 살아가
는가 그리 너희 자신을 돌아다보는 그
것 이외에는 다른 마음을 갖고 살지
않는 백성들, 그 마음이 천사요, 나의
심성임을 알라.
28 너희들이 기초를 다지는 것은 그리하
여 하나가 되라 하였음이니, 너희 스
스로 마음을 완전히 비워 천사와 같은
삶을 사는 것이 무엇이 그리 어렵고
힘들다 하는가?
29 이제 법전을 읽었으며 나의 성령을 들
었기에 너희들은 무엇이 하늘에 오르
는 길인가를 알거늘,
30 선함이 무엇이며 악함이 무엇인가를
알거늘, 어찌하여 그 쉽고 간단한 것
을 지키지 못하는가?
31 이를 너의 제자들 가슴속에 깨우쳐 주
어 스스로 변하는 대역사를 이루라.
32 그 위에 내가 큰 상을 내려 소용돌이
보다도 무서운 변화를 이루어 줄 것이
니,
33 너희들이 오늘의 시련과 고통을 다 넘
으려 하거든 나의 심성을 닮아, 너희
들이 십계명을 지킬 수 없다는 그 틀
속에서 그를 지키고 살아갈 수 있다는
용기를 갖듯이, 너희들이 마음의 변화
를 이루도록 그리하라.
34 시간이 없느니라.

3,717 번째 하나님 말씀

2002년 10월 19일 06시 40분

1 사랑하는 나의 아들아!
2 내가 너희들에게 뭐라 말하였는가?
3 나 여호와가 바라고 원함은 너희들이
내가 지은 이 성전에서, 내가 이룬 지
상의 성전에서 나에게 기도하며 경배
하며 나의 법전의 뜻과 내가 구원하고
자 너희들을 위하여 내린 그 계명을
지키며 기도하면 너희들이 구원을 받
으며,
4 계명이요, 나의 법전이요, 그 모두는
다 사랑이라 하였음이니라.
5 오로지 사랑으로써 너희들이 행하며
사랑을 실천하는 것이 나의 뜻을 따르
는 것이며 하늘에 오르는 길이라 하였
음이니라.
6 그리하여 내가 너희들에게 뭐라 말하
였더냐?

7 '원수를 사랑하라.' 그리 말하였으며,
너희들이 도저히 용서할 수 없는 그
원수를 사랑하라 그리 말하였음이니,
8 사랑이라는 것이 얼마나 위대한 것이
며, 그 사랑을 실천하기 위해 얼마나
많은 인내와 노력이 필요한 것인가를
너희 스스로 깨우쳐야 할 것이니라.
9 내가 너희들에게 나의 뜻은 사랑이요,
그 사랑을 실천하기 위해서는 너희들
이 정녕 돌이킬 수 없는 원수도 사랑
하라 하였음이니,
10 과연 나의 성전에서 이와 같은 뜻을
보고 듣고 배우는 너의 제자들은 어떠
한 마음으로 너희 형제지간에 사랑하
며,
11 내가 너희에게 열여섯 가정의 같은 신
부라 하였음이니, 그들을 얼마나 사랑
하는가?
12 너희들이 감히 이웃의 너희 형제들의
험담을 하며 그의 잘못됨을 말하며 시
시비비하는 그와 같은 마음을 가질 수
있는가?
13 그것이 너희들이 원수를 사랑하는 것
보다도 더 어려운 길이며 인내할 수
없는 사랑이던가?
14 그러면서 너희들이 나로부터 무엇을
이루며 나로부터 선택된 백성이라 말
하며 나로부터 신부로 명받은 너희들
이라 말할 수 있는가?
15 내가 너희들에게 말하여 지금 믿어온
모든 종파의 그 뜻은 나와 아무런 관
계도 없으며 그들이 오는 길은 나와
관계가 없다 하였음이니, 그는 바로
무엇이더냐?
16 가장 소중히 지켜야 할 사랑을 그들은
행하지 아니하고 살면서 믿음이라는
길을 오기 때문이니라.
17 원수를 사랑할 만큼 너희들이 모두를
다 사랑하는 마음으로 지금까지 왔다
면 종교 지도자요, 그 모든 집단은 나
의 뜻에 의하여 내가 원하는 길을 온
백성이니, 내가 그들을 사랑하지 아니
함이 없으며 그들을 버릴 리가 없음이
니라.
18 그러나 너희들은 사랑을 하지 아니함
이니라.
19 원수를 사랑하는 마음이 아니요, 너희
들 손톱 밑에 가시 하나 찌르는 자도
사랑으로 다스릴 수 없는 그와 같은
것이 너희들의 살아온 삶이 아니던가?
20 너희 스스로 한번 깨우쳐 돌이켜 보라.
21 그와 같이 믿음이라 하는 길을 가며
우리 부자의 이름을 팔아 구원을 받았
다는 자들이 사랑은 천 분의 일이요,
만 분의 일도 행하지 아니하고 사는
이기주의자며 저희들만을 위해 살아
가는 그와 같은 자들이 아니던가?
22 너희들 세상 것에 원수보다도 더 참기
어려운 인내의 사랑이 어디 있는가?
23 너희들이 정녕 원수를 사랑하며 그를
사랑으로 다스려 보았는가?
24 그와 같은 마음으로 너희들이 형제를
사랑하였는가?
25 나의 법전을 직접 읽고 공부하며 나의
성령을 직접 듣는 너희들이 하늘에서
내린 하나밖에 없는 이곳, 너희들이
공부하며 너희들을 깨우치며 나의 아
들이 존재하는 이곳에서 과연 얼마나
사랑을 실천하였는가?
26 그리하면서 너희들이 무엇을 이루고

무엇이 뜻에 이루어지지 아니한다 하
여 너희들 스스로 마음 아픔을 가질
수 있으며, 누구는 어떠하며 누구는
어떠한 사람이며 그는 이 단점을 고쳐
야 되며 그는 이러하기에 아니 된다는
그와 같은 말들을 너희들이 감히 할
수 있는가?
27 그것이 너희들이 원수보다 사랑하기
가 더 힘들며 원수를 사랑하는 마음보
다도 그를 더 참기가 어렵다던가, 그
리고 원수보다도 그가 더 나쁜 짓을
했으며 너희에게 피해를 입혔으며 사
악한 짓을 했는가?
28 너희들이 원수보다도, 원수와 같은 감
정을 갖도록 그와 같이 너희들에게 피
해를 주지 아니하였으며 너희들의 마
음을 달랠 수 없는 그와 같은 고통과
시련을 주지 않은 너희 형제를 비방하
며 그를 험담하는 그와 같은 삶을 산
다면,
29 나의 백성이 아니요, 나의 뜻을 실천
하는 자들이 아니요, 너희들은 허공을
보고 나를 부르는 것이며 허황된 믿음
속에서 허상을 보고 가는 자들이니라.
30 너희들이 과연 너희 형제를 사랑하며
아끼는 그 마음이 원수를 사랑하는 것
보다도 더 고통스러우며, 더 철천지한
이 맺힌 자들이던가?
31 너희들의 부끄럽고 추한 모습을 알아
너희들이 회개의 눈물로써 흘리지 아
니하며, 너희들이 미워했던 자, 질투
했던 자, 시기했던 자에게 눈물로써
회개하지 아니하면 너희들은 깨달음
의 길에 올 수도 없으며,
32 또한 너희들도 수천 년 동안 믿음의
길이요, 구원의 길이라 부르짖은 그들
이 잘못 가듯이 내가 너희들의 소원함
이요, 너희들의 기도함을 들어주지 아
니함을 알라.

3,718 번째 하나님 말씀

2002년 10월 19일 22시 53분

1 사랑하는 나의 아들아!
2 "네, 아버님! 말씀하옵소서."
3 내가 너희들에게 그 십계명이 얼마나
소중하고 귀하면 밤과 낮을 가리지 아
니하고 네가 나에게 기도할 때 그를
애절히 암송하라 하겠는가?
4 너희 인간의 부모와 자식 사이에도 자
식에게 얼마나 필요하고 소중한 것이
면 그 아들에게 밤과 낮을 가리지 않
고 그를 암송하라 하며 그를 가슴에
지니고 다니라 말하겠는가?
5 너희 자식들에게 좋다며 부적이라 하
여 기록하여 자식의 가슴에 달아 주는
그 부모의 마음보다도 열배 천배 만배
더한 심정으로 내가 너희에게 필요하
고 소중하기에
6 그 십계명을 나의 아들을 통하여 밤과
낮을 가리지 아니하며 그가 나에게 기
도하고 경배할 때 암송하게 함이니,
너희들은 나 여호와의 이 애절한 마음
을 과연 아는가?
7 너희들은 나의 아들이 암송하는 그 십
계명을 들으며 무슨 생각을 하며 어떠
한 생각을 하는가?
8 그저 열 가지의 계명을 내렸으니, 그
를 암송함으로 인하여 나의 아들에게
내가 성령의 뜻을 내린다 하여 너희들

은 그저 그를 그냥 듣는 것이 아니던
가?
9 너희들은 여기서 하나 깨우쳐야 될 것
이니라.
10 이 십계명이 너희들에게 얼마나 소중
한 것이며, 정녕 내가 너희들을 사랑
하고 아끼기에 너희들에게 없어서는
아니 될 이 십계명을 내가 나의 아들
을 통하여 그리 암송하여 나의 성령을
받게 하며 그 애절한 가슴으로 너희들
에게 들려줌이니,
11 너희들은 어찌하여 그와 같은 나의 심
성 하나도 깨우치지 못하고 흘러가는
말처럼 그저 들어 넘기는가?
12 이제 너의 제자들에게 깨우쳐 일러야
될 것이니라.
13 네가 그리도 애절하게 암송하는 그 십
계명이 나 창조주가 나의 백성인 너희
들에게 너무나도 소중하고 귀하기에
나의 아들을 통하여 그리 암송시키고
또 암송시키는,
14 내가 너희들을 사랑하고 아끼는 그 애
절한 마음을 어찌 너희들은 그것 하나
도 생각하지 못하는가?
15 나의 아들 예수가 그렇게 고통스럽게
죽어 간 그 십자가를 밤마다 불을 켜
놓아 하늘을 향하여 나를 고문하며 저
희들이 금화와 은화를 거둬들이는 도
구로 쓰고 있는 그와 같은 마음의 이
치도 하나 깨닫지 못하는 것이 너희들
이라 하였음이니, 그와 같은 자들과
너희들과 다른 점이 무엇이 있는가?
16 내가 얼마나 이 십계명이 귀하고 소중
하면 160권의 법전을 기록하는 나의
아들에게 밤과 낮과 시간과 장소를 가
리지 아니하고 나에게 기도할 때마다
이를 암송하도록 명하겠는가?
17 그 십계명의 소중하고 귀함을 너희들
이 알아야 될 것이니라.
18 그것이 너희 영혼을 구하는 길이며 영
혼의 양식이라 했던 그 내 가르침을
너희들이 소홀히 들어서는 아니 될 것
이니라.
19 나의 사랑하는 아들딸을 구원할 수 있
는 영혼의 양식이요, 생명이기에, 내
가 너희들에게 그리 계명을 외우도록
하며 그를 듣도록 하여 나의 아들에게
암송시키는 나의 이 아픈 마음을 너희
들이 알고 헤아려 볼 줄 알아야 될 것
이니라.
20 사랑하는 나의 아들아!
21 "네, 아버님! 말씀하옵소서."
22 내가 너를 통하여 160권의 법전을 세
상에 전하여 너희들이 그저 아무 곳에
서나 읽고 깨우쳐 하늘에 오르는 길을
보라 함은,
23 이 세상의 지상이 내가 손으로 지은
성전이요, 낙원이라는 것을 너희들이
깨달아야 될 것이니라.
24 나의 피조물 만백성이 수십억 인구이
니, 너희들이 두꺼비집같이 짓는 그
성전에 와서 기도하고 경배하는 것만
이 구원을 받는다 하면,
25 나의 백성이 다 들어갈 데가 어디 있
으며 갈 곳이 어디 있겠느냐 그리 내
가 너희들에게 가르쳐 주었음이니, 그
것이 잘못된 것이라 하였음이니라.
26 그리하여 나의 피조물 만백성, 나의
아들딸 너희들을 사랑함이니,
27 내가 지은 이 성전에서 너희들이 나의

전지전능함을 깨달으며 나에게 경배
하며 나의 율법이요, 계명에 따라 살
아가면 내가 너희들을 구원하는 것이
니,
28 이게 그와 같은 나의 성전이라는 그
이치가 무엇이더냐?
29 내가 너희들을 위하여 지은 이 성전이
기에 너희들의 손으로 짓는 두꺼비집
같은 그곳에 가 기도하고 경배하는 자
만이 구원을 받는다는 것이 잘못된 것
이요,
30 나의 성전에서 너희들이 내가 성령을
내려보내는 나의 법전을 아무 곳에나
들고 읽고 깨우치면 너희들이 구원을
받을 수 있는 것이니, 그 이치가 맞지
아니하는가?
31 세상의 넓은 이 지상이 나의 성전이
요, 너희들이 나의 성전에서 깨우쳐
하늘에 오르는 것은 그 가르침이 있으
며 그 근본이 있으며 지침이 있어야
될 것이니,
32 그리하여 나의 자연의 이 성전에서 아
무나 글만 알면 깨우쳐 하늘에 오를
수 있는 나의 법전을 160권으로 만들
어 세상에 전하니, 이 이치가 맞지 아
니하는가?
33 자연의 성전에서 자연스럽게 너희들
이 나의 법전을 접하여 깨우쳐 하늘에
오르는 역사를 이루는 것이 그 모든
순리에 맞음을 알라.
34 너희들이 이제 나의 법전을 읽고 깨우
쳐 그 내용을 아니, 너희들이 구약과
신약의 그 성서를 읽고 깨우쳤을 때
그 뜻을 알게 될 것이며,
35 거기에 기록된 내용들이 오늘의 법전
이 세상에 나와 역사하는 것이 다 기
록되어 있는 그 내용을 너희들이 알
수 있음이니,
36 이제 너희들이 성서와 더불어 나의 법
전을 정독하는 데 게을리하지 말라.
37 그리고 이 지상의 낙원이 나의 성전이
요, 나의 성전에서 자유분방하게 살아
가는 너희들이 자유스럽게 나의 법전
을 읽고 깨우쳐 하늘에 오르는 길을
인도할 수 있도록 하는 것이 이치에
맞으며 순리에 맞지 아니한가 너희들
이 깊이 깨우쳐 보면 나의 뜻을 알게
될 것이니 그리 알라.

3,719 번째 하나님 말씀

2002년 10월 19일 23시 01분

1 사랑하는 나의 아들아!
2 "네, 아버님! 말씀하옵소서."
3 성서에 기록되어 너희들을 깨우치기
를, 신랑이 곧 올 것이니 그를 맞이할
수 있는 준비를 하라고 신부에게 명한
자가 있었음이니,
4 너희들이 알기는 다섯 명은 기름이 떨
어졌으며 다섯 명은 등불을 밝힐 기름
이 있어 그들은 신랑이 왔을 때 그 불
을 밝혀 그를 맞이한다 그리 가르침이
니라.
5 그것을 너희들은 진정한 믿음이요, 기
도하며 너희들의 성전에 와 경배하며
너희들이 내라 하는 모든 십일조요,
또한 헌금을 잘 내고 충실히 시행하는
자, 그리고 주일이라 하는 그 날짜를
열심히 지키는 자, 그리고 너희들의
설교에 귀 기울여 기도하고 경배하며

너희들의 뜻에 순응하는 자, 그와 같
은 자가 깨어 있는 자라 그리 너희들
은 말하며 가르침이니라.
6 이는 비유의 가르침이니, 진정한 나의
뜻을 너희들이 모르고 있음이니라.
7 신랑은 무엇을 의미하는가?
8 나를 대신하는 천사와 같은 자를 말함
이니라.
9 기름을 가지고 있는 자, 기름을 갖지
아니하는 자를 구분하니, 열 명의 신
부 중에 다섯 명은 기름을 가지고 있
어 준비된 자며 다섯 명은 기름을 담
지 아니하였으니 준비되지 아니한 자
요,
10 그리하여 막상 맞이할 신랑이 왔을 때
그 화촉을 밝힐 수 없음이니, 그는 맞
이할 수 없다 그리 너희가 가르치는
것은 너희들의 믿음이요, 기도하는 생
활을 철저히 하라는 뜻에서 그리 가르
칠 것이니라.
11 그러나 너희들은 여기서 알아야 될 것
이니라.
12 신랑이라는 자는 나를 대신하는 자며
나의 천사와 같은 자요, 그가 내려감
이니, 천사와 같은 마음을 갖지 아니
한 자는 정녕 그 천사와 같은 신랑을
맞이할 수 없음이니,
13 너희들이 천사와 같은 마음으로 변하
여 아름다운 마음을 갖고 사랑을 베풀
며 살라 하는 뜻이 여기에 있음이니라.
14 나의 천사들의 심성이요, 나 여호와의
심성처럼 그리 변화되는 아름답고 착
한 마음을 갖고 살 수 있도록 너희 스
스로 다스려 가며 변화되어 천사와 같
은 마음을 가진 자, 천사와 같은 신랑
이 그 신부를 맞이함이니, 너희들이
깨끗하고 아름답게 살아야 된다는 것
을 가르침이니라.
15 그리하여 작은 죄도 짓지 아니하며 천
사와 같은 마음으로 된 자가 천사와
같은 신부요, 천사와 같은 신랑을 맞
이할 수 있는 자이니,
16 기름을 갖지 아니한 자는 게으른 자가
아니라 나의 법전이요, 나의 계명을
지키지 아니하며 나의 율법을 지키지
아니하고 살아가는 그 백성들을 말함
을 알아야 될 것이니라.
17 너희들이 지금 살아가면서 우리 부자
의 이름을 팔아 얼마나 많은 죄를 짓
고 살아가는가?
18 내가 성서에 가르쳐 어리석은 신부와
현명한 신부를 구분함은, 마음이 천사
와 같이 변하는 자만이 신부요, 천사
와 같은 신랑을 맞이할 수 있기에, 너
희들이 평소의 삶을 천사와 같은, 나
여호와의 심성과 같이 아름답게 변하
는 삶을 살라 가르치는 것이며 그 뜻
이 거기에 있음을 알아야 될 것이니라.
19 오늘 내가 나의 아들을 통하여 너희에
게 그 성서의 한 구절을, 하늘의 뜻을
가르쳐 줌이니, 모든 백성 너희들이
천사가 되는 길이 무엇인가를 모름이
니, 내가 법전에 기록하여 세상에 내
려보냄이니라.
20 이제 나의 법전을 가슴에 안고 정독하
고 깨우치는 자, 그는 곧 신부가 될 수
있는 자이니, 등불을 밝힐 수 있는 그
와 같이 준비된 자, 나의 법전을 읽고
깨우쳐 천사와 같은 마음으로 변하는
백성이 바로 신부가 될 수 있는 자임

을 알라.
21 그와 같이 변하지 아니하는 삶을 사는
자는 신부가 될 수 없음이니, 기름이
있고 없는 것은 너희 마음을 비우고
비우지 못함을, 천사와 같은 자와 천
사와 같이 되지 못한 자를 구분함이니,
22 그 천사와 같은 신부만이 천사와 같은
신랑을 맞이할 수 있으며, 그 천사와
같은 신랑은 또한 천사와 같은 신부를
찾게 되어 있음이니, 그 뜻을 너희들
이 오늘 깨우쳐 알아야 될 것이니라.

3,720 번째 하나님 말씀

2002년 10월 19일 23시 09분

1 사랑하는 나의 아들아!
2 "네, 아버님! 말씀하옵소서."
3 내가 성서에 기록하여 너희들을 깨우
치기를, 거짓 선지자들이 세상에 나오
며 또 거짓 선지자요, 지도자라는 자
들이 많이 나와 너희들을 미혹하며 지
옥으로 이끌어 가는 그와 같은 형국이
이루어진다 하였음이니라.
4 또한, 지금 이 시대에 스스로 제가 예
수라 칭하는 자, 모세라 칭하는 자, 그
리고 선지자라 칭하는 자, 그와 같은
자들이 수없이 세상에 나와 있으며 온
세상을 혼란케 하고 있느니라.
5 그러나 너희들은 여기서 깨우쳐야 될
것이니라.
6 그와 같이 저 자신을 모르며 저의 환
상에 젖어 제가 스스로 예수요, 모세
요, 선지자라 말하는 자들이 지금까지
믿음의 길을 잘못 왔으며 진정한 나
여호와의 참뜻에 따라 진정으로 가르
치지 못하였으며 나와는 관계없는 그
와 같은 길의 역사로 가기에,
7 많은 백성이 저희들의 환상과 착각 속
에 만백성을 구하러 온 선택된 자며
구원하고자 온 자라 그리 말하나, 그
들은 아침 이슬처럼 다 시들어 쓰러져
감을 알아야 될 것이니라.
8 너희들은 여기서 진정한 선지자요, 진
정한 선택된 나의 아들이요, 내가 보
낸 지도자요, 나의 목자를 구분하는
방법을 깨우쳐야 할 것이니라.
9 말로써 세상에 모두를 전하며 말로써
행하는 그와 같은 자는 다 거짓된 자
들이며 나로부터 선택된 백성이 아님
을 알아야 될 것이니라.
10 진정한 나로부터 선택된 선지자요, 나
의 목자라 선택된 자는 진정한 진리
요, 나의 뜻을 가지고 글로써 책으로
써 만들어 근거토록 하며 영원히 남도
록 그리 만들어 놓는 것이 나의 뜻이
며 진정 선택된 백성임을 너희들이 알
아야 될 것이니라.
11 내가 너희들에게 뭐라 말하였느냐?
12 보혜사요, 너희들을 구원하는 자가 올
것이라 말하지 아니하였던가?
13 내가 성서에 기록하여 정녕 너희들을
구원하는 자요, 나로부터 선택된 나의
선지자요, 나의 아들이라 하는 자는
무엇이 다르다 말하였는가?
14 그는 자의로 말하지 아니하고 오로지
듣는 것만 말하며 너희들의 미래와 과
거와 현재를 볼 수 있는 능력을 가지
고 온다 하였으니,
15 그는 너희들의 미래와 앞으로 역사하
는 것을, 과거와 현재와 미래에 이루

어질 그 모든 역사를 알고 있음이며
내가 이루는 그 뜻을 아는 자이니라.
16 이는 하늘과 땅 사이에 나의 아들이
요, 나의 목자요, 나의 선지자 단 한
사람뿐이니라.
17 너희들은 이와 같은 것을 구분하지 못
하며 너희들의 깨달음이 이곳에 미치
지 못함이니, 지금 우왕좌왕하는 형국
이 이루어졌느니라.
18 그저 정신이상자가 지껄이는 그 말 한
마디요, 또는 저희가 환상에 젖어 제
가 누구를 대신하여 왔으며 누구로부
터 명을 받았으며 만백성을 구한다 말
하는 자, 제 스스로 앞가림을 하지 못
하며 저 자신을 지탱하지를 못하는 그
와 같은 자들이니,
19 아침에 맺힌 이슬처럼 떨어져 가는 것
이 그들이니라.
20 영원히 불변하며 변하지 아니하며, 이
세상이 다 없어진다 하여도 나의 진리
의 뜻이요, 나의 성령은 없어지지 아
니하도록 그 모두를 책으로 만들어 근
거하며,
21 내가 성서에 기록했듯이 너희 개인과
이 지상의 역사의 흐름과 과거와 현재
와 미래를 너희들에게 알려 주는 그와
같은 역사를 하는 자가 나로부터 선택
된, 나를 대신하여 세상의 그 모두를
지배하는 자라 하였음이니,
22 이와 같은 이치를 깨달아 너희들이 선
별하는, 구분할 줄 아는 지혜를 가져
야 될 것이니 그리 알라.

3,721 번째 하나님 말씀

2002년 10월 19일 23시 16분

1 사랑하는 나의 아들아!
2 "네, 아버님! 말씀하옵소서."
3 너희들이 하늘에 오르는 길이며 나의
뜻을 행하며 만백성을 천국의 문으로
인도한다 하여 믿음이라는 것을 가지
고 가르치며 구약과 신약을 가지고 다
람쥐 쳇바퀴 도는 그와 같은 형국으로
그 비유의 뜻을 알지도 못하며 그 속
에 담겨 있는 뜻도 모르고 가르친다
말하는 지도자, 그리고 그들을 따라가
는 나의 피조물 만백성 너희들이 어떠
한 형국에 이른다 내가 성서에 기록하
여 놓았던가?
4 너희들은 우리 부자의 이름을 팔아 그
불법함이 세상을 다 덮을 것이며, 나
의 피조물 만백성을 잘못 가는 길로
인도하는 그와 같은 역사가 이루어진
다 하였음이니라.
5 그리하여 너희들은 성서요, 우리 부자
의 이름을 팔아 불법함이 세상을 다
덮어 혼탁하기 이를 데 없음이니,
6 그리하여 너희들은 저 자신만 아는 그
와 같은 인성으로 변하게 됨이니, 오
로지 사랑이라는 그 자체가 메마름이
니라.
7 그리하여 너희들로부터 사랑을 찾아
볼 수 없으며 베풂을 찾아볼 수 없는
그와 같은 형국에 도래한다 내가 성서
에 기록하였음이니,
8 지금 바로 너희들이 그와 같은 형국이
되었음을 알아야 될 것이니라.
9 하늘에 오르는 길이요, 내가 이 세상

에 지상의 낙원에 이루고자 하는 뜻이
무엇이던가?
10 사랑이며 나눔이며 너희들이 유한 마
음으로 살고 남을 위하며 살아가는 그
와 같은 마음을 갖고 사는 나의 백성
이 존재하는 세상을 만들고자 함이니
라.
11 그러나 너희들은 사랑이 메마른 자들
이며 사랑을 모르며 나눔을 모르는 그
와 같은 백성이니라.
12 그리하여 나의 피조물 만백성 너희들
이 구원을 받을 수 있는 것은 그들과
싸워 이기고 어렵고 힘든 그 고통을
견디는 그러한 자들만이 구원을 받을
수 있을 것이라 내가 성서에 미리 기
록하여 너희들에게 깨우쳐 주었거늘,
13 어찌하여 너희들은 나의 그 뜻을 알지
도 못하며 내가 너희들에게 명한 그
뜻이 오늘에 이루어지는 그 역사를 모
르는가?
14 우리 부자의 이름을 팔며 불법을 행하
는 것을 저희들의 낙으로 생각하며 살
아가는 자들과 너희들이 싸워 이길 수
있는 방법은,
15 오늘에 너희들의 종교 지도자가 구약
과 신약의 내용을 갖고 가르치는 오늘
과 같은 방법으로써는 너희들이 그들
과 싸워 그들을 뿌리째 버릴 수도 없
으며 그들을 이길 수도 없는 것이니라.
16 그리하여 그와 같이 싸워 이길 수 있
는 나의 백성에게 깨달음이요, 이길
수 있는 길이요, 너희들이 진정한 하
늘에 오르는 참진리를 만백성에게 전
하고 그들과 싸워서 그들을 구원할 수
있도록 하기 위하여 내가 지금 나의
아들을 통하여 세상에 내려보내는 것
이 무엇이더냐?
17 너희들이 모두를 말씀으로써 역사한
다 하는 창조주 나의 성령이요, 나의
뜻이니, 너희들이 말하는, '창조주 하
늘에 계신 아버지의 말씀'이라 하여
그 말씀의 책이 지금 세상에 나가 너
희들을 구원하고자 너희들의 대문을
두드리며 너희들의 방문을 두드리고
있건만, 너희들은 이를 보지도 못하며
이를 알지도 못함이니라.
18 내가 사랑으로 살라는 너희들이 사랑
을 모르는 것이며 너희들이 나의 구약
과 신약의 성서를 팔며 나의 아들의
이름과 나를 빙자하여 불법함이 이 세
상을 덮고 있으며 더 이상 볼 수 없으
니,
19 그러한 자들과 싸워서 이길 수 있는
나의 백성을 내가 이 세상에 존재토록
하여 너희들의 뿌리를 뽑고자 함이니,
20 그들이 싸워 이길 수 있으며 견딜 수
있도록 그 싸움을 받쳐 주는 것이 바
로 나의 법전이요,
21 지금 내가 성령을 태워 나의 아들을
통하여 책으로 만들어 '하늘에 오르는
길'이요, '하나님! 말씀하옵소서'라는
이 새로운 성경 160권의 법전이 세상
에 나오게 되어 있음이니,
22 이와 같은 이치를 너희들이 깨우쳐 나
의 법전을 읽고 구원을 받으라.
23 이를 읽고 깨우치지 아니하는 자 정녕
구원을 받을 수 없음을 너희들은 알아
야 될 것이니라.
24 이제 내가 너희들을 정리하여 다 뽑아
버리며 너희들의 후손이 존재치 못하

도록 하는 역사가 이루어짐을 알아야
될 것이니라.
25 그리하여 아이를 가진 부인이요, 어린
아이들에게 고통과 시련이 있다 하였
음이니,
26 너희들이 너희 자식과 너희 후손에게
고통과 시련을 주지 아니하려거든 천
사와 같은 마음이요, 나 여호와와 같
은 심성으로 변하는 그 각오로 변하라.
27 그리 변하지 아니하면 자식을 가진 여
인과 그 어린아이들이 고통과 시련을
면치 못함이니, 이는 곧 무엇이더냐?
28 악의 씨로서 악의 씨가 계속 존재하여
나의 낙원을 쓰러트려 썩게 함이니,
내가 이루고자 하는 그 뜻에 역행함이
니라.
29 그리하여 너희들은 그와 같은 고통과
슬픔을 보게 됨을 알아야 될 것이니라.
30 너희들이 이와 같이 고통스러우며 처
참한 역사를 벗어날 수 있는 것은 나
의 법전을 가슴에 안고 정독하며 만백
성에게 오늘의 믿음이 무엇인가를 깨
우쳐,
31 나의 법전 속에 내가 너희들에게 가르
치는 것과 너희들이 지금까지 헤매 왔
던 그 믿음과의 차별화를 만백성에게
전하는 그와 같은 역사 속에서 내가
새로 이루는 새시대에 동참하는 것이
너희들이 구원을 받는 길이라는 것을
잊지 말라.
32 내가 나의 법전을 기록하여 너희들에
게 한 가지가 아니요, 열 가지, 백 가
지, 천 가지 너희들이 변해야 되는 이
유와 나의 법전을 읽어야 되는 이유와
십계명을 지키고 살아야 되는 이유를
수없이 기록하였음이니, 이 애절한 나
의 뜻을 받아들이는 현명함을 얻도록
그리하라.

3,722 번째 하나님 말씀

2002년 10월 19일 23시 24분

1 "너는 나 외에는 다른 신들을 네게 있
게 말지니라.
2 너를 위하여 새긴 우상을 만들지 말
고, 또 위로 하늘에 있는 것이나, 아래
로 땅에 있는 것이나, 땅 아래 물 속에
있는 것의 아무 형상이든지 만들지 말
며, 그것들에게 절하지 말며, 그것들
을 섬기지 말라.
3 너는 너의 하나님 여호와의 이름을 망
령되이 일컫지 말라.
4 안식일을 기억하여 거룩히 지키라.
5 네 부모를 공경하라.
6 살인하지 말지니라.
7 간음하지 말지니라.
8 도적질하지 말지니라.
9 네 이웃에 대하여 거짓 증거하지 말지
니라.
10 네 이웃의 집을 탐내지 말지니라.
11 나 여호와가 존재함을 믿는 그 자체가
구원의 길에 들어서는 기본이요 근본
이며, 나의 법전을 가슴에 안고 정독
하는 자, 반석 위에 서서 하늘에 오르
는 찬란한 빛을 보게 되는 영광을 얻
게 됨이니라."
12 사랑하는 나의 아들아!
13 너의 제자들과 만백성에게 이리 전하
라.
14 나의 십계명이 너무나 너희들에게 소

중한 것이며,
15 너희들의 육의 생명을 열 번 백 번을
바쳐도 바꿀 수 없는 소중한 계명이기
에 내가 나의 아들에게 메시지를 내릴
때마다 그가 이와 같이 십계명을 암송
하며 그를 너희에게 들려줌이니,
16 이것이 곧 너희 영혼의 구원의 생명이
요, 양식이라 한 그 뜻을 깊이 새겨 너
희들 것으로 만들어야 될 것이니라.
17 수천 번의 기도를 하는 나의 아들에게
수천 번 이 십계명을 암송하도록 함이
니, 이게 얼마나 너희들에게 소중한
것인가,
18 너희들에게 얼마나 소중하며 너희들
이 얼마나 소중히 간직하여야만 하기
에 내가 이리 그를 암송하도록 하는
것인가, 내가 너희들을 사랑하는 그
마음을 너희들이 헤아려 깨우치도록
그리하라.
19 사랑하는 나의 아들아!
20 "네, 아버님! 말씀하옵소서."
21 너의 제자들이 십계명을 암송하고 암
송하는 그 속에서 깨달음이 있으며,
내가 너희들에게 메시지를 내리는 것
을 받을 수 있는 머리의 깨달음이 얻
어짐이니라.
22 너희들에게 나의 법전을 읽고 또 읽고
정독하라는 그 뜻이 어디에 있는가?
23 너희들이 나의 법전을 읽고 정독하고
또 읽었을 때, 내가 정독하라는 그 뜻
을 깨달아 너희들이 나의 법전에 기록
된 그 뜻을 이해하며 생각할 수 있을
때, 성서의 뚜껑을 열어야 되기 때문
이니라.
24 너희들은 내가 써 내린, 내가 나의 아
들을 통하여 너희들을 깨우치고자 내
려보낸 나의 성령이요, 너희들이 말하
는 창조주의 말씀이 세상에 내려왔으
니,
25 이를 읽고 또 읽어 깨우쳤을 때, 그때
너희들이 그 성서의 뚜껑을 열어야 될
것이니라.
26 그리했을 때 너희들이 성서 속에 내가
원하는 것이 무엇이며 내가 너희들에
게 가르치고자 하는 것이 무엇인지,
비유로써 만들어 놓은 그 구약과 신약
의 성서의 내용을 알게 됨이니라.
27 나의 법전을 너희들이 몇 번 읽고 나
서 성서를 읽었을 때 그 구약과 신약
에 비유의 나의 뜻을 전한 것을 알게
됨이니, 그렇지 아니한 자 그를 알 수
없음이니라.
28 나의 아들을 따라 만백성을 구하는 지
도자로서 바로 설 자질을 가진 자, 그
리고 지도자로서 나의 아들의 뒤를 따
라 역사할 너희들은 나의 법전을 수없
이 암송하고 읽어야 될 것이니라.
29 그리하여 너희들이 나의 법전을 거의
암송하다시피 했을 때 성서의 뚜껑을
열어 성서를 읽으면 그 뜻을 알게 되
어 있음이니라.
30 수천 년 동안 내려온 그 백성이 오로
지 나의 아들 예수의 보혈로써 구원받
았다 외치듯이, 성서는 한 자도 고칠
수도 없으며 뺄 수도 없으며 더할 수
도 없는 위대한 말씀이라 하여 거기에
젖어 있는 자들을 너희들이 깨우치고
이해시키려면,
31 그들이 생명줄보다 더 붙잡고 매달리
며 오로지 그것만을 위하여 살아왔으

며 그 성서만이 저희들을 구원하는 길
이라 하여 세상 것은 놓을 줄 모르는
그들을 그 성서에 기록되어 있는 잘못
된 부분과 잘못 이해하는 부분을 깨우
쳐 인도하여야 하기 때문에
32 너희들이 성서의 그 깨우침을 나로부
터 받은 메시지요, 은혜 속에서 성서
의 내용을 이해하는 그와 같은 현명함
을 갖지 아니하면 그들을 인도할 수
없음이니라.
33 그리하여 성서만이 옳다며 그 속에 젖
어 있는 그들을 깨우치기 위하여 너희
들이 성서의 비유의 뜻을, 나의 진정
한 뜻을 이해하여 그들을 깨우쳐야 하
니,
34 나의 법전을 읽고 또 읽어 정독하여
나의 법전을 너희들이 다 알고 있을
때, 그때 너희들이 법전의 내용과 성
서에 기록된 내용이 일치한 부분과 성
서에 나의 법전을 보좌하고 나의 법전
을 입증하기 위하여 기록되어 있는 모
든 내용을 너희들이 찾을 수 있으며
그를 볼 수 있으며,
35 그로 인하여 만백성을 깨우칠 수 있으
며, 믿음의 종파에 젖어 있어 너희들
이 말하는 찔러도 바늘 하나가 들어갈
수 없이 굳어져 있는 그들을 녹이고
쓰러트릴 수 있는 것은 성서를 갖고
너희들이 대화하고 따져야 되기 때문
이니라.
36 갑론을박을 성서를 가지고 하기 때문
이니, 너희들이 성서의 진정한 뜻을
알아 저희들보다 몇 단계 그 성서의
깨달음이 높다 할 때 그들은 스스로
무릎을 꿇을 것이니, 그리하여 나의
법전을 읽고 또 읽으라 그리 명하라.
37 그리하여 너희들이 나의 법전에 통달
할 때 성서에 통달하는 지혜를 내가
너희들에게 줄 것이니 그리 전하라.

3,723 번째 하나님 말씀

2002년 10월 19일 23시 36분

1 사랑하는 나의 아들아!
2 "네, 아버님! 말씀하옵소서."
3 내가 성령의 뜻을 성서에 기록하여 전
하였음이니, 나 여호와의 성령의 나의
가르침이 모든 민족에게 증거되기 위
하여 온 세상에 전파될 것이며 그제야
너희들의 믿음이 끝이 날 것이라 기록
되었음이니라.
4 너희들이 이와 같이 기록된 내용을 알
아야 할 것이니라.
5 각자 너희들이 가지고 있는 종파의 그
가르침이 세상을 덮을 것이라 너희는
그리 말하나, 지금 이 세상에 수천수
만 가지의 종파가 있으니 너희들의 하
나의 종파가 세상을 덮는 날이 없을
것이며,
6 어떤 종파든 세상을 덮었을 때, 모든
세상의 백성에게 전파됐을 때 그제야
모든 게 끝이 난다 하였음이니라.
7 그러나 지금 너희들의 종파로써 너희
들 종파만이 위대하다 함이니, 너희들
하나를 가지고 온 세상에 모두를 전할
수가 없음이니, 너희들과는 해당 사항
이 없는 것이니라.
8 너희들이 말하기는 지금에 가지고 있
는 너희들의 그 종파가 이 세상을 다
덮을 것이며 전파될 것이라 생각하며

그리했을 때 모든 것이 끝이 올 것이
라 그리 말함이니, 이는 너희들의 어
리석음이니라.
9 너희들은 너희 것만이 옳다 그리 부르
짖기 때문에 천 갈래 만 갈래 갈라져
있음이니, 여기서 너희들이 하나 깨우
쳐야 할 것이니라.
10 나의 성령을 기록하여 내려가는 나의
법전 이 책은 너희들이 가지고 있는
모든 종파를 한 형제로 가슴에 안음이
니,
11 우선 이것이 너희들과 다른 것이며,
나의 법전이 그리하여 위대함이며, 나
의 법전이 이 세상을 덮어 나가는 것
을 너희들이 알아야 할 것이니라.
12 너희들이 지금에 가는 믿음의 그 가르
침으로써는 너희들이 하나를 이루는
것이 아니요, 종말의 시대가 되었으며,
13 나 여호와 창조주의 성령의 뜻이 아닌
너희 임의로 너희들의 계명에 맞도록
나의 백성을 이끌어 가고자 하였으니,
너희들은 너희 것만이 최고라 하니 이
세상을 덮을 수 없음을 알아야 할 것
이니라.
14 제 것만이 옳다 하여 수천수만 명이
지금 부르짖고 있음이니, 그와 같은
너희들의 가르침의 종파로써는 성서
에 기록되어 '나의 뜻이 온 세상에 전
해졌을 때 그때 모든 것이 끝날 것이
라' 내가 그리 말한 그 뜻과는 거리가
멂이니, 그것은 너희들 것이 아님을
알라.
15 나의 법전이요, 나의 성령은 모든 종
파요, 모든 백성을 다 똑같이 한 형제
로 보며 그를 탓하지 아니하며 구분하
지 아니하고 감이니,
16 이게 바로 곧 나의 법전이 세상을 덮
으며, 세상에 나의 법전이 덮였을 때
그때 모든 종파의 모든 역사는 끝나는
것이라는 뜻임을 너희들이 알아야 할
것이니라.
17 내가 뭐라 말하였더냐?
18 나의 법전이 눈이 내려와 세상을 덮듯
이 다 덮을 것이라 말하였으며,
19 내가 세상에 너희 모든 백성의 공통어
로써 이 동양의 작은 나라의 단어요,
언어로 이 세상을 다 덮어 너희들이
똑같은 방법으로 기도하며 똑같이 깨
우쳐 하늘에 오는 방법을 보게 된다
하였음이니,
20 그 성서에 기록된 것이 나의 법전이
세상에 내려오는 것을 이미 너희들에
게 임해 주었으며, 그리하여 이 세상
의 모두를 덮는 것은 나의 법전이 세
상을 덮어야 모든 백성이 나의 법전을
손에 들고 깨우쳐 내가 원하는 참진리
의 빛을 볼 때 모든 역사가 끝나게 된
다는 것을 내가 깨우쳐 줌이니, 이게
바로 무엇이던가?
21 천 년에 걸쳐 내가 이루고자 하는 것
이 바로 그 뜻이 여기에 있음을 너희
들은 알아야 할 것이니라.
22 오로지 이 세상을 덮어 만백성이 하나
로 기도하고 경배하는 것은 이 법전밖
에 없음을 너희들이 알아야 할 것이니
라.
23 세상의 모두를 덮었을 때 그를 보고
깨우치는 후손들이야말로 천 년에 걸
쳐 그들이 변화되고 변해 내가 이루고
자 하는 왕국에 존재하는 그와 같은

세상이 될 것이니,
24 그 성서에 기록된 그 뜻도 나의 법전
이 세상에 나오는 걸 미리 너희들에게
깨우쳐 주었음이니,
25 너희들이 그러고도 나의 법전이 사탄
의 장난이요, 이단의 장난이라 하며
너희들의 그 성서만을 붙잡고 몸부림
치는 그와 같은 믿음에서 벗어나야 할
것이니라.
26 온 세상을 덮었을 때 모든 역사가 끝
난다 하였음이니, 이는 나의 법전이
세상을 덮어 새로운 천사들만이 사는
지상의 낙원이 이루어지는 그 의미를
미리 내가 알려 준 것이며,
27 지금 너희들 것만이 최고라 부르짖는
그와 같은 형국의 믿음을 가지고서는
세상을 다 통제할 수 없음이니라.
28 크나큰 원에서 그것을 열 가지 색으로
구분했을 때, 그중 하나를 보면서 그
것이 최고라 말하는 자가 어찌하여 그
전체를 통제할 수 있겠는가?
29 열 개 전체를 볼 수 있는 자만이 그 위
대한 뜻을 알아 그를 통제할 수 있는
이치를 내가 너희들에게 깨우쳐 주었
듯이, 모든 종파를 가슴에 안고 가는
나의 성령이요, 나의 가르침인 이 법
전 외에는 세상을 덮을 수 없음이니,
30 세상을 다 덮어 끝날 때가 올 것이라
하였으니, 나의 법전이 세상에 나와
너희들에게 모두 전해졌을 때 모든 역
사가 끝난다는 뜻임을 너희들은 되새
겨 알아야 할 것이니 그리 알라.

3,724 번째 하나님 말씀

2002년 10월 19일 23시 43분

1 사랑하는 나의 아들아!
2 "네, 아버님! 말씀하옵소서."
3 만백성 너희들은 나의 법전을 읽고 정
독하는 자만이 깨우침을 얻을 것이며
구원을 받을 수 있다 내가 너희들에게
말하였음이니라.
4 십계명을 지키고 사는 자만이 구원의
양식을 얻는 자요, 구원을 받을 수 있
다 말하였으나,
5 너희들이 그리 지키지 아니하고 지금
수천 년 동안 살아온 그 세월처럼 나
의 법전이 세상에 나와 너희들을 구원
하고자 하나, 나의 법전을 읽고 깨우
치지 아니하며 십계명처럼 너희들이
지킬 수 없다,
6 그리고 이단이요, 사탄의 사악한 자가
세상에 낸 책이라며 던져 버린다 하
면, 너희들은 오로지 멸망이 시작됨이
며 멸망의 길로 가고 있음을 알아야
할 것이니라.
7 나의 법전을 손에 들고도 이를 찢어
버리고 던지는 자, 그 순간에 너희들
은 멸망의 길로 달려간다는 것을 잊어
서는 아니 될 것이며,
8 이는 진실이기에, 이는 너희들이 거역
할 수 없는 엄연한 사실이기에 내가
강조하고 또 강조함을 잊어서는 아니
될 것이니라.
9 나의 법전을 읽고 깨우친 자는 너희들
이 지금의 삶에 미련을 버리고 오로지
새로운 깨달음을 위하여 달려가는 그
와 같은 삶을 살아가는 자만이 구원을

반을 수 있음을 잊지 말라.
10 나의 법전을 손에 들고 읽고 깨우친
자가 지난날의 그 믿음이요, 너희들
인간 세속의 삶의 고리를 털어 버리지
못하고 뒤를 돌아다본다면, 너희들은
죽음의 길이요, 지옥으로 떨어진다는
것을 잊지 말라.
11 법전대로 사는 길만을 향하여 달려가
는 그와 같은 삶을 살아가는 자, 인간
세상의 삶을 정녕 뒤돌아보지 아니하
는 자, 그곳에 연연하지 아니하는 자,
그와 같은 노력을 갖는 자만이 구원을
받을 수 있음을 너희들은 알아야 할
것이니라.
12 세상에 쏟아지는 소낙비 속에 하나의
황금 빗방울을 내려보낼 때 그것이 너
희들의 손에 떨어지는 것보다 나의 법
전을 접하는 그 영광이 더 위대하다
하였음이니라.
13 그러한 나의 법전을 읽고 깨우친 너희
들이 인간 세속이요, 지금에 온 각자
가 믿었던 그 믿음의 세계요, 너희들
이 살아왔던 그 모두를 버리지 못하며
뒤돌아보며 연연하는 그와 같은 형국
으로 살아간다면,
14 너희들이 나의 뜻을 거역하고 나에게
와 심판을 받을 때 얼마나 무서운 그
죄의 대가를 치르는가, 이를 잊어서는
아니 될 것이니라.

3,725 번째 하나님 말씀

2002년 10월 19일 23시 51분

1 사랑하는 나의 아들아!
2 **"네, 아버님! 말씀하옵소서."**
3 너희들이 종교 전쟁이요, 불의 심판이
요, 물의 심판이요, 모든 재앙이 올 것
이라 너희 나름대로 생각하며, 또한
종교 지도자들이 그리 가르치고 있음
이니라.
4 그러나 너희들은 여기서 깨우쳐야 할
것이며, 하늘의 뜻을 나의 아들을 통
하여 너희들에게 전함이니,
5 너희들이 깨달음을 얻어 정녕 나의 법
전이 나의 뜻임을 알아야 할 것이니라.
6 나의 법전을 읽고 깨우쳐 나의 뜻에
따라 행하고자 하는 나의 백성이 진정
한 참진리의 길을 갈 것이며,
7 나의 법전에 따라 너희들이 깨우친 그
대로 행하고 살아가고자 그와 같이 노
력할 때, 이 세상의 지상에는 그 대단
한 환란이며 과거와 현재와 미래에도
두 번 다시 없을 크나큰 환란의 변화
가 있으며 소용돌이가 침을 너희들은
알아야 할 것이니라.
8 나의 법전을 읽고 깨우치는 자가 세상
에 하나 둘 늘어나며,
9 너희들이 나의 뜻에 살아가고자 곱고
아름다운 천사와 같은 마음을 갖고 그
리 변화될 때, 그와 같은 너의 제자가
하나 둘 늘어날 때,
10 이 세상에는 과거와 현재와 미래의 어
떠한 역사의 변화보다도 더 무서운 크
나큰 환란이 여기에 이루어짐을 알아
야 할 것이니라.
11 모세 시대의 그 환란이요, 예수의 죽
음보다도 더 무서운 대환란의 역사가
한 번은 소용돌이치고 지나감을 너희
들은 알아야 할 것이니라.
12 그러기에 내가 마지막으로 직접 내려

와 너희들을 통제한다 하며 마지막 내
가 너희들을 구한다는 것이며 마지막
이라는 그 뜻을 너희들이 여기서 깨우
쳐야 할 것이니라.
13 이제 마지막 시대에 모두를 버리며 구
할 자 구하며 버릴 자 버리는, 알곡식
을 추리며 쭉정이를 버리는 그와 같은
역사가 시작됨이니,
14 버리고 얻어지는 그 속에서 너희들이
상상할 수 없는 대혼란과 대변화가 이
루어질 것이며,
15 말 못할 소용돌이 속에서 많은 자 버
려지며 많은 자 구원의 역사가 이루어
질 것이니, 그 원성과 참담함은 너희
들이 말로 표현할 수 없음을 알아야
할 것이니라.
16 너희가 법전을 읽고 깨우쳐 깨달았을
때 그 한 번의 대환란 속에서 너희들
이 바로 지키고 견뎌야 함을 알아야
할 것이니라.
17 너의 제자들과 나의 법전을 읽은 백성
이 정녕 진작 깨우치지 못하며 정녕
하늘에 오르는 참진리라 너희들 가슴
속에 깊이 심지 못하면,
18 대환란의 역사가 올 때 너희들이 스스
로 등 돌리며 너희 자신을 저버리며
너희들의 위치를 잊어버리는 그와 같
은 변화가 이루어질 것이기에 내가 너
희들에게 완벽한 나의 백성이 되라 하
는 것이니라.
19 이제 너희에게 종말의 역사며 재앙이
요, 이와 같은 죽음의 변화는 없을 것
이니라.
20 오로지 나의 법전을 읽고 깨우치는 백
성이 늘어날 때, 그들이 너희들의 세
상을 지배하고자 할 때 대환란이 되는
것은 어쩔 수 없는, 피할 수 없는 엄연
한 사실임을 알아야 할 것이니라.
21 그리고 이 역사는 길고도 긴 혼란의
세월이 흐를 것이며, 천국의 역사가
이루어지며 천 년에 걸쳐서 그 혼란과
혼란 속에서 버릴 자 버리고 구원할
자 구원할 것이니,
22 너희들은 이 역사를 이루는 대명을 받
은 자들이며, 그 소용돌이의 중심에
서 있는 것을 잊어서는 아니 됨을 알
아야 할 것이니라.
23 그 대혼란과 대변화요, 대소용돌이가
스치고 간 그 속에서 내가 이루고자
하는 천 년의 왕국의 역사가 이 지상
에 뿌리를 내리게 됨이니, 이를 너희
들은 잊어서는 아니 될 것이니라.
24 나의 법전이 세상에 퍼져 나가며 한
명, 두 명 나의 법전을 읽고 읽는 백성
이 늘어나며, 이가 정녕 나 여호와의
뜻이라 부르짖는 자가 늘어날 때,
25 너희들이 감당하기 어려운 대혼란의
그 역사 속에서 너희들 자신이 바로
지키며 너희들이 그에 넘어지지 아니
하는 것은,
26 나의 법전이 정녕 나의 뜻이며 내가
주관한다는 것을 굳게 믿지 않는 자는
무너지고 쓰러지는 그 소용돌이 속에
너희가 쓰러져 나가는 그와 같은 불행
한 일이 일어나게 될 것이니,
27 이를 막고 견디는 것은 너희들이 하나
의 마음으로써 한 식구가 되며 하나가
되어 붙잡고 이끌어 줄 때 너희가 지
탱할 수 있는 용기와 힘이 나며,
28 나약한 자 쓰러지지 아니하며, 그 소

용돌이 속에 휩쓸려 가는 그와 같은
불행한 자가 나오지 아니할 것이니,
29 너희들이 나의 이 가르침을 깊이 생각
하여 하나의 마음으로 변하여 한 형제
라는, '우리'라는 그 끈을 단단히 엮어,
30 그가 끊어지거나 그를 놓는 백성이 없
도록 그리하여야 함을 너의 제자들에
게 일깨워 주도록 그리하라, 사랑하는
나의 아들아!

3,726 번째 하나님 말씀

2002년 10월 20일 0시 03분

1 사랑하는 나의 아들아!
2 "네, 아버님! 말씀하옵소서."
3 지금 수천 년 동안 그 뿌리가 깊고도
긴 그 믿음을 가지고 오는 각 종파들
이 이끌어 오는 그 형국은 어떠한 형
태로써 지탱되었던가?
4 나로부터 선택된 나의 백성이 착하게
아름답게 살아가고자 하는 그들의 마
음까지 흔들어 놓으며 혼돈케 하는 그
와 같은 믿음의 세상을 너희들이 왔음
이니라.
5 너희들의 손으로 지은 그 성전에 와
경배하며 재물을 바치지 아니하는 자,
아무리 아름답고 선하고 고운 일을 해
도 구원을 받지 못한다 말함이니,
6 내가 지은 이 성전에서 나의 백성이
아름답고 선함을 행했을 때 어찌하여
그들이 구원을 받지 못하며 사랑을 받
지 못한다 하는가?
7 그리하여 지금의 잘못 가고 있는 종교
지도자요, 그 믿음을 가고 있는 너희
들은 착하고 아름답게 살아가는 그 순
박한 백성까지 흔들어 놓아 그들을 혼
돈케 하여 사탄의 후예가 되어 구원받
지 못하도록 이끌어 가고 있음이니,
8 나의 법전을 책으로써 글로써 세상에
펴내는 그 이치는 그와 같은 자들을
구원하고자 하며 그들을 바로잡고자
하여 나의 법전을 세상에 내려보내는
것임을 너희들은 구분하여 깨달아야
할 것이니라.
9 내가 지은 성전에서 기도하며 나의 계
명에 따르며 사랑을 베풀며 사는 백성
은 나의 아들딸들이니, 그들을 내가
기억하며 구원할 것이거늘,
10 너희들은 어찌하여 그들은 정녕 구원
을 받지 못한다 하여 그들까지 흔들어
놓으며 그들이 혼돈하여 선하고 착하
게 살아가는 그 길마저 막는 것인가?
11 그래서 그들을 사탄의 후예로 너희들
이 만들어 가고 있음이니라.
12 그와 같은 백성을 구원하며 그와 같이
이끌어 가는 너희들을 바로잡기 위하
여 근거할 수 있는 이와 같은 책으로
세상에 내보내니,
13 너희들은 이를 보고 깨우쳐 바로 서지
못한다 하면, 정녕 많은 거짓 지도자
들의 그 가르침에 현혹되어 너희 자신
이 지옥으로 흘러가는 것을 알아야 할
것이니라.
14 내가 너희들의 그 많은 거짓 지도자들
의 가르침에 의하여 나의 백성이 혼돈
되어 지옥으로 가는 것을 예방하기 위
하여
15 나의 아들을 통하여 강론을 하며 대장
정의 160권의 법전을 시간을 다투어,
그리고 밤과 낮을 가리지 아니하며 나

의 아들에게 내가 메시지를 내려보내
이 책을 만들어 내는 그 깊은 뜻과 의
미가 여기에 있음을 너희들은 알아야
할 것이니라.
16 이제 나의 법전을 읽고 깨우친 만백성
너희들이야말로 누구더냐?
17 너희들은 나로부터 선택된 백성임을
알아야 할 것이니라.
18 수천 년 역사가 흘러오는 동안에 잘못
되었으며 이 지상이 다 썩어져 있는
혼탁한 이와 같은 나의 낙원에 너희들
은 나로부터 선택된 자들이니,
19 선택된 자와 선택되지 아니한 자의 차
이는 너희들이 죽어 나에게 와 심판받
을 때 알게 될 것이니,
20 너희들은 선택된 백성이니라.
21 그렇지 않은 백성, 나에게 선택되지
아니하는 백성은 아무리 노력하고 노
력한다 하여도 깨달음의 그 한계가 있
음이니,
22 지금 선택된 백성 너희들이 바로 서
그들을 일깨워 주고 바로잡아 주어야
함을 알아야 할 것이니라.
23 이제 지금은 선택된 나의 백성 너희들
이 얼마 되지 않아 나약하고 미진한
것 같으나,
24 선택된 백성이 이 지상을 덮을 때까지
너희들은 쉬지 말며 최선의 노력을 다
하여야 할 것이며,
25 나로부터 선택된 백성이 이 지상을 덮
는 그날까지 너희들이 하나가 되어 계
속 전진하고 노력하는 그와 같은 삶이
너희들이 해야 할 길임을 잊어서는 아
니 될 것이니라.
26 정녕 너희들이 그와 같이 살지 아니할
때 선택된 나의 아들딸이요, 나의 아
들의 제자라 하여도 버려지는 그와 같
은 나의 아픈 일을 행하지 아니하도
록, 그와 같은 일이 내 앞에 이루어지
지 아니하도록 너희들이 깊이 행하여
살아가도록 그리하라.

3,727 번째 하나님 말씀

2002년 10월 20일 0시 12분

1 사랑하는 나의 아들아!
2 "네, 아버님! 말씀하옵소서."
3 지금 나의 피조물 만백성 너희들이 수
천 년 그 긴 역사 속에 믿음의 길을 가
고 있으며 그 길을 오고 있음이니, 그
와 같은 믿음 속에서 너희들의 행함이
어찌 되었으며,
4 너희들의 믿음과 너희들의 행함과 그
속과 겉이 하나로써 일치된 삶을 살며
남에게 과연 부끄럼이 없으며 모범이
되는 그와 같은 믿음의 길을 가고 있
는가?
5 믿는 자 너희들은 과연 남으로부터 저
주받지 아니하며, 믿는 자 너희들이
남으로부터 신뢰받지 못하며,
6 믿지 않는 자들에게 너희들이 믿지 않
는 자보다 믿는 자가 더 사악하다는
그와 같은 원성은 듣지 아니하는가?
7 그와 같은 소리를 듣고 살아가며 그와
같은 생활 속에서 믿음을 향하여 오는
너희들이 행함은 추하고 더러운 짓을
하면서 말로써는 구원을 받았다고 하
며 천국의 문을 들어설 수 있는 티켓
을 받은 자라는 그와 같은 착각을 하
고 살아가는 자들은 없는가?

8 너희들은 여기서 하나 깨우쳐야 할 것
이니라.
9 너희들은 그저 너희 손으로 지은 성전
에 가 기도하고 경배할 때 구원받은
자며 천국의 문에 들어설 수 있는 당
당한 자라 말하나, 너희들은 여기서
환상의 그 꿈을 깨야 함을 알라.
10 이제 나의 법전이 세상에 나의 아들을
통하여 이 지상에 내려오는 것이니,
이제부터 너희들의 심판이 시작되고
있음을 알아야 할 것이며,
11 너희들의 선별의 작업이 지금 시작되
고 있거늘, 너희들이 심판과 선별의
작업의 대상에 지금 육의 세상에 서
있는 것도 모르며,
12 여기서 심판도 받지 아니한 자가 구원
받았다 얘기하며, 천국의 티켓을 받았
다 하며, 나의 아들 예수의 그 귀한 피
로써 구원받았다 그리 말함이니, 너희
들은 여기서 알아야 할 것이니라.
13 지금 나의 법전이 세상에 나와 전해져
나의 만백성을 구하는 역사가 시작된
그때부터 너희들은 지금 심판이 시작
되어 있음이니,
14 그 심판도 받지 아니한 자는 구원받는
다는 꿈도 꾸지 말라.
15 나의 법전을 접하고 읽는 자가 심판의
대상이라 하였음이니,
16 나의 법전을 읽지 아니하는 자는 심판
의 대상도 되지 못하는 형국이거늘,
어찌하여 그와 같은 너희들이 천국에
올랐다 그리 말하는가?
17 이제 심판을 받지도 아니하고 구원을
받았다 그리 말하는 자, 너희들에게
십계명을 지키고 살라 하였으나 그를
지키지 아니하며, 지키고 살지 않아
너희들이 심판의 대상도 되지 못했듯
이,
18 내가 제3의 시대에 법전을 내려보냄
이니 이 법전을 접하지 아니하는 자,
너희들이 심판대에 서지도 못한다 함
을 알라.
19 이제 나의 법전이 참진리요, 참진리의
가르침이니, 이가 세상에 내려온 것은
곧 내가 직접 너희들에게 내려와 구분
하는 그와 같은 역사가 이루어지고 있
음임을 알아야 할 것이니라.
20 이는 곧 창조주 나의 뜻이요, 나의 성
령이며, 너희들이 나의 앞에 와 있음
을 알아야 할 것이니라.
21 너희들이 나의 법전을 읽을 때 내가
너희들 앞에 와 있다 하였음이니, 이
와 같은 이치를 깨달아야 할 것이니라.
22 너희 임의대로 너희들은 다 선택된 자
요, 구원을 받았다 말하는 자, 여기서
하나 내가 너희들에게 하늘의 이치를
깨우쳐 줌이니,
23 지금 나의 아들이 나의 성령을 받아
너희들에게 깨우치는 이 시대에 너희
들이 살고 있는 것이 너희들에게 얼마
나 크나큰 영광인지, 모든 것을 너희
들이 보고 있다는 것을 알아야 할 것
이니라.
24 나의 아들이 살아 있는 이 세상에서
너희들이 어떠한 변화요, 그 역사를
이루지 못할 때, 너희들이 죽기 전에
어떠한 역사의 변화며 나의 아들의 세
대에서 어떠한 결과가 이루어지는지
를 보게 될 것이니,
25 나의 아들이 세상에 존재할 때 너희들

이 더불어 그 위대함을 알며 너희들이
구원의 그 성령의 가르침을 듣고 변화
되는 그와 같은 삶을 살지 아니하고,
26 나의 아들이 이 모든 역사를 이루고
죽어 갔을 때 그때 깨우치고자 해도
이미 그때는 선별될 자 선별되어 너희
들의 때가 늦음을 알아야 할 것이니라.
27 나의 아들이 존재하는 이 시대에 너희
들은 모든 것을 다 지금 느끼고 깨달
아 변화의 역사를 이루는 데 조금도
게을리해서는 아니 됨을 알아야 할 것
이니라.

3,728 번째 하나님 말씀

2002년 10월 20일 0시 21분

1 사랑하는 나의 아들아!
2 "네, 아버님! 말씀하옵소서."
3 이 세상의 모두가 다 변하여 없어진다
하여도 나의 성령의 뜻이요, 너희들이
말하는 창조주 나의 가르침은 없어지
지 아니하며 변하지 아니한다 내가 성
서에 기록하여 너희들에게 일찍 깨우
쳐 주었음이니라.
4 그러나 너희들은 구약과 신약을 가지
고 수천 년 동안 나의 피조물 만백성
을 구원한다 하였음이니,
5 구약과 신약과 그리고 나의 법전과의
그 변화요, 차별화를 너희들의 종교
지도자요, 많은 믿음을 간 백성이라면
이를 정독하여 한번 견주어 그 뜻을
깨우쳐 너희들 것으로 삼아야 할 것이
거늘,
6 너희들은 어찌하여 그와 같은 간단한
역사 하나도 이루려 하지 아니하는가?
7 구약과 신약의 뜻은 무엇을 의미하는
가?
8 그 뜻을 너희들이 잘 살펴보라.
9 거기에는 무엇을 기록하였으며 무엇
을 너희들에게 깨우치고자 하는가?
10 구약과 신약은 비유로써 모든 것이 이
루어졌으며 비유로써 너희들을 깨우
쳐 주고자 하였음이니,
11 그는 명령하는 것이 아니며, 유하고
부드러운 방법으로써 너희들이 행하
도록 되어 있는 것이니라.
12 그러나 그 구약과 신약 시대가 잘못되
어 암흑의 역사가 흘러 너희들이 더
사악한 방법으로 흘러간다 할 때,
13 너희들을 깨우쳐 바로잡을 수 없는 그
와 같은 형태로 무너진다 하여 내가
제3의 시대에 나의 법전을 세상에 내
려보내 너희들을 구하고자 하는 것이
니,
14 나의 법전은 곧 나의 성령이요, 이 성
령을 내가 나의 법전에 기록하는 것은
내가 너희들에게 비유로써 가르침이
아니요, 너희들에게 명령을 하는 것이
며,
15 너희들이 구원을 받을 수 있는 길이
요, 지옥으로 가는 길이요, 그를 내가
엄연히 구분하여 너희들이 행하고 행
하지 아니할 것을 알려 줌이니,
16 이것이 곧 구약과 신약과 차별화됨임
을 너희들은 알아야 할 것이니라.
17 너희는 알게 될 것이니라.
18 그리고 너희들은 깨달아 알 수 있음이
니라.
19 너희들이 나의 법전을 정독하며 내가
내려보낸 성서를 같이 정독해 볼 때,

어떠한 것이 나의 뜻이며 어떠한 것이
진정 너희들이 지금 행하여야 할 것인
가,
20 마지막 시대에 구원의 심판대에 서 있
는 너희들이, 심판대에 준비하고 있는
자, 너희들이 어찌 행하여야 할 것인
가,
21 이제는 내가 너희들에게 명하며 너희
들이 행할 수 있는 것을 직접 내려보
냄이니, 거기에 따라서 행하고 행하지
않는 것이 구원을 받고 못 받는 것임
을 너희들은 알아야 할 것이니라.
22 이제 제3의 시대에 내가 직접 내려와
나의 성령의 가르침을 가지고 너희들
을 바로잡고자 하는 것이니, 너희들은
나의 이 뜻을 깊이 깨우쳐 행하여야
할 것이니라.
23 그리하여 내가 나의 법전을 무엇으로
써 너희들에게 기록하여 남기는가?
24 내가 말로써 전하여 너희들을 깨우치
고자 하는가?
25 내가 증거 없이 너희들에게 깨우쳐 하
늘에 오르는 길이라 말하는가?
26 나 여호와는 '법전'이라 하여 책으로
만들어 나의 성령을 거기에 기록하여
너희들에게 내려보냄이니, 이는 영원
히 지속될 것이며, 이 지상이 다 깨진
다 하여도 나의 법전의 이 책은 존속
될 것이니라.
27 말로써 전하는 것은 너희들이 한 사
람, 두 사람 건너가면서 그 뜻이 달라
지며, 하루 자고 이틀 자고 1년, 2년이
지나면 그것이 퇴색됨이니,
28 위에서 이야기한 것이 10년도 못 가
너희들에게 가르치고 전달하는 것이
나의 뜻과는 관계없는 형국으로 이루
어져 가며, 너희들이 필요한 곳에 너
희들의 계명을 만들어 활용하고 사용
하게 됨이니,
29 그리하여 내가 법전으로써 책으로 기
록하여 너희들에게 전함이니라.
30 이와 같은 나의 뜻을 깊이 깨우쳐, 너
희들이 나의 법전을 정독하며 너희 성
서를 정독하여 견주어 볼 때, 이는 가
르침의 뜻이요, 내가 원하는 것이 같
은 것이며,
31 다만 성서는 비유하여 너희들에게 깨
우쳐 주었으며, 법전은 직접 너희들에
게 나 여호와가 마지막 시대이기 때문
에 명함이니,
32 나의 명령을 받아들일 수 있는 가슴이
열리는 자, 두렵고 무서우며 은혜와
은총의 그 영광 속에 몸 둘 바를 모르
는 그와 같은 감사함을 알게 될 것이
니라.
33 이를 깨닫지 못하는 자, 은혜와 은총
이요, 내가 이루고자 하는 그 역사에
너희들을 사랑함이며 너희들을 구원
하고자 하는 나의 뜻을 모르는 어리석
은 백성이니,
34 너희들이 죽어 지옥으로 가 그 속에서
천국이 무엇인가 감히 바라보지도 못
하는 그와 같은 속에 죄의 대가를 치
르는 그와 같은 곳으로 흘러가지 말도
록 그리하라.

3,729 번째 하나님 말씀

2002년 10월 20일 07시 57분

1 사랑하는 나의 아들아!

2 "네, 아버님! 말씀하옵소서."
3 너희들은 요즘 너희 어린 자식들에게
무엇을 말하는가?
4 그들에게 너희들은 감히 말 한마디 걸
기를 두려워하며, 그들에게 무엇을 깨
우쳐 이르기를 두려워함이니라.
5 그들이 잘못 가고 잘못하는 행위를 해
도 그들을 꾸짖지 못하며 그들을 다스
리기를 불안해하는 그와 같은 시대의
삶을 너희들이 살고 있음이니라.
6 그리하여 너희들이 말하기를, 요즘의
아이들은 영악하기 한이 없으며 감히
두려워 너희들이 대적할 수 없는 그와
같은 형국에 이르렀다 말함이니,
7 너희들은 그 모두가 지금의 너희 자식
들의 책임이며 그들이 그와 같이 흘러
온 것이라 그리 생각함이니라.
8 그러나 그 모두는 너희들의 책임임을
알아야 할 것이니라.
9 너희들이 서서히 그와 같이 변해 왔기
에 너희들의 살아가는 모습을 보고 그
들이 배우고 그대로 따라 행함을 알아
야 할 것이니라.
10 그리하여 지금까지 사랑이 없고 부모
와 자식 간에 공경함이 없으며 형제와
우애함이 없는 이와 같은 삶을 살아가
는 것이 지금 너희들이 살고 있는 세
상의 현 실태이니라.
11 이를 보고 너희들이 말하기를, 세상이
말세요, 이제는 더 이상 가려야 갈 수
없는 이와 같은 사악한 시대가 되었다
그리 말함이니라.
12 남의 자식에게 귀엽다 머리 한 번 쓰
다듬어도 그가 눈을 부라리는 그와 같
은 형국이 되어 있음이니,
13 예쁘다 하든 귀엽다 하든 그저 그를
받아들이는 것이 아니라 그들은 그들
나름대로 불과 같은 성격으로써 저희
감정을 있는 그대로 표출하며, 그를
받아들이고 인내하며 참는 그와 같은
아이들이 아님이니라.
14 이 얼마나 무서운 형국으로 지금 변해
져 있는가?
15 너희들이 이를 보며 느껴야 할 것이
있으며 깨달아야 할 것이 있음이니라.
16 지금의 너희들이 하늘에 오른다 하여
만백성이 너희 손으로 지은 성전에 가
그와 같이 광란의 믿음을 믿고 그를
따르고자 하며 그것이 너희들의 구원
의 길이라 말하고 있음이니,
17 그와 같은 집단의 너희들이 이 세상에
잘못 전해지며 잘못 들어왔기 때문에
개인주의로 변하게 되었으며, 저 자신
만 구원을 받겠다 하여 그저 모두를
다 갖다 바치며 스스로 저희들만이 구
원을 받는다 생각하는 그와 같은 너희
들의 믿음의 그 뿌리가 잘못 가르쳤으
며 잘못 전해져 오늘과 같은 험악한
세상이 되었음이니라.
18 너희들의 믿음의 종파가 세상에 들어
와 지금 그와 같이 잘못 가르쳤음이
니, 그 원천의 뿌리며 근본인 너희들
은 얼마나 잘못되었는가 너희들이 스
스로 깨우쳐야 할 것이니라.
19 너희 동양의 작은 나라의 예를 들어,
이곳에 너희들의 믿음이요, 그 종파라
는 것이 들어와 잘못 가르치지 아니하
였다면,
20 오늘과 같이 어린아이에게 예쁘다며
머리를 쓰다듬는 그 손을 뿌리치고 눈

을 부라리는 아이들의 그와 같은 형국
은 되지 아니하였을 것이니라.
21 그와 같은 모든 형국이 이루어진 것은
너희들의 그 믿음의 종파가 들어와 사
랑을 베푼다 나누며 산다 그리 가르치
면서 너희들이 말로는 그리하나 실천
은 하지 아니하였으며,
22 오로지 너희들 개인만 구원을 받으면
되는 것이며 너희들만 축복을 받아 하
늘에 오르면 된다는 그와 같은 심리를
심어 줘,
23 아이들이 개인주의로 변하는 수많은
세월 속에 아이들이 그리 변하여졌음
이니,
24 이는 바로 너희들의 모습이 변하게 한
그와 같은 삶이니라.
25 너희들이 변하는 그 모습의 원천의 뿌
리가 오늘과 같이 변해진 것이니, 역
사가 흐름 속에서 너희들은 그리 사악
하게 변해진 오늘의 형국을 만들었음
이니라.
26 그러하니 너희들이 그 원본인 종교의
집단이 얼마나 잘못된 것이며, 나의
뜻과는 거리가 먼 곳으로 가고 있는지
내가 나의 아들을 통하여 너희들에게
수없이 전하였음이니,
27 바로 이와 같은 이치 하나를 깨우쳐도
너희들이 부끄러운 줄을 알며 너희들
이 고개 들고 살 자격이 없거늘,
28 너희들과 뜻을 같이하지 아니하는 형
제라 하여 그를 경원시하며 인간으로
생각하지 아니하며 벌레를 대하듯이
그와 같이 오만한 속에서 가고 있는
것이 지금 너희들의 믿음을 가진 자들
의 형국이니,
29 저 스스로 주제를 파악하지 못하며 제
가 죄 속에 살아가는 것을 알지 못하
는 이와 같은 형국이 되어 있기에, 이
를 내가 바로잡기 위하여 오늘에 새로
운 역사를 이루어 감을 너희들은 알아
야 할 것이니라.
30 모든 너희들이 지금 변해져 온 험악한
그 세상의 원조의 뿌리는 믿음이라는
것이 동양의 작은 나라에 들어와 나의
뜻과는 전혀 관계없이 잘못 가르쳤으
며 잘못 배운 너희들의 그 뿌리가 오
늘의 그와 같은 형국이 이루어졌음이
니,
31 너희들의 믿음의 그 속은 썩을 대로
썩었으며 나의 뜻과는 전혀 관계도 없
는 곳에 가 너희들이 천국이요, 천국
의 문에 들어선다 하여 재물로써 사고
자 하는 사악한 그와 같은 심리를 만
들어서 오늘의 원인의 장본인이 너희
들임을 알아야 할 것이니라.

3,730 번째 하나님 말씀

2002년 10월 20일 08시 07분

1 사랑하는 나의 아들아!
2 "네, 아버님! 말씀하옵소서."
3 나 여호와요, 창조주인 나의 성령이
너희들이 사는 이 지상에 내려와 너희
들을 구원하는 그 역사는,
4 그와 같이 너희들을 구원하고 구원하
지 않는 변화의 역사와 내가 하고자
하며 내가 이루고자 하는 것은 아무도
알 수 없으며 알지 못함이니라.
5 내가 너희들을 통하여 이루고자 하는
역사며 너희들을 구원하고자 하는 그

모든 변화는 하늘에 있는 천사도 모르
며 나의 아들 예수 또한 그 모두를 모
르고 있었으며,
6 오로지 창조주인 나 여호와만이 이를
알며 나 여호와만이 이를 주관하여 역
사가 이루어지고 있었음을 너희들은
알아야 할 것이니라.
7 그러나 이제 제3의 시대에 내가 새로
운 역사를 이루기 위하여 나의 성령을
책으로 직접 만들어 너희들을 깨우치
고 가르침이니,
8 이제는 이를 받아 기록하는 나의 아들
만이 미래를 알고 있으며 변화하는 역
사를 알고 있음이니라.
9 그러하니 이 세상 모두의 통제함이요,
이 모두를 관장하는 것이 나의 아들이
며, 나의 아들을 따라 깨우쳐 가는 제
자 너희들의 몫이라 하는 것을 이제
너희들은 알겠는가?
10 그 누구도 너희들을 구원하고 구원하
지 못하는 것은, 그리고 너희들이 구
원을 받게 되는 것이며 받지 못하는
것이며 이 모든 지상과 하늘의 변하는
그 역사는,
11 내가 너희들에게 말하듯이, 내 옆에
있는 천사들도 모르며 나의 아들 예수
도 모르는 그와 같은 형국에서 모두가
이루어지고 변화가 되어 가는 것이니
라.
12 그러하거늘 하물며 인간 너희들이 감
히 구원을 받았으며 천국의 문에 들어
설 수 있으며 천국의 문에 들어설 수
있도록 가르친다 하는 너희들이 얼마
나 오만하며 미련한 자들이며 얼마나
환상에 젖어 있는 자들인가?
13 모두의 이루고 변화되는 것이며 구원
을 받고 못 받는 것이며 이 지상과 하
늘의 변하는 그 모두는 나 여호와 외
에는 아무도 알 수가 없으며, 나의 아
들 예수도 이를 모르고 살아갔음이거
늘,
14 너희들이 감히 하늘의 모두를 너희들
이 주관하는 것처럼 그와 같은 행위를
하는 것, 그것이 얼마나 무서운 죄인
가를 알아야 할 것이니라.
15 이제는 너희들이 잘못 가르치며 잘못
가고 있는 것, 너희들이 그것으로써
끝이 아니니라.
16 너희들이 오늘의 삶이 잘못되었으며
잘못 믿음을 갔기에, 너희들이 잘못
가고 잘못 가르치는 너희들의 그 후손
들까지도 이제 멸망의 시기가 되었으
며 멸망의 시작이 되었다는 것을 너희
들은 알아야 할 것이니라.
17 너희들이 지금 가고 있는 믿음이 정녕
잘못되었으며, 너희들이 하늘에 천국
의 문을 들어설 수 있다 하며 나의 아
들 예수의 피로써 구원을 받았다 그와
같이 말하는 자,
18 나 외에는 아무도 모든 것을 알 수도
없으며 변하는 역사도 모르며 너희들
이 구원을 받고 못 받는 그 또한 나 외
에는 아무도 모른다 하였으며 모르는
엄연한 사실이거늘,
19 너희들이 이와 같은 이치를 깨닫지 못
하고 간다 하면 결국 너희들은 무엇하
겠는가?
20 내가 너희들의 후손을 점점 멸하게 한
다는 것을 너희들은 알아야 할 것이며,
21 그리하여 너희들이 구원을 받고 못 받

으며 너희들이 이 세상에 이루어지는
모두의 작은 것까지 나의 뜻에 의하여
이루어진다는 그를 믿는 나의 백성,
선택된 자만이 이 세상에 존재하도록
그와 같은 변화가 이루어짐이니,
22 그리하여 지금도 깨닫지 못하는 너희
들의 뿌리를 하나하나 내가 버리며 뽑
아 없앰이니,
23 이와 같은 심판이 지금 시작되어 있는
두려운 시대에 너희들이 살고 있으며
두려움 속에서 살고 있음을 알라.
24 너희들은 죽어 나에게 와 영혼의 심판
을 받는 것을 생각하나, 그 영혼의 심
판을 받기 위하여 너희들을 지금 심판
받을 수 있는 자와 심판받지 못하는
자를 내가 선별하는 그 역사가 시작되
었음이니,
25 나의 아들이 세상에 와 나의 법전을
전하며 너희들과 더불어 살고 있는 이
시대가 얼마나 무섭고 두려운 시대의
삶을 너희들이 살아가고 있는가, 그리
고 얼마나 무섭고 두려운 역사가 지금
이루어지고 있는가 너희들은 이를 알
아야 할 것이니라.
26 그리하여 너희들이 구원의 길을 들어
서며 구원을 받을 수 있는 그 기초를
다지는 나의 법전을 읽고 깨우치는 자
만이 이를 이룰 수 있는 영광의 길에
들어설 수 있다는 것을 잊지 말라.
27 이를 정독하여 읽고 깨우치지 못하는
자, 너희들은 나에게 심판대에도 설
수 없음이니, 이를 명심하여 행하도록
그리하라.

3,731 번째 하나님 말씀

2002년 10월 20일 08시 15분

1 사랑하는 나의 아들아!
2 "네, 아버님! 말씀하옵소서."
3 내가 나의 성서에 기록하여 너희들을
일찍이 깨우치기를, 너희들은 항상 깨
어 있는 자가 되라 그리 말하였음이니
라.
4 그리하여 깨어 있는 자, 주인을 영접
하는 그와 같은 영광을 얻을 것이라
너희들에게 깨우쳤음이니, 이와 같은
뜻이 정녕 어떠한 나의 가르침인지 알
겠는가?
5 이는 곧 너희들이 선한 마음으로써,
선한 행동으로써 사랑을 베풀며 살아
가라 하는 가르침임을 알아야 할 것이
니라.
6 너희들이 평소에 살아감에 베풀며 살
아가며 천사와 같은, 나 여호와요, 창
조주와 같은 마음으로 변하고 변하여
가서 나의 성령을 맞이할 준비가 되어
있는 자로 깨우치라 말함이니라.
7 너희들이 깨어 있으며 선하고 아름답
게 살아가고자 하는 그와 같은 삶을
살아갈 때 너희들에게 나의 성령이 임
할 수 있는 그와 같은 준비가 되어 있
는 자를 말함이니,
8 너희들이 그와 같이 변하고 변하는 삶
을 살라 하는 것이 너희들이 깨어 있
는 자라 함임을 알아야 할 것이니라.
9 지금 나의 법전이 예고 없이 세상에
내려보내져 너희들에게 전해지고 있
음이니, 이것이 바로 그 의미를 말하
는 것임을 알라.

10 너희들이 천사와 같이 살아가는 자가
아니며, 아름답게 살고자 변하여 가는
자가 아니요, 즉 깨어 있지 아니하는
자는 내가 지금 나의 아들을 통하여
160권의 대장정의 법전이라는 이 책
을 내려보내나, 이를 접하고 보고도
깨달을 수 없는 자임을 알아야 할 것
이니라.
11 너희들은 창조주 나 여호와가 있으며
하늘에 와 너희들이 심판을 받으며 나
에게 와 심판받음의 그 두려움을 알고
너희들이 하늘에 오르는 기준은,
12 천국이라는 곳은 천사들이 존재하며
사는 곳이니,
13 그 천국의 문에 들어설 수 있는 자는
천사와 같이 변화되는 자요, 그것을
관장하는 창조주 나 여호와의 심성으
로 닮아 가 그리 변하는 삶을 살고자
하는 자만이 나의 법전을 접했을 때
그 뜻을 알게 되며 그를 깨달을 수 있
음이니,
14 너희들은 그리하여 깨어 있는 자가 곧
그와 같이 변하는 삶을 살아 지금 세
상에 내려보내는 나의 법전을 접했을
때 이를 깨닫고 이 이치를 깨달아 하
늘에 오르는 길을 볼 수 있는 것이니,
15 이 뜻을 내가 기록하기 위하여 이 대
목을 성서에 기록하였음을 너희들은
알아야 할 것이니라.
16 창조주 나의 성령이요, 나의 법전이
지금 너희들에게 내려오나, 너희들은
깨달을 수가 없음이며 이를 보고도 너
희들이 구원의 길을 보지 못하는 것은
바로 깨어 있지 아니한 자이니라.
17 깨어 있는 자는 깨달음을 얻은 자를
의미함이니,
18 이는 곧 하늘을 향하여 천사와 같은
삶을 살고자 너희들의 심성이 변화되
고 있는 자, 그를 지칭함이니라.
19 그리하여 그와 같은 자만이 나의 법전
을 읽고 깨우쳐 하늘에 오르는 영광을
얻을 수 있으며,
20 지금 잠자고 있는 자, 이를 보고도 찢
어 버리며 사탄이요, 이단이라 저버리
는 자, 오만에 차 있는 자는 잠을 자고
있음이니, 저희들의 주인이 와 저희들
을 구하고자 하나 이를 보지 못함이니
라.
21 그것이 바로 나의 법전이 너희 옆을
스쳐 가는 것을 보고도 너희들이 그를
모름이니, 창조주요, 내가 너희들을
구원하고자 법전과 같이 너희들의 문
을 두드리나,
22 그 문을 열지 아니하며 그를 보지 못
하는 지금과 같은 어리석은 우를 범하
고 사는 것이 잘못 가고 있는 종교 집
단에 속해 있는 너희들이니,
23 너희들이 깨우치지 못한다 하면 정녕
너희들이 어찌 가는가 그는 상상할 수
없는 어려움의 고통과 시련이 너희들
에게 있음을 알라.

3,732 번째 하나님 말씀

2002년 10월 20일 12시 24분

1 사랑하는 나의 아들아!
2 "네, 아버님! 말씀하옵소서."
3 내가 너희들에게 일깨워 주기를, '나
외에 다른 신을 네게 있게 하지 말라.'
말하였으며, '그들에게 절하지 말며

그들을 경배하지 말라.' 가르쳤음이니
라.
4 그러나 나의 피조물 만백성 너희들이
살아가면서 나 여호와에 대한 그 마음
의 깊이가 어디에 있으며,
5 너희들이 살아가면서 나를 믿고 나를
경배하는 마음보다 더 소중히 생각하
며 더 귀하게 생각하는 그와 같은 너
희들의 삶의 형태가 이루어지는 것은
과연 없는가 너희들이 되돌아봐야 할
것이니라.
6 너희들이 아무리 나의 십계명을 외우
며 나의 뜻을 강론으로 듣는다 하여도
너희들 마음속에 나 여호와를 따르며
내가 너희들에게 깨우치는 그 진리를
터득함이 아니요,
7 너희들이 육의 삶의 생활 속에 더 소
중한 것이 너희 마음에 비중을 차지하
고 있으며 너희 심성을 좌우하는 그와
같은 삶의 세속에 산다 하면, 너희들
은 이와 같은 나의 첫째 계명을 거역
하고 사는 것이니,
8 그리하고 너희들이 나로부터 구원이
요, 나의 형체를 보며 나의 음성을 들
을 수 있다 생각하는가?
9 너희들의 마음 상태를 돌이켜 생각해
봐야 할 것이니라.
10 너희들은 한평생 살아오면서 나 여호
와를 위하여 이루는 역사가 무엇이며,
나의 참진리를 위하여 살아가는 너희
들의 변화되는 모습은 과연 어디서 얼
마만큼 변화된 역사를 이루는가?
11 너희들은 육의 세상의 삶에 그 부귀영
화요, 그 삶 속에 소중한 것에 나를 믿
는 것보다, 나를 경배하는 것보다, 나
에게 기도하는 것보다 더 얽매이며 더
거기에 연연하고 사는 삶을 살지 아니
하는가?
12 내가 너희들에게 뭐라 깨우쳐 일렀는
가?
13 하늘에 오르는 그 찬란한 빛을 볼 수
있는 나의 법전 한 권이, 내가 소낙비
가 쏟아지는 속에 황금의 빗방울을 내
려보내니 그것을 너희 손에 받는 것보
다 더 소중하고 위대하다 하였음이니,
14 너희들은 나의 법전을 하루의 생활 속
에 얼마나 적용하며 나의 법전을 얼마
나 정독하며 그 속에 가르치는 뜻을
과연 얼마나 알며 실천하고 행하는가
너희들 스스로 이제는 다스려 볼 때가
되었음을 알라.
15 나의 법전이 이제 3부가 세상에 곧 나
갈 날이 머지않았으며,
16 만백성이 이를 접할 때 세상에 대 태
풍이, 회오리바람이 분다 하였음이니,
17 잠재하여 소리 없는 모든 종교의 집단
들이 일시에 이를 공격하게 되는 그와
같은 무서운 현상이 이루어진다 하였
음이니, 너희들의 마음 자세가 과연
지금 어디에 와 있는가?
18 내가 말하는 나의 법전이요, 나의 성
령의 강론을 듣는 너희들이 이는 진정
한 나의 뜻이라 하여 얼마만큼 지키며
행하며 살아가는가 너희들 스스로 자
신을 점검해 보라.
19 내가 다른 신을 너희들에게 두지 말라
했던 그와 같은 뜻에 너희들이 역행하
는 삶을 살지 아니하는가 스스로 깨우
쳐 돌이켜 봐야 할 것이니라.
20 너희들이 모두를 나를 위하여 경배하

며 내가 가르치는 그 성령의 뜻대로
살아가고자 노력하지 아니하며, 오로
지 오늘의 육신의 삶의 소중함을 가슴
에 안고 그를 위하여 너희들의 모두를
바치는 삶을 살아간다 하면, 나로부터
선택된 백성인 너희들로서 이루어질
수 없음을 알라.
21 너희들이 삶에 연연한다 하여 이루어
지는 것이 아니며,
22 오로지 선택된 나의 백성 너희들은 나
의 법전에 너희들에게 깨우치는 그 한
구절 한 구절을 너희 것으로 만들어
삶에 적용하며,
23 그를 너희들의 삶에 이웃과 더불어 가
르치고 깨우쳐 협력하며 살아가는 그
속에서 너희들의 모든 뜻의 역사가 이
루어짐을 알아야 할 것이니라.
24 너희들은 첫 번째도 나의 법전에 기록
된 내용을 지키고 사는 것이 너희들의
임무이며,
25 두 번째요, 세 번째도 너희들이 이를
지키고 행하는 데 모두를 다 바쳤을
때, 너희들의 육의 삶에 사는 지혜와
너희들에게 축복과 영광이 거기에 있
음이니라.
26 이것이 선택된 백성이요, 내가 새로운
시대를 이루려 하는 기초를 다지는 백
성이 가야 할 길임을 너희들은 잊어서
는 아니 됨이니라.
27 이것이 차별화된 백성이며 선택된 백
성임을 알라.
28 너희들의 적은 인원이 희생되어 만백
성을 구하는 그 역사를 이룰 수 있다
면, 너희들 스스로 모두를 던질 수 있
는 마음 자세가 되어 있어야 함을 알
아야 할 것이니라.
29 내가 너희들에게 기도할 때 뭐라 말하
였느냐?
30 너희 죄를 용서해 주시기를 바란다 그
리 기도하라 하였으며, 너희들이 모든
백성이 지은 죄를 안고 대신 죽어 가
는 용기를 가질 수 있도록 나에게 기
도하라 그리하지 아니하였는가?
31 너희들은 조용히 가슴에 손을 얹고 생
각해 보라.
32 너희들이 과연 모든 백성의 죄를 가슴
에 안고 죽어 갈 수 있는 그와 같은 진
정한 용기와 마음이 갖추어졌는가?
33 그리고 많은 백성의 죄를 가슴에 안고
대신 죽어 갈 수 있으려면 너희들이
얼마나 경건하며 이 세상의 모두를 다
사랑으로 감싸며 살아가는 마음 자세
로 우뚝 서야 되는 것인가를 깨우쳐
보라.
34 내가 너희들에게 일깨워 주었음이니,
너희들은 기도하기를 모든 백성의 죄
를 너희들이 대신 안고 죽어 가는 그
와 같은 삶을 살 수 있는 용기를 갖게
해 달라 기도하라 하였음이니,
35 만백성의 죄를 너희들이 대신 안고 죽
어 간다는 마음을 가지고 있는 자들이
얼마만큼 세상을 바라보는 눈이 아름
다워야 되며 너희들의 모두를 다 아름
다운 사랑으로써 감싸야 되는가, 남의
죄를 안고 죽어 가겠다는 너희들의 행
동이 어떠하여야 되는가?
36 말로써 그리 부르짖는 자 나를 기만함
이라 하였으니,
37 너희들은 귀한 것이요, 소중한 것이
요, 더 갖고자, 무엇을 이루고자 하는

마음을 갖는다면 나를 기만함이니라.
38 그와 같은 마음을 가진 자, 남의 죄를
대신하여 지고 지옥으로 갈 수 있는
마음의 형태가 갖춰지지 아니한 자이
니,
39 말로써 너희들이 그리하는 것은 나를
기만하는 죄를 더 짓게 됨이니,
40 차라리 너희들이 행동으로써 그리 행
하지 못하거든 그와 같은 기도로써 나
에게 죄를 짓는 우를 범하지 말라.
41 너희들이 남의 죄를 지고 대신 지옥으
로 갈 수 있는 그와 같은 마음으로 정
녕 살아간다면, 이 세상 그 모두는 다
너희들에게 아무것도 아닌 것을,
42 욕심이요, 질투하는 마음이요, 남을
미워하는 마음이요, 그와 같은 마음이
다 부질없는 것을 너희 스스로 깨닫게
될 것이니,
43 이 뜻을 깊이 깨우쳐 너희들이 선하고
아름다운 삶을 살아가는 데 모두를 다
바쳐야 할 것임을 알라.

3,733 번째 하나님 말씀

2002년 10월 21일 07시 28분

1 사랑하는 나의 아들아!
2 "네, 아버님! 말씀하옵소서."
3 너희들이 인간사 살아가는 세상 속에
마음먹기에 따라 모두는 다 이루고 못
이룬다 하였음이니,
4 너희들이 마음먹기에 달려 있는 그 뜻
을 또한 어찌 행하고 실천하느냐 하는
것이 얼마나 중요하고 소중한지 알아
야 할 것이니라.
5 아무리 너희들이 아름다운 생각이요,
아름다운 마음을 먹는다 하여도 행함
이 없으며 실천함이 없으면 아무런 역
사도 이루어질 수 없음을 알아야 할
것이니라.
6 지금 너와 너의 제자들이 가는 그 길
이 만백성을 구원하는 길이요, 너희들
의 형제가 죽음으로 가는, 지옥으로
가는 것을 막으며 천국의 문으로 올라
올 수 있는 길을 안내하는 대명을 받
은 너희들이,
7 과연 너희들의 생각과 살아가는 마음
자세가 어떠해야 할 것인가 너희는 생
각해야 할 것이니라.
8 너희들은 나로부터 이미 선택된 아들
딸들이요, 너희들로 하여금 나의 피조
물 만백성의 생명을 구하고 못 구함이
거기에 달렸으니,
9 너희 몸이 가루가 되면 어떠하며 너희
몸이 부서지면 어떠하겠는가?
10 너희들은 그와 같은 마음과 생각으로
써 나의 법전이 세상에 나가도록 하며
만백성의 손에 전해질 수 있는 그와
같은 대명의 역사를 이룰 수는 없겠는
가?
11 사랑하는 나의 아들아!
12 "네, 아버님! 말씀하옵소서."
13 이 세상의 모두는 다 나의 법전이 세
상에 나가 만백성을 구하는 거기에 초
점이 맞춰졌으며, 그것을 위하여 모두
가 존재한다 내가 너희들에게 말하였
음이니라.
14 그리고 네가 지금 가고 있는 길이요,
네가 행하는 것이요, 네가 살면서 많
은 사람을 만나며 더불어 살아온 그
모두도 다

15 오늘의 법전이 세상에 나와 만백성에
게 전하여져 그들을 구원하는 역사를
이루는 그 길을 가기 위하여 네가 다
그들과 만나며 그들과 더불어 행해진
삶을 살아왔다는 것을 너는 알아야 할
것이니라.
16 그러하니 네가 더불어 역사했던, 네가
만나며 네가 행하며 지금까지 더불어
왔던 그 모든 사람들은 다 한 시대의
그들이 축복을 받으며 모두 나의 뜻에
의하여 내가 이끌어 가고자 하는 그곳
에 다 동참할 자들이며 그들이 다 준
비되어 있는 자들인 것이니라.
17 그리하여 그들이 다 네 뜻에 의하여
인간의 세속에 의해 이루어진 것이 아
니요, 나의 뜻에 의하여 다 짜인 프로
그램에 의하여 네가 살아온 것임을 너
는 알아야 할 것이며,
18 그리하여 그들과 더불어 네가 지금 하
나의 축을 이루어 갈 것이니,
19 이 모두는 너 스스로 온 것이 아니요,
나의 주관하에 오늘의 법전이 세상에
나가는 그 역사를 위하여 모두가 준비
된 그와 같은 삶을 살았으며, 그 프로
그램 속에서 네가 지금까지 왔음이니,
너는 그와 같은 이치를 알아야 할 것
이며,
20 그들을 네가 활용하며 그들과 대화하
며 그들에게 이제 문을 열 때가 되었
음이니, 이를 명심하여 네가 행하도록
하라.
21 그들과 더불어 이제 문을 열며 행할
때, 모두가 다 자기 자리에 지킬 수 있
는 자, 능력 있는 자, 보이지 않는 구
석에까지 행할 자들이 다 준비되어 있
는 것을 너는 알아야 할 것이니,
22 오늘부터 네가 그들을 찾아 네가 쓸
자 쓰며 버릴 자 버리며 네가 또한 더
불어 갈 자 갈 수 있는 그와 같은 네
변화의 삶을 살아가도록 그리해야 할
것이니, 잊지 말고 행하도록 그리하라.

3,734 번째 하나님 말씀

2002년 10월 21일 07시 39분

1 사랑하는 나의 아들아!
2 "네, 아버님! 말씀하옵소서."
3 너희들이 수천 년 동안 하늘에 오르는
길이라 그 믿음의 길을 달려왔으며,
나 여호와를 부정하는 자, 내가 존재
함을 믿지 아니하려는 자, 이와 같은
너희 백성이 있는가 하면,
4 저희 스스로 최고라 하여 그 우상을
섬기며 모두를 다 거기에 바치고 살아
가는 백성, 그리고 새로운 시대를 역
사하기 위하여 너희들을 세상에 지금
내가 내보내 너희들로부터 제3의 시
대를 열어 가고자 하는 나로부터 선택
된 백성으로 이와 같이 구분되어 있음
이니라.
5 이것의 차이는 무엇인지 알겠는가?
6 이는 곧 내가 그들 속에서 너희들에게
무엇을 원하는가?
7 너희들은 슬기로운 자와 미련한 자의
그 구분에 모든 답이 거기에 있음을
알아야 할 것이니라.
8 내가 쭉정이와 알곡식을 구분하는 것,
버릴 자와 버리지 아니할 자를 구분하
며, 나의 백성과 나의 백성이 아니요,
나의 뜻을 따르는 자와 따르지 아니하

는 자, 깨달음을 얻는 자와 얻지 못하
는 자, 그는 결국 무엇이던가?
9 너희들이 슬기로운 백성과 미련한 백
성을 내가 선별하는 기준이 바로 거기
에 있음이니라.
10 지금 슬기로운 백성은 나의 성령이요,
내가 법전이라 하여 나의 뜻을 내려보
내는 나의 책을 보고 깨달음을 얻을
것이며 그곳에서 지혜를 얻게 됨이니
라.
11 미련한 자는 그를 보아도 그 속의 나
의 뜻을 알 수 없으며, 이는 마지막 시
대에 사악한 자의 간악한 장난이라 그
리 말할 것이니라.
12 이는 슬기로운 백성만이 나에게 선택
된 나의 아들과 딸이 됨을 너희들은
알아야 할 것이니라.
13 그리하여 내가 너희들에게 법전을 읽
으라 함이요, 그리고 법전을 읽어 너
희들이 깨달은 다음에 성서를 읽으라
함이니,
14 내가 법전을 읽으라 하여 너희들이 몇
번씩 읽는 자가 미련한 자 같으나 그
가 슬기로운 자임을 알아야 할 것이니
라.
15 창조주 나 여호와가 명하는 것을 순종
하며 따르는 자가 미련한 자던가 슬기
로운 자던가?
16 너희들은 여기서 깨우쳐야 할 것이니
라.
17 창조주 나 여호와가 너희들에게 계속
읽고 또 읽으라 하면 그저 그를 손에
놓지 않고 읽고 계속 또 읽는 자가 슬
기로운 자이며 나에게 순종하는 자이
니라.
18 그와 같이 읽고 또 읽는 자, 법전이라
는 것을 너희들이 그 내용을 깨닫고
깨달아 성서를 들여다볼 때 거기에서
내가 너희들에게 뛰어난 지혜를 주며
깨달음을 주는 것을 잊지 말아야 할
것이니라.
19 내가 명한 대로 실천하는 자가 슬기로
운 자이니, 그는 곧 지혜를 얻음이니
라.
20 지혜를 얻으며 슬기로운 자는 무엇이
더냐?
21 미리 다 준비되어 있는 백성이며 준비
되어 있는 삶을 사는, 나로부터 선택
된 백성임을 너희들은 알아야 할 것이
니라.
22 지금 너희들이 믿고 가는 그 믿음이
정녕 파도소리만큼도 나의 귀에 들리
지 아니하며 나와 관계없다 내가 너희
들에게 수없이 그리 일깨워 주었으나,
23 아직도 그 깨달음을 모르며 그 뜻을
모르고 있는 너희들이 정녕 그 미련한
자들의 대표적인 예이니, 너희들이 어
찌 구원을 받겠는가?
24 내가 쭉정이와 알곡식은 곧 미련한 자
와 슬기로운 자를 구분하여 쓰는 것이
라 그리 말하였음이니,
25 너희들은 나의 뜻에 따라 내가 명한
대로 법전을 읽고 또 정독하여, 그 후
에 성서를 들여다보면 그곳에서 깨달
음과 얻음이 있으니,
26 이는 곧 슬기로운 백성이요, 나에게
선택된 백성이요, 나의 뜻에 순종하는
자이기에 내가 지혜를 주어 너희들이
나의 뜻과 내가 행하는 것을 스스로
깨닫도록 그리하는 것이 나의 뜻임을

잊지 말라.

3,735 번째 하나님 말씀

2002년 10월 21일 11시 22분

1 사랑하는 나의 아들아!
2 "네, 아버님! 말씀하옵소서."
3 내가 너희들에게 이르기를, '나 여호와가 존재함을 믿는 그 자체가 구원의 길에 들어서는 기본이요, 근본이라' 하였음이니,
4 그 한 줄의 글귀를 읽을 때 내가 존재한다 생각하는 자는 구원의 길에 들어서는 근본이요, 기본이라 그리 깨달을 것이나,
5 너희들은 여기서 깨우쳐 행하여야 할 것이 있음이니라.
6 너희들이 누구나 다 나 여호와가 존재한다고 믿지 아니하는 자 없을 것이며,
7 나 여호와가 존재한다 믿기에 평생 믿음의 길을 위하여 너희들의 모두를 다 바쳐 구원을 받고자 하는 것이 너희들의 마음이니라.
8 그러나 이 구절은 너희들이 그저 나 여호와가 존재한다고 믿는 것으로써 그저 구원의 길에 들어설 수 있는 기본이요, 근본이 갖춰졌다 하나,
9 너희들의 이중적인 마음이요, 사악한 마음이요, 너희들이 나를 향하여 존재한다는 그 믿는 마음이 내가 원하는 천사와 같은 마음으로 변화되고 살아가는 그와 같은 생활 속에서 나 여호와의 존재함을 믿는 그 자체가 구원의 길에 들어서는 기본이요, 근본임을 알라.
10 너희들은 내가 지키라 하는 계명을 지키지 아니하며 내가 너희들에게 명하는 그 뜻을 순종하지 아니하며 내가 원하는 사랑을 베풀라 했던 것을 그리 행하지 아니하고 살면서,
11 그러면서 나 여호와가 존재한다며 나를 부르짖고 나에게 경배하며 기도한다 너희들이 광란의 짓을 하는 그와 같은 것은 나와는 관계가 없음을 알아야 할 것이니라.
12 나 여호와가 존재함을 믿는 그 자체도 너희들이 사랑을 베풀며 선행을 하며, 하늘에서 내가 내린, 너희들이 지켜 구원을 받는 계명을 지키며, 지금 제3의 시대에 예를 들어 내가 너희들에게 법전이라 내려보내는 이 책을 읽고 깨우치는 자, 그와 같은 자들만이 나 여호와가 존재함을 믿는 자들이요,
13 이를 행하지 아니하며 이를 따르고자 아니 하며 이 뜻에 순응하지 아니하는 자, 너희들은 정녕 나 여호와가 존재함을 믿는 것이 아님을 알라.
14 말로써는 내가 존재한다며 울고불고 광란의 짓을 하며 너희들은 구원을 받았다 그리 말하며 축복된 백성이요, 선택된 백성이라 그리 착각 속에 살아가면서,
15 너희들의 행동은 말과 다르며 말을 따라 행동을 하지 아니하며 사랑이 메마른 자,
16 그와 같은 자는 아무리 나 여호와가 존재한다 믿고 믿어도 그는 이중적인 자요, 진정한 깨달음을 갈 수 있는 자가 아니요, 거짓을 행하는 자이니 나의 백성이 아님이니,

17 그러한 자, 내가 존재한다 아무리 믿
고 부르짖어 봐도 참진리의 길을 볼
수 없으며, 그 길을 가지 아니하는 자
이기에 너희들은 그 뜻에 해당되지 아
니함을 알아야 할 것이니라.
18 나 여호와가 존재함을 믿는 그 자체가
구원의 길에 들어서는 기본이요, 근본
이라 하여, 너희들이 이면에서 사악한
짓, 추악한 짓을 하면서 나를 찾고 내
가 존재한다 생각하는 자, 그와 같은
자는 더 무거운 죄를 지음을 알아야
할 것이니라.
19 나를 위장되게 하여 죄를 짓고 살아가
는 그 수법이야말로 나 여호와를 기만
하며 아래로는 만백성을 기만하는 그
와 같은 행위를 하고 사는 자이기에,
너희들의 그 죄의 가중됨이 얼마나 무
거운가를 알아야 할 것이니라.
20 나 여호와가 존재함을 믿는 그 자체가
너희들이 구원을 받는 길이라 한 것은
천사요, 나의 심성이요, 나의 뜻에 의
하여 나의 계명을 지키고 살아가는 아
름다운 모습으로 변해 가고자 노력하
는 자, 그와 같은 자에게 해당하는 것
이요,
21 사악한 마음을 갖고 살아가는 자요,
이중적인 마음을 가지고 살아가는 자
요, 말로는 세상 것을 다 주나 행위로
써는 단돈 금화 하나도 남에게 베풀지
아니하며 어렵고 힘든 자를 돌아보지
아니하는 그와 같은 자는 내가 존재한
다 아무리 부르짖고 높이 소리쳐도 나
와 관계없는 자이니,
22 이게 공의의 하나님이요, 심판의 기준
이 엄격히 너희들을 심판하는 최종 창
조주의 뜻임을 너희들은 알아 행하도
록 그리하라.

3,736 번째 하나님 말씀

2002년 10월 21일 11시 29분

1 사랑하는 나의 아들아!
2 구약 시대의 역사는 무엇 때문에 이루
어졌던가?
3 내가 나의 피조물 만백성, 선택된 백
성에게, 내가 너희들에게 예비된 땅이
요, 그 나라를 주고자 하여 그와 같은
구약 시대의 역사의 한 단면이 이루어
지지 아니하였던가?
4 바로 예비된 나라를 너희들에게 주고
자 함이었음이니라.
5 그러나 너희들은 우상을 섬기며 또한
너희 자신이 나의 뜻을 거역하며 그와
같은 삶을 살았음이니, 그 모두가 너
희 스스로 다 저버렸으며 너희 스스로
나로부터 받은 모든 은혜를 버린 자들
임을 알라.
6 그리하여 내가 나의 아들 예수를 세상
에 보내어 너희들을 구원하고자 하였
음이니, 이는 또한 무엇이던가?
7 나의 아들 예수가 너희들을 구원하고
자 세상에 나간 그것도 잘못되고 사악
한 자들의 마음을 바로잡아 내가 예비
된 세상이요, 예비된 나라에 너희들이
살아갈 수 있도록, 그 예비된 나라요,
준비된 나라로 너희들을 보내기 위하
여 그 역사가 이루어졌음을 너희들은
알아야 할 것이니라.
8 그러나 너희들이 또한 받을 자격이 없
었으며, 너희 조상들로부터 지금에 내

려오는 만백성이 예비된 나의 나라의
그 뜻을, 내가 만든 그 나라를 받을 자
격이 없었으며 준비된 나라에 갈 수
없는 자들로 변해졌음이니,
9 이것이 너희들이 저지른 죄의 대가임
을 알아야 할 것이니라.
10 그리하여 지금 예비된 나라로 갈 수
있는 자, 예비된 나라의 그 축복을 받
을 수 있는 자들이 하나도 없음이니,
11 바로 그리하여 내가 제3의 시대를 열
어 나의 법전으로써 세상에 내보내 지
금 이루고자 하는 역사가 무엇이던가?
12 내가 천국과 같은 지상에 이루는 낙
원, 이는 곧 예비된 나라이며 미리 준
비된 나라이니라.
13 그 나라에 갈 수 있으며 살 수 있는
자, 그리고 그 나라에 후손들이 지탱
할 수 있는 자, 그와 같은 너희들을 지
금 내가 선별하여 구분하는 역사가 이
루어지고 있음을 너희들은 알아야 할
것이니라.
14 이제 곧 천 년의 역사가 흐른 다음에
내가 예비된 나라를 너희들에게 물려
줌이니, 그곳에서 살 수 있는 백성과
살지 못할 백성을 내가 구분하고 있음
을 너희들은 알아야 할 것이니라.
15 미리 예비된 나라에 살아갈 수 있는
그 백성, 너희들이 예수의 시대요, 구
약의 모세의 시대요, 그 모든 구약과
신약 시대가 무엇을 위해서 존재했는
가?
16 바로 예비된 나라에 너희들이 살아갈
수 있도록 그리 너희들을 내가 넘겨주
고자 하였던 것이 바로 나의 뜻이었으
나,
17 너희 스스로 그를 받을 자격을 잃었으
며 너희 스스로 그를 받기를 거부하였
음이니라.
18 그리하여 지금까지 흘러온 세상이 암
흑의 세상이니, 이제 내가 제3의 시대
에 나의 법전을 내려보내 예비된 나라
에 살 수 있는 백성과 살지 못할 백성
을 지금 구분하고 있음이니,
19 이제는 그 천국의 문을 들어올 자를
내가 구분하고 천국의 문을 닫아 버리
니, 그 누구도 들어올 수 없는 그와 같
은 형국이 됨을 너희들은 알아야 할
것이니라.
20 이제 너의 제자들이요, 나의 법전을
읽고 깨우친 너희들은 예비된 나라의
상속자라는 것을 잊어서는 아니 될 것
이니라.
21 천 년 후에 내가 만든 예비된 세상의
문을 열게 됨이니,
22 그 세상의 후손들이요, 그곳에 선택되
어 사는 백성의 근본이요, 뿌리를 지
금 만들어 가고 있음이니,
23 바로 너희들이야말로 예비된 나라에
살 수 있는 너희들의 후손에게 물려주
기 위하여,
24 너희들이 상속자로서 지금 나의 아들
밑에 와 나의 성서를 배우며 법전을
배우며 내가 너희들에게 깨우치고자
직접 내리는 강론의 뜻을 알게 되며
성서에 기록되어 있는 그 내가 원하
는, 몇천 년 동안 덮였던 진실한 내용
을 너희들이 지금 배우고 공부하고 있
음을 알아야 할 것이니라.
25 지금 너희들은 천 년 후에 새로운 준
비된 나라에 입성할 수 있는 너희 후

손들을 위하여 지금 상속자로서 나의
아들을 따라 공부하고 있음이니,
26 너희들이 얼마나 바로 서고 곧게 서야
되며 너희 스스로 상속자로서 그 자격
을 갖춰야 할 것인가를 알아야 할 것
이니, 이 모든 역사가 이루어지는 근
본의 뿌리가 너희들이니라.
27 내가 구약과 신약 시대에 예비된 세상
에 나의 백성을 살게 하여 그들에게
물려주려 하였으나, 그를 받지 아니하
였으며 받을 자격을 박탈당하였으며
스스로 그들이 사탄의 사악한 삶에 즐
거워 저희들이 그 모든 영광을 버렸음
이니라.
28 내가 그리하여 제3의 시대에 법전을
세상에 내려보내 그들을 선별하며 그
근본의 뿌리인 백성을 지금 구별함이
니,
29 이게 바로 너희들이 상속자로서 나에
게 구분되는 축복과 영광과 은혜를 받
은 자들임을 알라.
30 제3의 시대 또한 무엇인지 알겠느냐?
31 내가 천 년 후에 새로운 하늘에서 이
루어진 것같이 천국이 이 지상에 이루
어지는 새로운 역사의 땅이 이루어지
는 것이 예비된 나라임을 알라.
32 예비된 나라에 이제 들어갈 수 있는
상속자로서 너희들이 선택되었으니,
33 너희들의 후손이 천 년 후에 그곳에
와 천국에 오르는 그 지상의 낙원에서
살 수 있도록 하는 것이 그 뿌리의 근
본이 바로 너희들이니,
34 너희들이 어렵고 힘든 역경을 마다하
지 말며 너희들의 마음을 다 비우라.
35 그리고 세상에 부는 바람처럼 너희들
이 아무것도 손에 남는 것이 없는 그
와 같은 삶을 살아 너희들이 만백성의
근본이요, 뿌리이니,
36 상속자로서 한 점의 부끄러움이 없는
그와 같은 깨달음을 얻도록 그리하라.
37 사랑하는 나의 아들아, 너의 제자들에
게 이 뜻을 간곡히 전하도록 그리하라.

3,737 번째 하나님 말씀

2002년 10월 22일 0시 19분

1 사랑하는 나의 아들아!
2 "네, 아버님! 말씀하옵소서."
3 내가 너희들에게 일깨워 가르쳤음이
니, 스스로 자기 위치가 무엇이며 자
기가 어찌 살아가며 너희 자신이 나에
게 죄를 짓지 아니하며 나에게 부끄럽
지 아니한 삶을 살고 안 사는 것은 너
희 자신만이 알 수 있으며, 너희 자신
보다 더 잘 아는 자 없다 하였음이니
라.
4 이 세상 피조물 만백성 너희들 중에
나에게 부끄럽지 않은 마음을 가지고
사는 자 얼마나 있는가, 너희들이 살
아가는 그 형태요, 너희 자신을 점검
해 봐야 할 것이니라.
5 너희들이 하늘에 오르는 길은 쉬는 시
간이 없으며 중단함이 없으며 꾸준히
전진하며 노력과 고통 속에서 인내하
고 지키고 올 때, 그 길을 정녕 올 수
있음이니라.
6 그러나 너희들이 힘들고 고통스러운
그 길의 깨달음을 오는 것은 하루의
삶에서 잠시도 그를 버려서는 아니 되
는 것이며 오로지 그 길을 위하여 힘

차게 달려오는 것밖에 없음이니,
7 너희들이 정상을 오르기 위하여 얼마
나 많은 고통과 시련 속에서 그 한 계
단을 오르는 것이며, 나에게 너희들이
가까이 오는 것이 얼마나 힘들고 어려
운 것인가를 나 여호와는 알고 있음이
니라.
8 너희들이 깨닫고 스스로 변하여 나에
게 한 계단 한 계단 올라올 때, 그는
쉴 틈이 없으며 쉬어서도 아니 되며,
9 모두를 다하여 너희들이 변하고자 노
력하는 그 속에서 한 계단씩 오를 수
있으나,
10 그렇게 힘들고 어렵게 오른 그 계단이
무너져 내릴 때는 잠시 눈 깜짝할 때
한 가지의 잘못된 생각이요, 일순간의
실수로부터 너희들이 다 무너짐이니,
11 그리하여 힘들고 고통스러우며 아무
나 올 수 없는 길이 하늘에 오르는 길
임을 알아야 할 것이니라.
12 잠시도 쉴 수 없이 어렵고 힘들게 너
희들이 한 계단 한 계단 쌓아 변화되
는 삶을 살아오나,
13 그리하여 너희들이 고통과 시련 속에
서 몇 계단을 올라왔을 때, 무너지는
것은 일순간에 단 한 번의 생각을 잘
못하여 무너지는 것이니,
14 이것이 믿음의 길이요, 너희들이 나에
게 오르는 길이니, 얼마나 힘들고 어
려운 자신과의 싸움인가?
15 그 싸움에서 너희들이 이겨야만 됨을
알라.
16 잠시도 실수해서도 안 되며, 잠시도
너희들이 추한 생각을 해서도 안 되
며, 잠시도 너희들이 부끄러운 행동과
생각을 해서는 아니 되는 것이 나에게
오르는 길이니,
17 그리 힘들고 어렵고 고통스럽게 올라
온 너희들의 그 깨달음이 무너지는 것
은 초를 다투어 일순간에 무너짐이니,
이와 같이 무너지는 것이 너희들의 믿
음이니,
18 이를 억제하며 무너지지 아니하는 것
은 너희들이 피나는 노력의 결과밖에
없음을 알아야 할 것이니라.
19 그리하여 많은 피조물 만백성 너희들
이 오르기는 힘드나 내려가기는 너무
나 무의미하며 빨리 내려가 너희들이
미끄러지며 떨어지기에 이 길을 아무
나 올 수 없으며,
20 그리하여 나로부터 구원받은 자 없다
는 말이 여기에 있음이니라.
21 10년, 20년 너희들이 쌓아 올라온 것
이 하루아침에 1초도 안 되어 그 모두
가 다 무너지는 그와 같은 너희들의
역사의 생활이 이루어지는 것이 지금
까지 나의 피조물 만백성이 겪고 하늘
에 오르는 길을 위하여 몸부림쳤던 너
희들의 삶이니라.
22 이제는 너희들이 스스로 다스려 보며,
너희들이 잘되고 잘못되는 것과 너희
들이 잘 깨우쳐 가며 잘못 깨우치며
너희들이 나에게 거짓 하며 행하지 말
아야 할 행위를 하며 너희들이 선행을
베풀어 사는 그 모두는 너희들보다 너
희 자신을 더 아는 자 없다 말하였음
이니라.
23 그러니 너희들이 계속 전진하는 고통
스러운 길을 하루도 잠시도 멈춰서도
안 되며, 다른 생각을 해서도 아니 되

며 다른 것을 생각해서도 안 되니,
24 오로지 믿음을 향하여 달려오는 너희
들이 변하는 그 모습은 멈춰서는 아니
되느니라.
25 이와 같은 이치를 깨달아 너희들이 그
노력과 고통의 대가를 받을 수 있는
것은 잠시도 쉬지 않고 나를 향하여
달려오는 그 길밖에 없음이니,
26 그와 같이 달려온 자, 너희들에게 영
광이 있음이니라.
27 그렇지 아니하고 잠시 멈추는 자, 낭
떠러지에서 붙잡고 있던 걸 놓아 떨어
지는 그와 같은 형국이니,
28 너희들의 믿음의 추락은 초를 다퉈 추
락함이니라.
29 그리하여 아무도 구원의 길을 온 자가
없다 하였음이니, 너의 제자들과 나의
아들인 네가 살아가는 모습이 그와 같
이 추락하는 일이 없어야 할 것이니
그리 알라.

3,738 번째 하나님 말씀

2002년 10월 22일 0시 36분

1 사랑하는 나의 아들아!
2 내가 성서에 기록하여 너희에게 일찍
이 깨우쳐 가르치기를, 목마른 자에게
물을 주며, 굶주린 자에게 대접하며,
벗은 자에게 입혀 주며, 여행하는 자
반가이 반겨 주며, 병든 자, 감옥에 가
있는 자, 그들을 돌보며 사는 것이 나
에게 오르는 길이며 나의 뜻을 행하여
사는 것이라 내가 너희들에게 말하였
음이니라.
3 그와 같은 작은 것을 너희들이 행동으
로써 하나하나 옮기는 것이 그 모두는
창조주 나 여호와의 뜻이며 나를 대신
하여 너희들이 살아가는 길이라 내가
너희들에게 가르쳤음이니라.
4 그러나 과연 너희들은 지금 어찌 살아
가며, 믿음이라는 그 길을 향하여 달
려가는 너희들 백성과 또 그를 가르치
는 종교 지도자들이 어떠한 행위와 형
태로써 지금에 살아가고 있는가?
5 나의 백성이라는 너희들은 어찌 살아
가는가?
6 너희 손으로 지은 그 성전에 와 기도
하는 너희들은 나로부터 선택된 자이
며 그곳에 오지 않는 자 나로부터 버
림받은 자요, 이방인이라 그리 말을
하며,
7 그들을 너희들이 인간 이하의 취급을
하며 차별하는 것이 적과 대치하는 전
쟁을 준비하는 자들보다도 더한 경쟁
의식을 가지고 살아가는 것이 너희들
이니라.
8 그러나 그와 같은 세월 속에서 나를
위하여 경배하며 하늘에 오르는 길을
가르치고 배운다는 너희들은 성서에
기록되어 있는 그 내용을 수천수만 번
읽고 들은 것이 너희 조상들서부터 너
희들까지 지금 살아온 그 전통의 삶을
살아온 것이니라.
9 그리고 그것을 수없이 들어온 그 후손
이 또한 너희들이며, 앞으로도 너희들
은 그와 같은 이야기를 수없이 들어
가며 성서에 손을 얹고 기도하며 구원
을 받는다 그리 자부하고 살아가는 백
성이 또한 너희 후손일 것이니라.
10 그러나 그와 같은 깨달음을 듣고 그로

부터 배운 자, 너희들이 행하는 것은
과연 어찌 행하는가?
11 너희들은 그리 말하느니라.
12 아무리 그와 같은 것을 행한다 해도
너희들이 지은 성전에 와 기도하며 경
배하지 아니하면 그는 축복받는 백성
이 못 된다 그리 말함이니,
13 나의 선하고 착한 백성이 성서에 기록
된 대로 굶주린 자에게 먹여 주며 헐
벗은 자에게 입혀 주고 그와 같은 행
동을 해도 너희들이 지은 성전에 와
기도하고 경배하지 않은 자는 구원을
받을 수 없다 그리 말하느니라.
14 그렇다면 정녕 너희들은 어찌 행동하
는가?
15 그와 같이 구원을 받을 수 없다 말하
는 너희들이 정녕 그와 같은 행위를
하는가?
16 그리 말하는 자, 너희들은 그와 같은
행위를 하지 아니하며 그와 같은 모범
적인 삶을 살지 아니하는 것이니라.
17 너희들 스스로 실천하지도 아니하며
행하지도 아니하면서 나의 백성이 그
와 같은 일을 행하고자 할 때 너희들
은 그들을 나로부터 구원받을 수 없으
며 나로부터 선택된 백성이 아니라,
18 그리고 아무리 성서에 기록된 그 뜻대
로 산다 하여도 그들은 아무런 은혜와
은총을 받을 수 없는 이방인이라 그리
말하고 있음이니,
19 지금에 잘못 믿음을 가진 자들이 얼마
나 나의 피조물 만백성을 지옥으로 이
끌고 가는가를 너희들은 알아야 할 것
이니라.
20 내가 너희들에게 일찍 깨우쳐 말하였
음이니라.
21 이단인 자가 보기를 천사가 이단이요,
또한 천사가 볼 때 이단이 이단이라
그리 말하였음이니라.
22 악한 자가 천사를 볼 때 천사가 악한
자요, 천사가 보는 악한 자는 악한 자
이니라.
23 지금 바로 믿음을 가고 있는 너희들이
다 이단이요, 사악한 집단으로서 나와
는 관계가 없음이니,
24 나의 성령이요, 나의 뜻을 전하며 만
백성을 구하고자 내가 나의 아들을 통
하여 전하는 성령의 이 책을 너희들은
사탄이 지은 것이며 말세에 거짓 선지
자가 하는 그 역사의 길이니 이를 보
지도 말고 들여다보지도 말며 그의 설
교를 듣지도 말며 그의 강론을 듣지
말라, 그 순간에 지옥으로 가는 길을
간다 그리 가르침이니, 이게 바로 무
엇이더냐?
25 내가 어렵고 힘든 자 도우며 살라 그
리 말하였으나,
26 너희들이 말하는 소위 이방인들이 그
와 같이 성서에 기록된 내 뜻을 행해
도 그들은 구원을 받지 못한다 하는
그와 같은 너희들의 심성과 같음이니,
27 지금의 잘못 가르치는 종교 지도자요,
잘못 배우고 잘못 깨우쳐 가는 백성이
얼마나 사악한 짓을 하고 있는가 너희
스스로 깨우칠 때가 되었음이니라.
28 내가 법전에 기록하여 너희들의 눈을
뜨게 함이니,
29 그러고도 이를 보고 깨우치지 못한다
하면 너희들은 영원히 나와는 먼 길을
가는, 나와는 아무런 관계도 없는 백

성으로 그리 감을 알아야 할 것이니라.

3,739 번째 하나님 말씀

2002년 10월 22일 0시 44분

1 사랑하는 나의 아들아!
2 "네, 아버님! 말씀하옵소서."
3 너희들이 가는 믿음의 길은 어렵고 힘
든 길이 있으며 또한 즐거운 길이 있
으며 너희들이 얻음이 있는 것이니라.
4 그리하여 믿음의 길이란 너희들이 보
물을 얻을 수 있는 것이며, 또한 함정
도 건너고 거쳐야 하는 것이 믿음의
길을 가는 자가 겪어야 하는 길임을
알아야 할 것이니라.
5 너희들이 정녕 하늘에 오르고자 나의
법전이요, 나의 성령의 뜻에서 살아간
다 하여도,
6 너희들의 가는 길에 보물을 얻는 그
역사가 있는가 하면 또한 함정을 지나
가야 되는 그와 같은 역사 속에서 너
희들의 믿음이 성장되어 가는 것이며
너희들이 변해져 감을 알아야 할 것이
니라.
7 내가 너를 통하여 너의 제자들과 만백
성에게 전함이니, 너희들은 나 여호와
를 진정 믿으며 나 여호와가 존재함을
믿을 때 모든 것을 다 이루어 준다는
것을 알고 있음이니라.
8 그러나 너희들은 말로써는 그리하나
정녕 내가 너희들에게 해 줄 수 있는,
그와 같은 은혜를 내릴 수 있는 그 믿
음으로 가고 있는가?
9 너희들은 나로부터 모든 것을 얻을 수
있다 그리 말을 하면서도 너희들이 일
상생활하는 곳에서는 너희 머리로써
각본을 짜며 너희들의 머리의 계획대
로 각본을 짠 대로 너희들이 무엇인가
이루고자, 역사하고자 하는 그와 같은
삶을 살아가기 때문에 나로부터 너희
들이 은혜를 받을 수 없음을 알아야
할 것이니라.
10 믿음이라는 그 길을 향하여 달려가는
너희들에게 내가 일러 말했듯이,
11 너희들은 보물이요, 영광을 얻을 수
있으며, 함정이요, 고통의 길을 넘고
또 넘는 그와 같은 훈련 속에서 깨달
음을 얻게 됨이니,
12 여기에서 너희들이 하나 깨우치고 행
하여야 할 것이 있음이니라.
13 모두는 나 여호와로부터 이루어지며
내가 역사하며,
14 너희들이 믿음을 바로 가며 나를 믿는
마음이 완벽하게 가슴속에 자리 잡았
을 때 너희들은 모든 것을 역사할 수
있고 이룰 수 있다는 것을 믿어야 할
것이니라.
15 그러나 너희들이 믿는 그 마음 자체가
과연 몇십 프로의 마음으로써 나를 믿
고 내가 모두를 역사해 준다 생각하는
가?
16 너희들은 내가 이루어 주며 내가 너희
들에게 모두를 내린다는, 그리고 나를
믿음으로써 모든 것을 이루고 얻을 수
있다는 그 생각 속에 너희 머리로써
생각하며 머리로 각본을 짜며 머리로
써 행하는 것을 먼저 생각하며 그 일
을 버리지 못하기에,
17 너희들이 나의 뜻을 보지 못하며 내가
너희들에게 내림을 받지 못하는 그와

같은 삶을 살아가는 것이 너희들의 지
금의 형국이니,
18 이는 곧 너희들의 믿음의 자세요, 믿
음의 뿌리요, 확고한 믿음이 없기 때
문임을 너희들은 알아야 할 것이니라.
19 금은보화요, 은혜를 입었을 때 너희
마음이 흔들리며, 어렵고 힘든 함정을
지날 때 마음이 흔들리고 변화되는 그
와 같은 믿음이기에 내가 너희들에게
내려 주지 아니함을 너희들은 알아야
할 것이니라.
20 그 모든 역경을 거치며 은혜를 받으며
살아가는 그 속에서 너희들의 마음이
똑같을 때, 그와 같은 마음의 뿌리를
내리고 있을 때, 그것이 나를 믿으며
내가 존재함을 믿음이니,
21 나로부터 모든 게 다 이루어지는 그
역사의 은혜를 받을 수 있는 자는 바
로 흔들리지 않는 마음을 가지고 가는
자임을 너희들은 알아야 할 것이니라.

3,740 번째 하나님 말씀

2002년 10월 22일 0시 49분

1 사랑하는 나의 아들아!
2 "네, 아버님! 말씀하옵소서."
3 너희들이 정녕 나로부터 은혜를 받으
며 내가 내리는 그 역사를 받을 수 있
으며 내가 모두를 너희들에게 내려 주
는 그 영광을 얻을 수 있는 것은,
4 내가 너에게 일찍이 깨우쳐 주었듯이,
너희들이 지금에 살아가는 환경의 그
모두를 초월하고 살아가지 아니하면
아니 됨을 알아야 할 것이니라.
5 너희들이 모든 환경의 그 모두를 초월
하여 나 여호와가 모두를 다 이루어
준다는 그 굳건한 믿음 속에서 살아갈
때 그 은혜를 받을 수 있음이니라.
6 그러나 너희들은 너희 가슴속으로 생
각하며 너희들 가슴속에 생각되어 있
는 그것을 벗어나지 못하기에
7 너희들이 아무리 강하고 진실한 믿음
을 믿고 간다 하여도 너희 마음이 항
상 약해짐이 있으며 너희들의 믿음 자
체가 흔들리며 믿음의 마음이 약해지
기 때문에 너희들이 나로부터 받지 못
하며 그를 얻지 못함을 알아야 할 것
이니라.
8 너희들이 흔들리는 믿음이요, 약한 믿
음이기에 그 기초 위에 내가 무엇도
내려 줄 수 없기에 내가 너희들에게
내려 주는 그 은혜를 받지 못하는 것
이 너희들의 마음이 아니던가?
9 너희들이 어린아이에게 높은 곳에서
뛰어내리라 말할 때 그 아이는 밑에서
부모가 받아 준다는 그 확신이 있을
때 뛰어내릴 수 있는 것이 아니던가?
10 너희들은 그와 같은 믿음의 이치를 모
르며 그를 믿지 못함이니라.
11 너희들이 나를 정녕 그와 같이 믿을
수 있으며 내가 모두를 다 이루어 준
다는 그 마음을 갖고 행할 때 너희들
에게 역사가 있음을 알아야 할 것이니
라.
12 부모가 어린아이에게 높은 곳에서 뛰
어내리라 할 때, 그 부모가 자기를 받
아 준다는 확신을 갖고 그 믿음을 가
졌을 때 그가 뛰어내리듯이,
13 뛰어내리는 아이가 그 부모가 받아 줄
것이라 믿는 마음만큼도 나를 믿고 따

르며 내가 존재함을 믿는 마음이 못한
너희들이 무엇을 얻을 수 있으며 무엇
을 취할 수 있는가?
14 밑에서 받아 준다는 그 부모를 믿고
확신을 갖고 뛰어내리는 아이만큼도
못한 것이 지금 너희들의 믿음이요,
나를 향하여 달려가는 마음 자세이니
라.
15 그와 같은 너희들의 마음으로써는 아
무것도 이룰 수 없음이니라.
16 이제 너희들은 모든 것은 나 여호와가
너희들에게 내려 주는 것이며 너희들
에게 임할 것이며 너희들에게 모든 축
복을 줄 것이라는 확고한 믿음을 갖고
나를 향하여 달려오라.
17 그리하면 너희들이 편안한 삶이요, 편
안한 역사요, 육의 편안한 삶과 그 속
에서 너희 자신을 편안히 다스려 살다
구원의 길에 올 수 있는 그 영광을 같
이 얻음이니 이를 잊지 말도록 깨우쳐
주라.

3,741 번째 하나님 말씀

2002년 10월 22일 0시 56분

1 사랑하는 나의 아들아!
2 "네, 아버님! 말씀하옵소서."
3 너의 제자들과 나의 법전을 읽은 만백
성 너희들은 깨우쳐 알라.
4 나의 아들의 보혈로써 너희들의 죄를
다 사하였다 함은 너희들이 잘못 깨달
음이요, 나의 뜻을 알지 못함이니라.
5 이제는 나의 아들 예수의 보혈로써 너
희들이 다 구원을 받으며 너희 손으로
지은 그 성전에 와 나의 아들 예수를
부르며 나를 찬양하며 경배하는 자,
너희들은 그 모든 죄를 사함을 받았다
그리 말하지 말라.
6 내가 너희들에게 가르치고자 하는 그
뜻은, 나의 아들 예수가 그와 같이 고
통스러운 죽음의 길을 간 것은 만백성
그들이 바로 하늘에 오르는 길을 볼
수 있는 그 가르침을 위하여 언약의
피를 흘렸음을 너희들은 알아야 할 것
이니라.
7 나의 아들 예수가 죽음으로써, 그 보
혈로써 너희들의 죄를 용서해 줌이 아
니요, 나의 아들이 만백성을 구하기
위하여 너희들에게 한 언약의 피요,
맹세의 피임을 너희들은 알아야 할 것
이니라.
8 바로 나의 아들이 죽어 가면서 흘린
그 피의 언약이 무엇인지 너희들은 알
겠는가?
9 이는 나 여호와가 직접 불로 쓴 나의
십계명을 너희들이 지키며 그를 따라
살아가는 그 속에서 하늘에 오를 수
있는 길이며 그리 살라 하는 그 약속
한 언약의 피임을 너희들이 알아야 할
것이니라.
10 나의 아들은 너희들이 나의 십계명대
로 살아 구원을 받으라 그리 언약으로
써 그가 죽어 가 피를 흘렸거늘,
11 그 보혈로써 구원을 받았다 그리 말하
는 자, 이는 정녕 나의 뜻이 아니며,
너희들이 정녕 나의 아들이 고통 속에
죽어 간 그 죽음의 고통을 욕되게 함
임을 알아야 할 것이니라.
12 이는 엄연히 언약의 피요, 너희들을
구원해 주는 피가 아님을 알아야 할

것이니라.
13 그러나 너희들은 나의 아들이 언약으
로써 맹세한 나의 계명을 지키라 한
그것을 버렸으며, 그 언약을 지키지
않은 것이 지금 바로 만백성 너희들이
며,
14 하늘에 오르려 믿음의 길을 달려가는
자, 그리고 그를 위하여 모두를 바치
는 너희들과 그들을 가르쳐 인도하는
종교 지도자 너희들이 똑같은 그 집단
속에서 더불어 어울려 그와 같은 행위
를 하고 있음이니,
15 이는 너희들이 나의 진정한 뜻의 그
기초도 모르고 있는 것이니, 그리하여
너희들이 나와 관계가 없다 하였음이
니라.
16 그리하여 너희들이 언약을 지키지 아
니하였으며, 그 언약의 피로써 나의
아들이 너희들에게 모두를 바쳐 그와
같이 왔거늘, 너희들이 내가 정녕 지
키라 한 그 언약은 지키지 아니하였기
에,
17 내가 지금 제3의 시대에 그 언약을 다
시 명하여 나의 피조물 만백성 중에
이를 지키는 자만을 구원할 것이며 지
키지 아니한 자는 버리는 이와 같은
심판의 시대를 지금 열어 천 년에 걸
쳐 이루고 있음을 너희들이 알아야 할
것이며, 지금의 너희들이 얼마나 무서
운 심판대에 서 있는가를 알라.
18 너희들이 나에게 심판을 받아 구원의
길에 오르고 너희들이 볼 수 있는 그
것은 나의 법전을 읽고 깨우치는 것이
니라.
19 이는 곧 나의 언약이니라.
20 너희들이 십계명을 지키고 살라 나의
아들이 언약으로써 피 흘려 그가 모두
를 너희들과 언약해서 죽음의 길을 선
택했듯이,
21 내가 나의 법전을 세상에 내려보내 너
희들을 구원하는 나의 법전이라는 것
이 곧 이게 나의 언약이니라.
22 나의 언약을 너희들이 지키지 아니한
다면 정녕 구원의 길을 볼 수 없다 함
이 여기에 있음이니라.
23 창조주인 나 여호와가 너희들에게 언
약함이니라.
24 나의 법전을 읽고 지키는 자만이 심판
대에 설 수 있으며, 심판을 받으며 그
곳에서 구원의 길을 받고 못 받는 것
은 나의 주관하에 있다는 것을 너희들
이 알라.
25 이제 내가 너희들에게 언약을 다시 함
이니, 이 언약을 지키는 자만이 구원
을 받을 수 있다는 것을 깊이 깨우쳐
라.
26 나의 성령을 통하여 내리는 것이 내가
'하늘에 오르는 길'이요, '하나님! 말
씀하옵소서'라는 이 새로운 성경책을
글로 써 내려보내는 것은 너희들에게
언약의 증표임을 그리 알라.
27 이게 언약의 증서임을 너희들은 알아
야 할 것이니라.

3,742 번째 하나님 말씀

2002년 10월 22일 01시 02분

1 사랑하는 나의 아들아!
2 "네, 아버님! 말씀하옵소서."
3 이 모두는 다 나의 뜻에 의해 주관되

며, 내가 무한정 너희들에게 내려 주
며 너희들의 뜻을 들어주고자 하나 너
희들이 받을 수 없기에 내가 내려 주
지 못한다 하였음이니라.
4 이 모두는 나 여호와가 존재함을 너희
들이 믿기 전에 너희 머릿속으로 구상
하며 머리로써 생각하여 정녕 그 한계
속에 부닥침이니,
5 너희들의 머릿속에 깨달음이 무엇이
있으며 얻으면 무엇을 얻겠는가?
6 하나의 지푸라기라는 그 실오라기와
같은 것도 벗어나지 못하는 그와 같은
너희들의 머리로써 구상함이니, 높고
높은 하늘의 뜻을 너희들이 알 수 없
음이니라.
7 그리하여 하늘의 뜻을 너희들이 보지
못하기에 너희 종교 지도자요, 또 나
로부터 선택받았다는 그 백성이 저희
들이 왕이 되고자 하며 저희들이 하늘
인 양 그와 같은 행위를 하고 있음이
니라.
8 그리하여 너희들이 하나가 될 수 없는
것이며, 모든 종파가 천 갈래 만 갈래
그와 같이 갈라지는 형국이 되어 있음
을 알아야 할 것이니라.
9 각자가 실오라기요, 지푸라기만도 못
한 머리의 구상으로써 거기에 얽매여
너희들 자신이 벗어나지를 못하기에
높고 높은 하늘의 뜻을 너희들이 알
수 없음이니라.
10 그리하여 너희들이 왕이 되고자 하는
것이 너희들의 지금의 마음 자세이니
라.
11 그러하니 너희들이 하나로 통일할 수
없으며 하나의 깨달음으로써 하늘에
오르는 그 한 길의 참진리를 볼 수 없
음을 알아야 할 것이니라.
12 그리하여 지금 내가 나의 아들을 통하
여 나의 법전을 세상에 내보내 이를
'하늘에 오르는 길'이요, '하나님! 말
씀하옵소서'라는 새로운 성경책으로
만들어 만백성에게 전하니,
13 이게 지금 백사장의 모래알처럼 한 알
한 알이 만백성의 손에 전해지는 그와
같은 역사를 내가 이루고 있음이니,
14 너희들은 때가 되면 모래가 모여서 크
나큰 성과를 이룬다는 것을 알아야 할
것이며,
15 그때를 위하여 너의 제자들이 오늘의
고통과 시련을 인내로써 살아가는 그
와 같은 마음 자세로 살아가야 함을
알아야 할 것이니라.
16 이제 때가 되면 나의 법전 하나하나가
모래알이 모여서 성과를 이루듯이 큰
역사의 틀을 잡아 간다는 것을 너희들
은 알아야 할 것이며,
17 그를 위하여 너희들이 오늘의 고통을
고통으로 생각하지 말며, 나의 법전을
만들어 세상에 전하는 데 모두를 다
바쳐 열과 성의를 다하여야 할 것이니
라.
18 그리했을 때 너희들의 가슴이 열림이
니라.
19 그와 같은 마음으로써 나의 법전을 전
하며 또한 읽고 깨달을 때 너희들 가
슴이 모두 다 열리게 됨이니,
20 나의 성령을 너희들의 가슴에 받을 수
있는 그와 같은 기회가 됨을 알아야
할 것이니라.
21 나 여호와의 뜻을, 나의 성령을 너희

가슴에 받고자 한다면 너희들의 가슴
을 먼저 열어야 한다는 것을 잊지 말
아야 할 것이니라.
22 여기에 나의 뜻이 있음을 너희들은 알
라.
23 가슴속에 나의 성령을 받고자 하거든
정녕 너희들의 가슴부터 먼저 여는 그
와 같은 깨달음을 얻어 행하도록 그리
해야 할 것이니라.

3,743 번째 하나님 말씀

2002년 10월 22일 01시 11분

1 사랑하는 나의 아들아!
2 나의 아들 예수가 너희에게 가르치며
깨우쳐 준 구절을 알고 있는가?
3 새로운 나무에서 새로 여는 열매가 아
니면 그를 거둬들이지 아니한다 나의
아들이 너희들에게 그리 전하였으며,
새로운 나무에서 여는 새로운 열매를
거둬들인다 그와 같이 너희들에게 깨
우쳐 가르쳤음이니, 너희들은 이 뜻을
알고 있는가?
4 새로 변화되어 새로운 나무의 열매를
여는 그 백성이 무엇이던가?
5 너희들이 지금까지 믿음이요, 행했던
그 모두가 나 여호와의 뜻과는 관계없
는 길이기에
6 너희들이 지금의 묵은 믿음을 다 버리
며 새로 법전이요, 새로 십계명의 뜻
에 따라 깨우치는 백성, 새로 태어나
는 그 백성을 구한다는 뜻임을 알아야
할 것이니라.
7 새로 변화되어 계명대로 사는 백성과
그리고 나의 법전대로 깨우쳐 읽고 행
하여 하늘에 오르는 진정한 그 길을
살아가는 자, 그와 같은 자들을 내가
만난다는 것을 나의 아들이 너희들에
게 이미 깨우쳐 전하였음이니,
8 너희들이 이 무서운 의미를 제대로 과
연 알고 가르치며 그리 행하는가?
9 너희들은 이를 알아야 할 것이니라.
10 나 여호와가 정녕 새로운 포도나무에
서 열리는 그 열매만을 거둬들인다 그
리 말하였음이니, 그 뜻이 무엇인지
너희들이 아는가?
11 지금까지 너희들이 헤매며 광란의 믿
음이요, 너희 손으로 지은 그 성전에
모두를 바치는 자 구원을 받으며 하늘
에 추하고 더러운 너희들이 번 그 재
물을 갖다 쌓아 놓는 것이 구원의 길
이라 말함이니,
12 도둑질하여 번 재물이요, 남을 망하게
하여 번 재물이요, 남을 구렁텅이에
밀어 넣고 번 재물이요, 어떠한 재물
이든지 많이 하늘에 쌓으면 구원을 받
는다 그리 말함이니,
13 이게 공의의 나 여호와에게 너희들이
감히 할 수 있는 일이며,
14 나 여호와가 존재하며 나 여호와가 진
짜 공의의 하나님이라 너희들이 말한
다면 그와 같은 질서에 맞지 않는 말
을 할 수 있으며 그와 같은 행위를 하
여 너희들이 거둬들일 수 있는가?
15 그리하여 그와 같이 너희들의 잘못된
그 모두를 다 버려야 하기에 내가 지
금 묵은 나무에서 여는 열매를 거둬들
이지 아니하며 새로운 나무에서 여는
열매를 취한다 하였음이니,
16 이 뜻은 나의 법전이 세상에 내려가

나의 법전을 읽고 깨우쳐 새로 태어나는 백성만이 하늘에 오를 자격이 있으며, 그리하여 너희들이 하늘에 오름이니,

17 나 여호와를 만날 수 있다는 뜻이 여기에 있음을 너희들은 알아야 할 것이니라.

18 과연 지금의 종교 지도자요, 믿음을 지도하는 그들이 어찌 깨우쳐 그를 가르치는가?

19 바로 묵은 나무의 열매를 거둬들이지 아니하며 새로운 나무에서 거둬들인다는 것은,

20 지금까지 너희들이 잘못 왔던 그 모두를 다 접어 두고 뿌리째 뽑아 버리며, 나의 법전을 읽고 깨우쳐 또한 십계명대로 행하는 삶을 살아가고자 하는 새로운 나무에서 여는 그 열매를 거둬들임이니,

21 이 법전을 읽고 깨우친 나의 사랑하는 백성이 나 여호와를 만날 수 있으며 하늘에 올 자격을 얻은 자들이니라.

22 이와 같은 무서운 뜻을 깊이 깨우쳐 너희들이 새로 태동하는 그 역사요, 새로운 나무에 새로 열매를 열어 그를 내가 취하듯이,

23 너희들 스스로 변하는 그 역사만이 나를 만날 수 있으며 나에게 오를 자격이 있음을 알라.

24 이를 명심하여 행하지 아니하고, 진정 너희들이 나의 뜻의 깨달음을, 내가 나의 아들을 통하여 기록하는 이 법전을 읽고도 변화하지 못한다면, 너희들이 정녕 얼마나 고통스러운 삶을 영원히 사는 것인가를 알아야 할 것이니라.

25 너희들이 자식을 기름에 있어서, 자식이 바르게 성장하여 많은 사람에게 덕망을 얻으며 많은 사람에게 칭송을 받는 자식으로 키우고자 얼마나 육의 세상에서 공을 들이며 정성을 들이며 그를 위하여 너희들 삶의 모두를 다 바치는가?

26 그와 같은 것을 생각할 때, 창조주인 너희 아버지라 너희들이 부르는 내가 너희들을 너무나 사랑하고 아끼기에 밤낮을 가리지 아니하며 나의 아들을 통하여 이 깊은 밤 법전을 세상에 내려보내며 이를 책으로 만들어 전해 줌이니,

27 이는 육의 부모가 자식이 잘되기를 바라는 그 마음보다 천배 만배 더 애절한 마음으로써 내가 이 역사를 이룸이니,

28 이와 같은 창조주요, 너희들이 어버이라 부르는 나의 뜻을 깨우쳐 이 법전을 읽고 하늘에 오르는 진정한 길을 바라보도록 그리하라.

29 이것이 창조주 나 여호와가 너희들을 얼마나 사랑하며 아끼고 소중하면 마지막으로 이와 같이 애절한 뜻을 너희들에게 전하겠는가 이를 깨우쳐 행하도록 그리하라.

3,744 번째 하나님 말씀

2002년 10월 22일 01시 20분

1 사랑하는 나의 아들아!

2 너희들의 생명이 과연 어디서 유지되며 어찌 존재하며 살아간다 생각하는가?

3 너희들은 간단히 생각해 볼 수 없는가?
4 너희가 그리도 소중히 생각하는 그 생
명의 연장을 위하여 생태계를 파괴해
가면서 오로지 그 생명의 유지에만 연
연하는 백성이 너희들이 아니던가?
5 그 생명을 위하여 너희들이 모두를 다
바치고 오로지 모든 정성을 다 거기에
쏟음이니, 그 생명이 과연 어디에 달
렸는가?
6 너희들의 코끝에 달렸음을 모르는가?
7 너희들이 몇 분 숨을 들이쉬지 아니하
면 너희들의 그 모두를 거둬들이는,
너희들이 그리도 소중하고 위대하고
그리도 아까운 생명이 코끝에 달린 그
이치 하나를 깨닫는다 하면, 과연 너
희들의 마음가짐을 어찌 가지고 살아
야 되겠는가?
8 몇 분 숨을 쉬지 아니하면 그 모두를
끊어 버리고 버려야 되는 너희들의 생
명이 그 코끝에 달렸으니,
9 거기에 달린 그 생명을 위해 너희들은
과연 어찌 행하여 살아가야 되는가?
10 악함을 행하며 추함을 행하며 살아가
는 것이 너희들이 과연 할 길인가?
11 그렇지 아니하면 너희들이 선과 아름
다움을 베풀며 살아가는 길을 선택해
야 되는가?
12 코끝에 달린 그 생명을 위하여 너희들
이 선택의 여지를 가져야 될 것이니,
13 이 이치 하나를 깨우친다 하여도 너희
들이 그리도 용감히 살아 있으며 세상
것 다 지배하고 얻을 것 같은 그 생명
이 어디에 있는 것인가를 그것 하나를
깨우쳐도 너희 마음의 다스림의 자세
를 바로 할 수 있는 것이 너희들일 것
이니라.
14 너희들은 그와 같은 이치를 깨우치라.
15 너희들이 그리하여 살아가는 그 마음
에 무엇을 위하여 너희들은 살아갈 수
있겠는가?
16 코끝에 달린 그 생명을 위하여 너희들
이 더 높고자, 무엇을 얻고자, 남들보
다 더 높은 줄 알며 높고자 하는 자,
그와 같은 마음을 가지고 있는 자가
정녕 가장 어리석은 자이니,
17 이는 하늘에 오르는 깨달음 그 자체를
알 수도 없으며 볼 수도 없는 자들임
이니라.
18 그저 너희들은 가장 낮은 자로서 가장
겸손한 자로서 그와 같은 마음으로 살
아갈 때 깨달음을 얻을 수 있으며 하
늘의 이치를 볼 수 있으며 하늘에 오
르는 길을 알 수 있음을 알아야 할 것
이니라.
19 사랑하는 나의 아들아!
20 "네, 아버님! 말씀하옵소서."
21 너의 제자들에게 간곡히 나의 뜻을 전
하라.
22 나 여호와는 너희들에게 크고도 큰 것
을 원하는 나 여호와가 아님을 그들의
가슴에 깊이 심어 주도록 하라.
23 나 여호와는 너희들을 자식과 같이 사
랑함이니,
24 너희들이 상대방에게 어려움과 고통
을 주지 아니하며, 남에게 추한 말을
듣지 아니하며, 남에게 욕을 듣지 아
니하며 그와 같은 삶을 살아가는 것이
내가 가장 기쁜 뜻임을 너희들은 알라.
25 남에게 피해를 주지 아니하며, 남에게
슬픔을 주지 아니하며, 남에게 고통을

주지 아니하며 상대방에게 괴로움을
주지 아니하고 살아가는 삶, 그것이
바로 내가 너희들에게 원하는 길이며
너희들이 하늘에 오를 수 있는 길의
이치임을 알라.
26 성서에 기록하여 너희들에게 가르쳐
주지 아니하였던가?
27 목마른 자에게 물 한 그릇을 주는 것
이 나를 대신해서 너희들이 행하는 것
이요, 입을 것 없는 자에게 입혀 주는
것이 나를 대신하여 너희들이 행하는
길이라 하였음이니,
28 가장 작은 것을 행하는 역사 속에 너
희들은 내가 원하는 것이며 나에게 오
를 수 있는 길이 거기에 있음이니라.
29 나 여호와는 너희들에게 아무것도 바
라는 것이 없음이니, 큰 것을 원하는
것도 아니요, 더 큰 재물을 원하는 것
도 아니요, 큰 역사를 너희들이 이루
기를 바라는 것이 아님이니라.
30 작은 사랑, 최소한도 남에게 피해를
주지 아니하고 살아가고자 하는 그 마
음 하나로써 너희들이 나에게 다 보답
할 수 있는 길이거늘,
31 그 마음 하나 다스리지 못하는 것이
너희들이며, 내가 이 세상에 창조한
피조물 만백성의 심성이니라.
32 이를 바로잡아 깨우쳐 주도록 하라,
선지자야!
33 사랑하는 나의 아들아, 그리고 만백성
의 그 험난하고 험난한 길을 이끌어
올 선택된 나의 목자요, 사랑하는 나
의 아들아!
34 네가 나의 이 역사를 이루지 못하면
그 누구도 이룰 수 없음이니라.
35 내가 마지막 제3의 시대를 열어 너희
들을 구원하고자 하였음이니, 바로 너
또한 마지막 나의 아들임을 알라.
36 이 이치를 깨우쳐 네가 만백성에게 이
를 전하며 바로 깨우쳐 전하도록 그리
하라.

3,745 번째 하나님 말씀

2002년 10월 22일 01시 26분

1 사랑하는 나의 아들아!
2 "네, 아버님! 말씀하옵소서."
3 내가 나의 아들 예수를 세상에 내보내
어 너희들을 깨우쳐 가르치고자 그 고
통스러운 시련의 죽음의 길을 선택한
것은 거기에 무엇이 있다 말하였느냐?
4 예수가 너희들에게 지킬 언약이 있었
다 말하였음이니라.
5 또한, 나의 아들 예수가 그와 같이 고
통의 길을 선택한 것은 거기에는 선지
자가 글로써 이 세상에 내려와 그 모
두를 전하니 이 역사를 이루고자 하여
나의 아들이 그와 같은 고통의 길을
간 그 뜻이 있다 내가 성서에 기록하
여 너희들에게 깨우쳐 주었음이니라.
6 내가 너희들에게 일깨워 주기를, 나의
아들 예수가 그와 같이 죽음의 고통을
겪은 것은 선지자가 글로써 나의 성령
을 받아 책으로 만백성에게 전하고자
하는 그를 이루고자 함이요,
7 그 시대를 위하여 그를 증명하기 위하
여 나의 아들이 그와 같이 어렵고 힘
든 고통의 길을 갔음을 너희들은 알아
야 할 것이니라.
8 너희들이 바로 깨우쳐 행하였다면 그

와 같은 역사는 이루어지지 아니하였
을 것이나, 너희들이 세월이 흐르며
변질되고 변질되어 더 사악한 형태로
이루어짐이니,
9 나의 성령을 글로 받아 기록하는 선지
자가 이루는 그 책을 입증하며 그를
근거하며 그 역사가 이루어지기 위하
여 나의 아들 예수가 그 죽음의 길을
선택했다 하여 내가 성서에 기록하여
너희들을 깨우치는 대목이 있음이니,
너희들은 이를 읽고 깨우침을 얻으라.
10 내가 글로 기록하여 너희들을 깨우치
고자 함이니, 그는 곧 나의 선지자가
세상에 내려오는 것을 입증함이요, 나
의 아들이 이 세상에 내려와 나의 성
령을 받아 만백성을 구하는 그와 같은
역사를 이룰 것이라 기록하였으나, 그
와 같은 부분을 너희들이 삭제하였음
이니라.
11 이는 너희들이 성서를 갖고 모두를 이
루려 했으며 이루고자 하는 너희들의
마음이었기 때문이니라.
12 너희들은 성서만을 가지고 이 세상을
통제하며 이 세상에 지상의 낙원을 만
들며 나 여호와의 뜻을 이룰 수 있다
는 그와 같은 생각에서,
13 너희들이 다음 시대에 모든 것을 글로
써 받아 글로써 전하는 자가 올 것이
며 그 글로써 전하는 새로운 역사를
이루기 위한 그를 증거하며 그를 돕기
위하여, 그 역사가 찬란히 빛나기 위
하여 나의 아들 예수가 그와 같은 고
통의 길을 택하는 시련을 겪었다 하는
것을 내가 성서에 기록하였으며,
14 또한 나의 아들이요, 선지자라 선택된
자가 나의 성령을 받아 세상에 글로써
전할 것이라 그리 기록하여 두었으나,
그것을 너희들은 삭제하였음이니,
15 이것이 지금 나의 성서가 변질된 것이
며, 너희들이 인간의 계명을 만들어
나의 피조물 만백성을 천국의 문으로
인도함이 아니요, 지옥의 문으로 인도
하도록 하였으며,
16 그리하여 너희들이 성서의 깊이를 제
대로 깨우치지 못하고 있다 함을 내가
너희들에게 수차 깨우치도록 한 것이
여기에 있음을 알라.

3,746 번째 하나님 말씀

2002년 10월 22일 01시 31분

1 사랑하는 나의 아들아!
2 "네, 아버님! 말씀하옵소서."
3 60평생 너희들의 인간 세속에서 살아
왔으며 또한 그 삶 자체가 고달프고
힘들게 살아온 너를 나의 아들이라 명
하여 나의 법전을 내려 네가 밤과 낮
을 가리지 아니하며 기도와 묵상으로
써 나의 성령을 받아 기록하며 이를
책으로 만들어 만백성 그들을 구하고
자 지금 대역사를 행하고 있는 너를
너의 제자들은 갑론을박함이니라.
4 너를 믿기를 90프로를 믿는 자, 80프
로를 믿는 자, 믿을 수 없다는 자, 의
혹을 갖는 자, 그리고 나의 법전이 과
연 100프로요, 90프로요, 몇십 프로의
하나님의 말씀이며 나머지는 의혹한
다 말하는 자, 두서없이 그와 같이 너
희들이 말하고 있음이니라.
5 사랑하는 나의 아들아, 그들에게 너는

전하라.
6 네가 세월이 지나며 변하는 모습을 과
연 너희들은 볼 수 있을 것이며, 나의
아들의 머리가 하얗게 변했을 때 그가
예수와 같은 길을 갈 수 있다 내가 말
했으며,
7 10년이라는 그 세월 안에 너희들이
정녕 나의 뜻인가 아닌가를 알 수 있
다 그리 내가 너희들에게 가르쳐 주었
거늘, 어찌하여 나의 백성이요, 너의
제자들이 그리도 경망하던가?
8 너희들 말에 우물가에서 숭늉을 찾는
자, 그와 같은 자들의 급함보다도 너
희들이 더함이니,
9 너희들이 지금 어떠한 형국으로써 나
의 아들을 심판하며 나의 아들에게 갑
론을박하며 나의 아들의 가슴에 파장
을 이루는가?
10 너희들은 나의 아들의 깨우침이요, 그
경지를 알지 못함이니라.
11 그와 같은 것을 알지도 못하는 너희들
이 나의 아들에게 지금 그와 같이 너
희들 스스로 점수를 매기며 믿을 수
있다 없다 그와 같이 갑론을박하는 형
국이며,
12 나의 아들에게 예수의 삶과 같이 변하
는 모습으로써만 살아가라 그리 말하
며, 빨리 변하라 그리 말하고 독촉함
이니,
13 그 모두가 나의 성령의 뜻을 받아 법
전을 만드는 나의 아들에게 파장을 이
룸이니, 너희들이 지금 어떠한 행위를
하고 있는가?
14 너희들은 곡식을 심어 그 곡식이 이제
막 열매를 맺기 위하여 그 곡식의 목
이 나오고 있음이니, 그리하여 세월이
흘러 태양의 빛을 받아 그 곡식이 영
글어 너희들의 양식이 되건만,
15 너희들은 영글고자 하여 목을 내미는
그 곡식을 뽑아 버리며 그를 비틀어
뽑아내어 그가 빨리 익기를 바라며 빨
리 영글기를 바람이니,
16 너희들이 빨리 영글며 빨리 익기를 바
란다 하여 그 곡식의 목을 빼놓으니
과연 그 곡식이 익을 수 있겠는가?
17 그는 쭉정이요, 되비로 그저 흘러져
가는 것이거늘, 그를 기다리지 못하고
너희들이 곡식이 나오는 그 목을 지금
잡아 빼는 그와 같은 형국의 어리석음
을 행하고 있음이니라.
18 그와 같은 너의 제자들의 어리석음을
너는 깊이 깨우쳐, 그들이 기다리며
인내하며 스스로 법전을 읽고 정독하
여 깨우쳐 성서에 기록된 그 내용들을
바로 바라봐, 나의 아들에게 와 갑론
을박하는 자들을 깨우치고 가르치는
그와 같은 공부에 전념하도록 그리하
라.
19 이제 성장하여 너희들에게 양식이 되
고자 내밀고 있는 그 곡식의 목을 잡
아 뺀다 하여 그가 빨리 영글어 너희
들의 양식이 되지 아니함이니,
20 이와 같이 어리석고 둔한 행동을 잘
깨우쳐 바로 갈 수 있도록 그리 가르
치라, 선지자야!

3,747 번째 하나님 말씀

2002년 10월 22일 01시 37분

1 사랑하는 나의 아들아!

2 "네, 아버님! 말씀하옵소서."
3 신약 시대에 나의 아들이 그 많은 역
사를 이루었으며 증거하였으며 만백
성을 다스리고자 강론하였으며 병든
자 고쳐 주며 그 기적의 역사를 이루
었음이니라.
4 그가 십자가에 못 박혀 만백성을 구원
하고자 만백성에게 언약을 하며, 오늘
의 제3의 시대에 160권의 법전이, 나
의 아들을 통하여 만백성을 구하는 이
글이 세상에 내려올 것이니 이를 증명
하기 위하여 그가 그와 같은 고통으로
죽어 갈 때, 많은 자들은 그에게 뭐라
말하였느냐?
5 '네가 정녕 하나님의 아들 예수라 한
다면 네가 이 고통에서 벗어나며 이
죽음에서 스스로 네가 구원받아 한번
네가 모두에게 하나님의 아들이라는
것을 증명하라.' 그리 그들은 부르짖
었느니라.
6 나의 아들에게 모두가 그 십자가에서
걸어 내려와 생명을 구하는 그와 같은
역사함을 보여 주어 그가 정녕 나의
아들이라는 것을 증명하라 그리하였
으나, 나는 그를 들어주지 아니하였음
이니라.
7 지금 네가 나의 아들로서 세상에 나가
만백성을 구원하며 병든 자 고치며 앉
은뱅이 일으켜 세우며 죽을 자 살리는
그와 같은 역사를 이룬다 하여도,
8 그들은 너를 핍박하여 결론은 너의 가
슴에 칼을 꽂으며 너를 추격하며 그
상황에서 너보고 살아 정녕 네가 나의
아들인가 증명하라 그리 말할 자들이
니라.
9 그 사악한 미래를 내가 다 알고 있음
이니라.
10 그러니 너는 그들이 와 말하거든 그리
말하라.
11 너는 160권의 법전을 쓰는 것이며, 이
모두가 나 여호와요, 아버지가 계심을
증명하는 것이며,
12 그리하여 후세에 너희들 백성이 나의
법전을 읽고 깨우쳐 천 년 후에 이 지
상에 천사와 같은 자들만 사는 그 역
사를 이룰 것이니,
13 이는 지금의 백성에게 증명함이 아니
요, 지금의 백성이 증명하는 것이 아
니라 너희 후손들이 이를 증명할 것이
며,
14 이를 보고 깨우쳐 생명의 구원을 받는
그 백성이 오늘의 역사함을 알게 될
것이니, 그들에게 내리는 축복이요,
영광이요, 은혜라 하라.
15 너에게 기적의 역사를 보이라 하거든
160권의 나의 법전이 곧 기적의 역사
라 증명할 것이며,
16 너희들의 과거와 현재와 미래의 그 역
사를 증명함이니, 이게 곧 네가 나의
아들임을 증명하는 것이라 그리 그들
에게 명하라.
17 어떠한 역사가 이루어진다 하여도 그
들은 너에게 고통을 주며 그 고통에서
벗어날 수 있는지를 증명하고자 하여
너를 그리 시험할 것이니,
18 지금의 그 믿음의 종파들이 가지고 있
는 심성이며 그들이 행할 잔악한 행위
임을 알라.
19 그때 너는 나의 법전이 기적임을 그리
전하라.

3,748 번째 하나님 말씀

2002년 10월 22일 06시 59분

1 사랑하는 나의 아들아!
2 "네, 아버님! 말씀하옵소서."
3 이제는 너의 제자들에게 이르라.
4 이 세상의 모든 동식물이 살아가는 것
이 다 너희 인간들을 위하여 세상에
존재한다 내가 하였음이니라.
5 그리하여 그를 통제하며 그로부터 얻
어 너희들이 아름답고 천사와 같은 마
음으로 살라 하였으나, 너희들 스스로
인간의 과욕에 의하여 그 모두를 다
버렸으며,
6 그리하여 그곳에서 너희들을 위하여
그들이 가지고 있는 특성을 너희들이
다 느끼지 못하며 지금 이와 같이 살
아가는 형국에 이르렀음이니라.
7 그와 같은 내가 내린 은혜요, 영광 그
자체를 너희들이 모르며, 그곳에서 과
욕이요, 욕심이라는 것을 버리지 못하
여 더 갖고자, 더 이루고자, 더 편하고
자 하는 그와 같은 마음의 그 욕심의
한계가 끝이 없다 보니 오늘에 너희들
이 살아가는 마음이 이와 같이 험악한
세상이 되어 있음이니,
8 서로 사랑하고 아끼는 그와 같은 아름
다운 정을 잊어버리며 인간의 관계를
잊어버리며 인간의 소중함을 모르고
사는 것이 지금의 너희들의 형국이 되
어 있음이니라.
9 이와 같이 너희들이 근본의 마음 자세
로 돌아가지 아니하고는 어떠한 것도
이룰 수 없기에
10 내가 나의 법전을 통하여 너희들을 깨
우쳐 바른 삶으로써 너희들이 진정한
하늘에 오르는 빛을 보도록 하기 위하
여 내가 법전을 세상에 내려보냄이니,
너희들은 이와 같은 나의 뜻을 깨달아
야 할 것이니라.
11 사랑하는 나의 아들아!
12 너의 제자들에게 세상의 넓고 높은 것
을 보라 그리 이르라.
13 높고 넓은 세상의 이치를 모르면 너희
들이 정녕 깨달음을 얻을 수 없는 것
이니라.
14 이 세상 모든 동식물을 너희들이 취할
수 있도록 그들이 가지고 있는 특성
하나하나를 너희들을 위하여 내가 다
내려 주었거늘, 너희들은 어찌하여 그
리 욕심이라는 것을 버리지 못하는가?
15 이제 너의 제자들에게라도 그리 이르
라.
16 아침에 풀잎에 맺혔던 이슬이 흘러 떨
어지는 것만큼도 아닌 그 인생의 삶을
갖고 발버둥치려 하지 말라 하라.
17 아침에 맺힌 이슬은 햇살에 의해 날아
가며 또는 부는 바람에 의해 떨어지게
되어 있는 것이 아니던가?
18 너희들의 운명이 그와 같은 것이며 너
희들의 생명이 그와 같으니,
19 그 짧은 삶을 위하여 너희들의 그 모
두를 다 버리지 못하여 원천적인 아름
다운 마음의 형태로 살아가지 못하며,
20 내가 너희들에게 내려보냈던 성령의
그 처음의 아름다운 마음이요, 내가
너희들에게 아름답고 사랑하며 지키
고 살라 이른 그것마저 다 잊어버리고
역행하는 삶을 살고 있는 것이 지금의
너희들의 삶이니라.

21 너희들의 인생이 아침에 풀잎에 맺혔
던 이슬이 떨어지는 그와 같은 것이거
늘, 거기에서 너희들이 어찌하여 그리
도 욕심을 부리며 무엇을 얻고자 하는
가?
22 그 아름다운 모습으로 그대로 너희들
이 살아가도록 그리하라.
23 풀잎에 맺힌 이슬이 햇빛에 반사되어
아름다운 모습을 보이듯이 너희들이
그와 같이 아름답고 고운 모습으로써
너희 인생을 살아가도록 그리하라.
24 그것이 너희들이 하늘에 오르는 길이
요, 구원을 받는 길이라는 것을 잊지
말도록 그리하라.
25 창조주인 나 여호와가 너희들에게 생
명을 넣어 주며 영혼을 주며 세상의
모든 삶을 다 주거늘,
26 나 여호와는 내리는 하나님이요, 너희
들에게 베푸는 창조주요, 아버지이지,
너희들에게 무엇인가 큰 걸 거둬들이
고 얻고자 하는 것이 아니거늘,
27 너희들은 육의 세상에 사는 그 육의
한계에서 벗어나지 못하며 육에 대한
그 생활에 모든 초점을 맞춰 믿는 자,
믿지 않는 자, 기복신앙의 길을 가는
자, 그 모두가 다 거기서 헤매고 있음
이니라.
28 다음 세상의 높고 넓은 세상을 바라볼
수 있는 눈을 뜰 때, 너희들이 얼마나
소중한가를 알며 너희들의 삶이 어떠
한가를 알게 될 것이니라.
29 다음의 높고 넓은 세상을 모른다면 너
희들은 육의 삶에서 허덕이고 허덕이
는 속에서 벗어나지 못함이니,
30 너희들이 세상 질서를 지키며 인간 너
희들의 법이라는 것을 만들어 놓았으
니, 그가 바로 규율이요, 계명이 아니
던가?
31 그와 같이 너희들이 지금 믿음의 세계
에서도 높고 넓은 나의 뜻이요, 하늘
에서 내린 계명을 따르는 것이 아니라,
32 너희들 인간사에 사는 그 법도에서 계
명을 만들어 너희들의 육에 유리한 쪽
으로, 육에 편한 쪽으로 모두를 다 이
끌어 가고 있음이니, 그것이 더 높고
넓은 세상의 차원을 모르는 것이니라.
33 그리하여 그곳에 얽매여 따라가는 자,
그곳에만 변질된 가르침을 가르치는
종교 지도자, 그러기에 너희들이 나와
는 멀고도 먼 거리로 가고 있으며,
34 천국의 길이 아니라 지옥의 길로 가는
그를 위하여 울부짖고 기도하는 형국
이라 함을 잊어서는 아니 될 것이니라.

3,749 번째 하나님 말씀

2002년 10월 22일 12시 08분

1 사랑하는 나의 아들아!
2 "네, 아버님! 말씀하옵소서."
3 너희들이 살아가면서 흔히 흘러가는
말로 가는 세월은 막지 못하며 그 세
월은 무시하지 못한다 그리 말하느니
라.
4 그리하며 너희들은 인생에 살아가면
서 너희 스스로 먹어 가는 나이는 무
시하지 못하며 그 나이의 한계를 넘어
서 사는 자가 없다 그리 말하느니라.
5 그러나 오늘 내가 너희들에게 이와 같
은 말을 전하는 것은 지금 너희들이
나의 성전에 와 나의 아들을 통하여

내리는 나의 성령의 강론을 들으며 나
의 법전을 따라서 공부하는 것이 너희
들이 오늘에 어떠한 변화를 얻지 못하
며 깨달음을 얻지 못하는 그와 같은
생각을 하고 있으나,
6 이와 같이 나의 성전에 와 나의 법전
을 공부하며 나의 성령을 들으며 나의
가르침을 듣는 너희들은 아이가 자라
나는 것이 보이지 않듯이 그리하여 아
이가 청년이요, 성년이 되듯이, 너희
들의 믿음이요, 깨달음이 그와 같이
높아지며 경지에 오름을 알아야 할 것
이니라.
7 너희도 모르는 사이에 깨달음을 얻어
그 경지에 오름은 무엇이더냐?
8 너희들이 나를 향하여 한 계단 한 계
단 다가옴이니 그보다 더 큰 은혜와
영광과 축복이 없음을 너희들은 알아
야 할 것이니라.
9 지금 나의 성전에 와 나의 아들이 전
하는 강론을 듣는 너희들이 변화가 없
으며 변화됨이 없는 것같이 너희들이
말하나,
10 나의 성전을 떠나며 나의 아들로부터
강론을 듣지 아니하고 너희들이 만백
성 앞에 섰을 때는 얼마나 많은 것을
알고 있는 것이며, 얼마나 많은 것을
깨우쳤는가 너희 스스로 놀랄 때가 있
을 것이니라.
11 그와 같이 너희들이 변함이니 그 변함
은 무엇이더냐?
12 꾸준히 탐구하고 노력하며 흔들리지
않는 마음속에서 믿음을 갈 때 내가
너희들에게 역사한다는 것을 잊지 말
라.
13 오늘에 너희들이 변하지 아니하는 모
습으로써 너희들이 항상 그리 들여다
보나, 너희들이 변하여 나에게 다가오
는 것은 수없이 높이 와 있음이니,
14 이 모두는 너희들의 노력이요, 변하지
않는 마음으로써 너희들이 나로부터
가장 축복을 많이 받고 있으며 이 세
상에 너희보다 더한 자가 없다면 과연
너희들은 믿겠는가?
15 나 여호와가 내리는 이 성령은 나의
뜻이요, 나의 아들은 내가 명한 나의
자식으로서, 모든 만백성을 구하는 목
자로서 세상에 내려갔음을 너희들이
믿음이니,
16 이는 곧 그의 강론을 많이 들으며 내
가 그를 통하여 전하는 내용을 가장
많이 들은 너희들보다 더 소중한 자식
이 없으며,
17 너희보다 세상 이치를 높이 깨우치는
자가 없으니, 지상의 육의 세상에서
온갖 것을 너희들이 다 한다 한들 무
얼 하는가?
18 몇 마리의 생선의 이름을 기억할 것이
며 몇 개의 풀뿌리의 이름을 기억할
것이며 몇 마리의 동물의 이름을 기억
하고 사는 것이 너희들이며 그 한계를
벗어나지 못하고 사는 것이 너희들이
아니던가?
19 그리하여 육의 세상에 사는 것은 너희
들이 그러하니, 천국이요, 하늘의 이
치를 알 수 없음이니라.
20 하늘의 이치를 알 수 있는 것은 너희
들이 하늘에 가까이 와야만 알 수 있
으며 나에게 가까이 올수록 너희들이
하늘의 빛과 하늘의 뜻을 알게 됨이니,

21 이 세상에 나의 성령을 받아 전하는
곳은 이곳이며 나의 아들을 통해서만
세상에 내려감이니,
22 변함없이 나의 성전에 와 가르침을 듣
고 법전을 연구하는 너희들이 나에게
가장 가까이 와 있는 나의 백성임을
너희들은 알 것이며, 그 영광과 축복
이 너희들에게 있음을 알아야 할 것이
니라.
23 내가 사랑하는 너희들에게 오늘 나의
아들을 통하여 전하느니, 너희들은 단
한 가지 지켜야 할 것이 있음을 알라.
24 항상 새로 시작하는 그와 같은 마음으
로써 너희들이 법전을 접하며 생활에
임하도록 그리하라.
25 내가 이 세상에 나의 법전을 내리고
나의 성령을 내릴 때 어떠한 사람을
통했던가?
26 세상사 60이 다 되어 인생의 삶이 엉
클어지고 헝클어진 그 속에서 사는 그
를 내가 명하여 한 사람을 통하여 법
전을 세상에 내려보내어 이 성령의 나
의 뜻이 이 세상을 덮어 가는 역사를
이루었듯이,
27 너희들은 항상 새로 시작하는 마음으
로써 나의 아들 선지자를 받들어 새로
시작하는 마음으로써 이 옮겨 심은 나
무에 버팀목이 되듯이 항상 그 버팀목
이 단단히 버티고 섰을 때 그 나무가
뿌리를 내림이니라.
28 그러한 너희들의 임무요, 너희들이 가
야 할 길임을 잊지 말라.
29 그러하니 너희들이 오늘에 나에게 가
장 가까이 와 있으며 가장 축복된 백
성이라는 것을 잊지 말라.
30 이를 잊어버리면 안 됨이니라.
31 그리하여 너희들은 항상 새로 시작하
는 마음으로써, 수천수만의 나의 법전
이 세상을 덮는다 해도 가장 나에게
높이 와 있는 너희들은 또 한 계단을
더 올라오니 새로움을 얻게 되며 새로
운 깨달음을 얻게 되며, 나로부터 한
발짝 더 다가오니 더 높아져야 됨이니,
32 항상 너희들은 새로 시작하는 긴장된
마음으로써 나의 아들을 따라 내가 이
루는 그 역사에 기틀을 이루는 자이
니, 너희들보다 더 사랑하는 자가 없
음을 알라.

3,750 번째 하나님 말씀

2002년 10월 22일 14시 58분

1 사랑하는 나의 아들아!
2 "네, 아버님! 말씀하옵소서."
3 수천 년 동안 그 믿음의 역사가 흘러
오면서 너희들이 변질되고 퇴색되어
나의 뜻과는 전혀 관계도 없는 그와
같은 믿음의 형국이 이루어졌음이니
라.
4 내가 모세의 시대에 그 모든 기적을
이루어 주며 계명을 내린 것을 너희들
이 그대로 지키고 살았다 하면,
5 천 년의 왕국을 지금 이루려는 그와
같은 똑같은 역사에 하늘에서 이루어
진 것같이 이 지상에 낙원이 이루어져
너희들에게 내가 넘겨주고자 하는 것
이 나의 뜻이라 말하였음이니라.
6 그러나 지금 너희들은 어찌 살아오며
어찌 지켜 오고 있는가?
7 안식일이라는 뜻의 개념 그 하나만을

가지고 내가 너희들에게 오늘 깨우쳐
주고자 하며, 그 하나도 이해를 못 하
고 깨닫지 못하는 나의 백성이요, 지
금 믿음의 길을 가는 너희들이기에,
8 내가 나의 아들을 통하여 새로운 역사
를 열고자 하는, 새 시대를 열고자 하
는 나의 뜻을 이루고자 하니, 이제 나
의 아들 너는 두려워하지 말라.
9 네가 3부의 법전을 다 만들어 내며 너
의 제자들 또한 너를 따르는 자들이
진실되게 깨우친 자가 있음이니,
10 내가 너에게 모든 은혜를 이제 내리고
자 함이며 모든 역사를 이끌어 가고자
하니 그리 알며 두려워하지 말라.
11 너를 찾아오는 자들이 있을 것이며,
능력 있는 자, 일할 수 있는 자가 찾아
올 것이니 그리 알며, 내가 명해 주는
자를 만나며 그리하여 모두를 풀어 나
가도록 하라.
12 내가 한 사람의 의인을 얻는 것으로써
세상과 바꾸지 아니한다 하였으니, 나
의 법전을 공부하고 따르는 너의 제자
들이 또한 이제는 너와 같이 가고자
하는 그와 같은 마음을 가진 자들이
있음이니,
13 그들이 변하는 모습이요, 그들의 마음
자세를 내가 더 이상 고통과 시련을
주지 않으려 함이니, 너는 그와 같은
나의 뜻을 알며 내가 명하는 자와 더
불어 이 역사의 사업의 꽃을 피우도록
그리하라.
14 내가 사람을 보낼 것이니라, 아들아!
15 너희들이 안식일의 이치 하나를 깨닫
도록 그리 전해 주라.
16 너희들이 안식일이라 하여 선한 일을
행하지 아니하며 악한 일을 행하도록
그저 보는 것이 안식일을 지키는 것이
더냐?
17 너희들이 죽어 가는 생명을 살리는 것
이 안식일을 지키는 것이더냐, 그저
죽어 가는 자를 바라보면서 구원하지
아니하는 것이 안식일을 지키는 것이
더냐?
18 너희들은 안식일의 그 뜻을 잘못 가르
치고 있음이니라.
19 너희들이 지금 말하는 그 안식일은 내
가 하늘에서 말하는 안식일이 아니며,
너희들이 육의 세상에 살아가면서 힘
들고 어려우면 쉬기 위해 너희들이 만
든 그 안식일이니,
20 인간 세상에서 며칠 일하고 하루를 쉬
는 것이 너희들이 안식일이라 말하니,
안식일은 맞느니라.
21 너희들이 어렵고 힘든 생활 속에서 하
루를 쉬어 재충전하며 나에게 기도하
고 경배하며 새로운 마음을 다져 하늘
에 오르는 길을 찾고자 하는 것은 너
희들이 지킬 수 있는 길이니라.
22 그러나 나 여호와가 너희들에게 내리
는 그 안식일의 역사는 그런 것이 아
님을 너희들은 알아야 할 것이니라.
23 너희들이 만든 날짜에 며칠 간 일을
하고 쉬는 그와 같은 안식일이 아니요,
24 내가 이 세상을 창조하여 마지막에 안
식일을 이루고자 함이니, 그 안식일은
무엇이던가?
25 안식일이란 천 년에 걸쳐 많은 백성이
천사요, 나와 같은 심성으로 변하여
영원히 너희들이 편하게 살 수 있는
그 천국의 시대를 말하는 것이며,

26 그리하여 안식일의 주인은 곧 너희들인 것이며 안식일을 추구하는 것이 너희들이며 안식일은 너희들을 위하여 만들어진 것이라는 그 뜻을 깨우쳐 줘야 할 것이니라.

27 안식일은 믿음을 위해서 하는 것이 아니요, 너희들이 재물을 거둬들이는 방법으로써 나의 피조물 만백성을 우롱하는 데 그를 이용하기 위해 너희들이 말하는 그와 같은 안식일이 아니니라.

28 내가 너희들에게 말하는 안식일이라는 것은 하늘에서 이루어진 낙원이 하늘과 똑같이 지상에서 이루어져 그 속에서 너희들이 근심 걱정, 서로 시기하고 질투하는 마음 없이 편안하고 행복한 마음으로 살아가는 그와 같은 지상의 낙원을 만드는 것이 안식일을 내가 이루고자 함이며, 그를 안식일이라 함이니라.

29 영원히 너희들이 편안히 쉬며 살아갈 수 있는 그것이 너희들에게 필요한 안식일임을 알아야 할 것이니라.

30 그리하여 그 안식일의 주인은 너희들이며, 안식일은 사랑하는 백성 너희들을 위해서 필요한 것이니,

31 이제 나의 법전을 읽고 깨우쳐 너희들이 변할 수 없는 인간의 한계를 넘으라.

32 성서로써 너희들이 지금까지 깨우쳐 다스려 왔으나, 너희 마음이요, 너희 스스로 자신을 다스릴 수 없는 그와 같은 역사가 흐른 것이 성서이니라.

33 이제 성서로써 너희들 마음을 잡을 수 없으며, 잘못 가르치고 잘못 배워 온 너희들의 변질된 그 믿음 속에서는 악을 제거하고 선한 마음으로써 한 시대를 이루어 가는,

34 천 년 만 년의 역사를 이루는 그와 같은 너희들의 마음을 잡을 수 없으며, 변화시킬 수 없으며, 너희들 가슴속 깊이 숨겨져 있는 사악한 그 마음을 뽑아낼 수 없음이니라.

35 너희들이 지금까지 잘못 깨닫고 잘못 배워 왔으며 너희들만이 특별한 인간이요, 너희들만이 선택된 백성이요, 구원을 받는 백성이라 하여 모든 나의 백성과 차별화하며 울타리를 치며 경계선을 긋고 살아온 너희들이 정녕 이방인이며 사탄이요, 사악한 자들이니라.

36 그리하여 너희들은 지금의 성서를 가지고 그와 같이 사악해졌으니, 그 사악해진 마음을 성서로써 바로잡을 수 없으며 지금의 믿음으로써는 너희들의 마음을 바로잡을 수 없음이니라.

37 그리하여 그를 바로잡기 위하여 나의 법전을 세상에 내렸음이니, 나의 법전을 읽고 깨우치는 자 구원을 받을 것이며, 그렇지 아니한 자 구원을 받을 수 없음이니라.

38 새로운 역사에 너희들이 지울 수 없으며 뽑을 수 없으며 버릴 수 없는 너희들의 사악한 마음을 바로잡는 것은 나의 법전밖에 없음을 내가 너희들에게 전하니,

39 이 뜻을 깊이 깨우쳐 너희들이 행하는 자 구원을 받을 수 있음을 알라.

3,751 번째 하나님 말씀

2002년 10월 22일 15시 04분

1 사랑하는 나의 아들아!
2 "네, 아버님! 말씀하옵소서."
3 너의 제자들과 나의 법전을 읽은 만백
성 너희들은 이제 가슴 깊이 새겨 두
며 그 역사의 변화의 소용돌이 속에서
한 획을 그으며 너희들이 대명을 맡은
직분이 있음을 알아야 할 것이니라.
4 지금 너희들이 이끌고 가는 그 믿음의
집단이요, 종교 집단의 형국으로써는
너희들은 정녕 구원을 받을 수 없으며
그는 나와 관계가 없다는 그와 같은
뜻을 깊이 새겨 알아야 할 것이니라.
5 지금과 같이 흘러온 종교 집단의 형태
요, 너희들의 믿음의 방법으로써는 나
의 피조물 만백성을 정녕 구할 수 없
는 그와 같은 형국에 임하여 있으며,
6 더 이상 이와 같은 시대를 방치해 두
었을 때 너희들은 영원히 돌이킬 수
없으며, 너희들을 구원할 수 있는 하
나의 근거를 만들 수도 없을 만큼 험
악한 형국으로 변화된 것이 지금의 형
국이 되었음이니라.
7 이제 세월이 좀 더 흘러 더 사악한 자
들이 이 지상을 덮었을 때, 여기에 겨
자씨 하나를 심을 만한 틈도 없을 만
큼 그리 무섭게 변해 가는 것이 지금
의 형국인 것이니라.
8 너희들은 사랑과 나눔이 있고 인정 속
에 살았던 그 무너짐이 얼마나 빠르고
무서운 속도로 지금 변질되며 무너져
왔던가?
9 이와 같은 형국으로써 너희들은 정녕
믿음의 길을 갈 수 없다는 것을 알아
야 할 것이니라.
10 그리하여 지금의 너희들의 그 방대한
조직이요, 그 믿음이요, 너희들이 가
지고 있는 종교 집단의 문을 닫아야
할 것이며, 그들이 무너져야 되며,
11 그들을 무너트리지 아니하고는 정녕
나의 성령의 씨를 이 세상에 뿌릴 수
없으며 그 싹이 성장할 수가 없는 것
을 너희들은 알아야 할 것이니라.
12 지금의 종교 집단이 문을 닫지 아니하
며 그들이 흔들려 쓰러지지 아니한다
면, 하얀 눈이 세상을 덮듯이 정녕 만
백성을 구원하는 나의 성령인 나의 법
전이 세상을 덮는 역사가 이루어질 수
없는 형국임을 알아야 할 것이니라.
13 그리하여 너희들이 지금 만들어 전하
는 그 법전이 세상에 전하여져 방대한
조직 속에서 그 일원들이 그를 읽고
깨우쳐 반발하며 거부하는 그와 같은
형태로 이루어져 저희들이 내분의 전
쟁이요, 내분의 싸움이 일어나며,
14 나의 법전을 가지고 저희들끼리 갑론
을박하는 그와 같은 형국에서 저희들
이 문을 닫으며 지금의 성전이라 저희
들이 지은 곳이 무너지는 그와 같은
형국으로써 이 변화의 역사가 이루어
지는 것이 나의 계획임을 너희들은 알
아야 할 것이니라.
15 그들이 스스로 내분에서 전쟁하며 내
분에서 갑론을박하며 치고받는 그와
같은 싸움이 이루어지는 그 속에서 스
스로 문을 닫게 될 것이며, 그러한 방
법으로써 나의 법전의 뿌리가 세상에
내림이니라.

16 평온한 방법으로써, 너희들의 힘으로
써 그들을 무너트리기에는 너희들이
불가항력이니라.
17 그리하여 너희들은 나의 법전을 말없
이 만들어 세상에 만백성의 손에 쥐어
주어 누구나 이를 보고 접할 수 있도
록 그리 나의 법전을 세상에 전해 주
는 것이 너희들의 임무이니라.
18 그를 보고 깨우치는 자, 저희들끼리
내분되어 저희 성전에서 치고받는 전
쟁을 하든, 저희들이 갑론을박을 하든
저희 스스로 그 문을 닫도록 만들어,
19 그와 같은 소용돌이 속에서 그곳을 뛰
쳐나오는 자에게 너희들이 길을 안내
하며 잘 다스리고 깨우쳐 가는 것이
나의 계획임을 알아야 할 것이니라.
20 그리하여 지금의 성전이 문을 닫고 무
너지지 아니한 상태에서는 어떠한 방
법이든 나의 법전을 세상에 전할 수
없으며,
21 나의 뜻을 이룰 수 없을 만큼 너희들
이 거미줄보다 더 얽히고설켜 짜여 있
는 그 조직 속에 밀고 당기는 그와 같
은 형국에서는 아무것도 이룰 수 없는
것이 지금의 사악한 형국이니라.
22 그리하여 이 시대가 좀 더 지난다면
그나마 나의 법전이 세상에 나올 수도
없는 그와 같은 험악한 시대로 변하여
졌을 것이니라.
23 그리하여 지금 내가 나의 아들을 통하
여 160권의 법전을 서둘러 세상에 내
니,
24 이를 접한 백성 너희들은 밤과 낮을
가리지 아니하며 너희들의 모두를 다
바쳐 나의 법전을 만들어 세상에 전하
여 그 단단하고 방대한 조직의 일원인
저희끼리 분쟁이 일어나도록 그와 같
은 역사가 이 세상에 이루어져 그들이
문을 닫을 때,
25 나의 법전이 이 세상을 덮은 후 새로
운 땅 위에 새로운 말씀이요, 새로운
나의 성령이 심어지는 역사가 이루어
질 것이니, 이 뜻을 잘 새겨 너희 것으
로 만들도록 그리하라.

3,752 번째 하나님 말씀

2002년 10월 23일 06시 57분

1 사랑하는 나의 아들아!
2 "네, 아버님! 말씀하옵소서."
3 나의 아들 예수가 세상에 나가 만백성
을 구하고자 나의 성령을 전하였으며,
그리고 너희들을 깨우치고자 동서남
북 너희들이 있는 곳 어디든 가서 강
론이요, 설법을 하여 너희들을 깨우치
고자 그리하였음이니라.
4 그러나 그는 최후에 그와 같이 고통스
러운 방법으로써 죽음을 맞이하고 그
길을 가지 아니하면 아니 되도록 그
시대의 환경과 상황이 그를 몰고 갔음
이니,
5 그가 그 죽음의 길을 면하지 못하며
선택하는, 그 죽음에 의하여 그가 그
길을 받아들여야 하는 그와 같은 상황
을 너희들은 어찌 생각하는가?
6 너희는 그저 그가 십자가에 못 박혀
죽음으로써 모두를 다 택한 것같이,
그리고 만백성의 죄를 구원하며 그들
을 구원하기 위하여 대신 죄를 안고
죽었다 그리 생각하며 말을 하느니라.

7 그 상황이 간단하고 쉬운 것 같으나,
그가 그와 같은 길을 가지 아니하면
아니 되는 그 시대의 상황이 얼마나
무섭고 사악한 현장의 그 시대였는가
를 너희들은 돌이켜 봐야 할 것이니라.
8 너희들이 살아가면서 말하기를, '오죽
하면 죽었겠느냐, 그리고 죽음을 선택
했겠느냐?' 하는 말을 하느니라.
9 너희들이 죽음이라는 것은 마지막이
며, 그 이상 더 버티고 갈 수 없기에
죽음을 선택하는 것이라 그리 말하지
아니하던가?
10 그 시대의 상황이 나의 아들 예수를
얼마나 고통스럽게 핍박했으며 그에
게 고통의 굴레를 씌웠는가 너희들은
생각해 봐야 할 것이니라.
11 그가 죽기 전까지 호의호식하며 편안
한 생활 속에서 살았는가?
12 그를 핍박하는 자가 수없이 많았으며,
그를 죽이고자 하는 그 시대 속에서
과연 그를 따르는 자는 얼마나 있었겠
으며, 그 가르침에 대하여 듣고 뉘우
치는 자는 얼마나 있었겠는가?
13 그는 험난하고 험난한 고통의 세월 속
에서 견디고 인내하였으며, 그리고 그
곳에서 만백성을 깨우치고자 그리하
였음이니라.
14 그리하여 견디고 견디다 못하여 그는
그와 같이 십자가에 못 박혀 가장 고
통스러운 방법으로 죽음의 길을 가지
아니할 수 없도록 그를 몰아갔으며 그
를 죽게 하였음이니,
15 그 시대의 사회가 얼마나 그를 핍박하
고 고통스러운 속에서 몰아붙였는가
너희들은 그것을 생각해야 할 것이며,
16 예수가 그와 같이 긴 세월 동안 그 속
에서 견디고 그 속에서 위험을 알면서
나의 뜻을 전하는 데 잠시도 굽히지
아니한 그와 같은 모습과 상황을 생각
해야 할 것이니라.
17 과연 지금의 너와 너의 제자들이 가는
길이 그와 같이 죽음으로 몰고 가고자
하는 위협이요, 그리고 그 집단들이
요, 그 사회의 사악한 분위기가 그를
몰고 갈 때, 그를 알면서 너희들은 과
연 이 길을 갈 수 있겠는가?
18 지금 많은 세월 동안 믿음이라는 길을
간 자들 중에 나의 법전을 읽고 느끼
고 깨우치는 많은 나의 백성이 있음이
니라.
19 그러나 그들은 그 핍박이 두려우며 그
소용돌이 속에 자기가 말려서는 아니
된다는 그와 같은 생각에 감히 네 앞
에 오지 못하는 자 있으며, 왔다 떠나
는 자 그와 같이 두려움 속에서 더 이
상 견디지 못하는 자 또한 있음이니라.
20 너는 여기서 너의 제자들에게 일깨워
줘야 할 것이니라.
21 예수가 단순히 하루아침에 그들에게
잡혀 십자가에 못 박혀 그리 죽은 것
이 아니요, 그를 그리 몰아갈 수 있도
록 그 사회의 모든 집단이 그를 핍박
하였으며 그에게 고통을 주는 그 사회
의 환경을 생각해 봐야 할 것이니라.
22 어떠한 위협과 어떠한 공갈 협박 속에
서도 그는 그에 굽히지 않으며 내 뜻
을 따라 나의 뜻을 전하고자 했으며,
그는 내가 존재함을 알고 있었으며 내
가 역사하는 것을 알았기에 그에 굽히
지 않고 그 길을 간 것을,

23 과연 지금의 시대 사람들이 너를 죽이고자 하며 너를 핍박하며 너에게 으름장을 놓고 위협할 때, 네 마음이 흔들리지 아니하고 그 길을 갈 수 있겠는가?
24 너는 감을 내가 아느니라.
25 그것이 네가 나의 아들이며 나의 목자로서 세상에 나갔음이니 그러하니라.
26 과연 너의 제자들은 그와 같은 핍박과 두려움 속에서 그 자리를 지킬 수 있는 자 몇 명이나 있겠는가?
27 그와 같은 자의 선별의 시대가 지금 오고 있음을 알아야 할 것이니라.
28 그와 같은 핍박과 두려움이 없는 상태에서 지금 너희들은 나의 뜻을 전하며 또 책으로 나의 법전을 만들어 세상에 전함이니, 너희들은 그와 같은 이치를 알아야 할 것이며,
29 오늘에 너희들이 가는 길이 힘들고 어렵다 불평불만 하지 말며, 너희 자신이 오늘의 그 고통 속에서 견디지 못하여 쓰러진다 생각하지 말라.
30 너희들은 예수의 시대에 그 모든 핍박과 그 백성이 얼마나 그를 그리 몰아갔으며 위협을 하며 몰고 갔는가?
31 그리하여 그가 그 길밖에 선택할 수 없도록 그들은 모든 계략과 모든 방법을 다 동원하여 그와 같은 사회적인 분위기를 만들어 역사했으니,
32 그때까지 그 마음의 고통이 어떠하였으며, 나의 뜻을 굽히지 않고 전하는 그가 어떠한 심정으로 그리 갔는가 나의 아들 너는 그를 알아야 할 것이며,
33 만백성과 너의 제자들은 그와 같은 분위기 속에서 굽히지 않고 예수를 따랐던 그와 같은 백성의 마음 자세로 가야 할 것이며,
34 정녕 예수를 판 자, 예수를 배신한 자, 돌을 던진 자와 같은 마음 자세로 너희들이 돌변하지 않는 깨달음을 얻어야 할 것이니 그리 알라.

3,753 번째 하나님 말씀

2002년 10월 23일 09시 48분

1 사랑하는 나의 아들아!
2 "네, 아버님! 말씀하옵소서."
3 성서에 기록된 것에서 너희들이 모든 가르침을 얻고자 하나, 그 모든 성서는 다 비유요, 예를 들어 깨우쳐 줌이니,
4 나의 아들 예수요, 천사와 같은 마음을 갖지 않은 지도자는 그 뜻을 알 수 없으며 그 내용을 알 수가 없음이니라.
5 오로지 그와 같이 너희들이 정녕 지도자로서 설 수 있다 하면,
6 종이에 써 있는 그 성서의 내용이요, 글을 읽는 것으로써 만백성을 깨우치고 지도하고 인도한다 생각하면, 너희들은 정녕 나로부터 선택된 자가 아니며 마음 자세가 천사와 같이 다스려지지 아니한 자임을 알라.
7 내가 나의 법전을 몇 번 정독하고 읽는 자, 성서에 기록되어 있는 그 뜻을 알며 그 비유의 뜻을 알도록 깨우쳐 준다는 것은 바로 무엇이던가?
8 나의 법전을 읽을 때마다 너희들의 마음이 변화되며 마음이 정화됨이니라.
9 너희들이 물을 정화하여 먹듯이 한 단계 한 단계 거침으로 그 물이 인간이

먹을 수 있는 깨끗하고 고운 물로 변
화되듯이,
10 나의 법전을 한 번 읽을 때마다 한 계
단씩 정화되며 그와 같이 인간의 마음
이 변화됨이니라.
11 그리하여 정화되어 인간 너희들이 마
음 놓고 먹을 수 있는 물처럼 변해졌
을 때 이것이 곧 정화의 과정이요, 변
화의 과정이니,
12 너희들이 세 번, 네 번, 다섯 번 읽을
때마다 그 정화되는 마음을 너희들은
모르나 스스로 너희들이 변해져 있음
이니라.
13 그리 정화되어 깨끗한 마음이 되어 나
의 법전의 나의 성령을 들여다볼 때,
그 법전에서 내가 원하는 것과 또 성
경에서 내가 비유하여 깨우치고 가르
치고자 하는 것을 알게 되어 있음이니
라.
14 이것을 너희들이 모르고 있음이니, 정
녕 그를 알지 못하는 자는 나의 법전
을 읽어 마음이 정화된 백성과 같이
너희들의 종교 지도자가 정화되지 아
니하여 변화되지 아니하였기에 성서
에 기록되어 있는 그 참진리의 뜻이
요, 의미를 모르고 있음이니라.
15 그러하니 너희들이 너희 자신도 모르
면서 나의 백성을 어찌 가르쳐 하늘에
오른다 하는가?
16 하늘에 오르는 길은 복잡하고 어렵고
힘든 그와 같은 것이 아니니라.
17 너희들처럼 주일이라 하여 정해 놓고
너희들이 정해진 시간에 와서 재물이
요, 금화와 은화요, 시간 모두를 다 갖
다 바쳐 가면서 그리 힘들고 어렵게
믿음의 길을 가는 것이 아님이니라.
18 너희들이 믿음의 길이요, 하늘에 오르
는 것은 간단한 이치라 내가 말하지
아니하였던가?
19 너희들이 미워했던 자를 사랑하는 마
음으로, 미워했던 자, 원수처럼 생각
했던 자를 사랑하는 눈으로 볼 수 있
고 그 마음을 이해할 수 있고 그를 용
서할 수 있는 마음으로 변하는 것,
20 그것이 바로 하늘에 오르는 길이요,
나의 백성으로 선택되는 것이니, 그가
바로 축복된 자임을 너희들은 알아야
할 것이니라.
21 남을 의심하던 자가 의심하지 아니하
며, 없는 자를 무시하고 저주했던 마
음이 어렵고 힘든 자를 사랑하는 마음
으로 볼 수 있는 그와 같은 너희들의
마음의 변화, 이것이 곧 하늘에 오르
는 길이며 나에게 가까이 오는 길임을
너희들은 알아야 할 것이니라.
22 너희들이 정녕 미워하고 도대체 용서
할 수 없는 사람, 그리고 이해할 수 없
는 사람을 그의 입장에서 이해하는 마
음으로 변하고 용서할 수 있는 마음으
로 변하는 것이 바로 나에게 한 발짝
씩 너희들이 다가옴이니,
23 이것이 하늘에 오르는 진리요, 깨우침
이요, 너희들이 구원을 받는 기초가
여기에 있음을 알아야 할 것이니라.
24 형식적인 행사요, 웅장한 행사요, 그
리고 너희들이 평생 재물을 갖다 바치
며 고통스러운 세월을 가는 그 속에서
너희들의 믿음이 있는 것이 아님이니
라.
25 너희들이 하늘에 오를 수 있는 것은

개미가 무거운 짐을 물고 끌고 갈 때,
너희들이 그를 조용히 들어서 그 굴
앞에 옮겨 주는 그와 같은 마음가짐이
바로 천사의 마음이요, 나의 심성이
요, 하늘에 오르는 깨달음의 길임을
너희들은 어찌 그리 모르는가?
26 인간사에 살아가면서 어려운 자에게
너희들이 동전 한 닢을 주고 가는 그
편안한 마음, 그것이 자신이 행복을
얻으며 자신이 기쁨을 얻으며 또한 나
에게 기쁨을 주나니,
27 그와 같이 줄 수 있는 마음이 하늘에
오르는 이치요, 하늘에 오르는 길이
요, 그게 천사의 마음이요, 나 여호와
의 마음임을 너희들은 알아야 할 것이
니라.
28 너희들의 주변에 모두 살아가는 속에
서 용서하며 이해하며 사랑하는 마음
으로 사랑하는 눈길로 볼 수 있는, 그
와 같이 마음이 변화되는 것이 정화된
마음이니,
29 곧 만백성이 먹을 수 있는 생수가 되
듯이 그가 천사의 마음이요, 나의 심
성임을 너희들은 알라.
30 지금 너희들은 너무 잘못 가고 있음이
니라.
31 너희 손으로 지은 그 방대한 성전이라
는 곳에 가 기도하고 경배하며 그와
같이 아름답고 호화찬란하게 짓는 것
만이 내가 너희들을 사랑하고 아낀다
어찌 그리 우매한 생각을 하는가?
32 그와 같은 자 나와 관계가 없음이니라.
33 그와 같은 너희들의 능력을 가지고 어
려운 백성을 도와주며 이웃을 도와주
며, 그리고 남들이 할 수 없는 사랑을
베풀며 살아가는 그것이 하늘에 오르
는 길이거늘,
34 너희들은 정녕 나와는 반대의 길을 가
며 내가 원하지 않는 그 길 속에서 나
의 피조물 만백성을 고통스럽게 시험
으로 끌고 가느니라.
35 그리고 그들이 너희들에게 협조하지
아니하며 너희 뜻에 따르지 아니하며
재물을 바치지 아니할 때, 그는 시험
을 당한 자며 사탄에게 넘어간 자라
그리 말하느니라.
36 그리하여 그가 지나가다가 돌에 걸려
넘어져도 그는 너희들에게 세금보다
도 더 무서운 십일조를 바치지 않았으
며 헌금을 바치지 아니하여 그와 같은
일이 일어났다 말함이니,
37 이 세상에 사업을 하다 망하는 자, 기
업을 하다 망하는 자, 그리고 넘어져
코가 깨지는 자, 기계를 몰고 가다 사
고 나는 자, 수많은 사람들이 있음이
니,
38 너희들은 거기에 열심히 믿고 믿음의
길을 가는 자들은 한 사람도 그런 일
이 없으며 그런 불행을 당할 리 없다
생각하는가?
39 너희들 속에 그와 같은 길을 가는 자
가 더 많음이니라.
40 이는 곧 너희들이 그와 같은 이치 하
나를 깨닫지도 못하며 눈으로 보는 것
으로 뒤집어씌우며 눈으로 보는 것으
로써 그렇게 너희들을 이끌어 감이니,
그걸 맞다 생각하는 것이 또한 지금의
너희 백성임을 알아야 할 것이니라.
41 너희들이 하늘에 오르는 길은 가장 작
은 것임을 알라.

42 목마른 자에게 냉수 한 그릇 떠 줄 수
있는 그 마음이 나의 마음이요, 천사
의 마음이요, 하늘에 오르는 길의 이
치가 여기에 있음을 알라.
43 오죽하면 내가 개미가 먹이를 물고 힘
들게 끌어갈 때 그를 그 굴 앞까지 조
용히 가볍게 들어다 주는 그것이 하늘
에 오르는 아름다운 심성이요, 나의
마음이라 그리 비유하여 너희들에게
깨우쳐 주겠는가?
44 나 여호와의 이 뜻을 알라.
45 마음을 먼저 비우며 세상을 아름답게
보는 그 훈련부터 너희들이 임하도록
그리하라.

3,754 번째 하나님 말씀

2002년 10월 23일 09시 57분

1 사랑하는 나의 아들아!
2 "네, 아버님! 말씀하옵소서."
3 내가 너희들에게 깨우쳐 주었음이니
라.
4 모든 것을 계산할 때 너희에게 불리한
쪽으로 계산을 두며, 모든 것을 행함
에 있어서 너희에게 불리한 쪽이요,
상대방에게 유리한 쪽으로 계산하고
생각하고 살아가는 것이 하늘에 오르
는 근본이요, 기초라 내가 너희들에게
깨우쳐 주었음이니라.
5 그리하여 성서에 기록되어 있는 그 모
든 내용을 너희에게 유리한 쪽으로 생
각한다면 성서의 그 참뜻을 알 수 없
으니,
6 너희에게 가장 불리하고 너희들이 손
해 보는 쪽으로 성서를 들여다보았을
때 너희들이 무엇인가를 깨달을 수 있
다 내가 말하지 아니하였던가?
7 나의 아들 예수가 말하였음이니라.
8 그가 오늘의 죽음이 너희들에게는 슬
픔이 될지 모르나, 예수가 죽어 하늘
에 오른 후에야 보혜사가 올 것이며,
9 그 예수가 살아 전하고자 했던 그를
입증하며, 예수의 뜻을 가지고 만백성
을 구하기 위하여 그가 또한 세상에
온다 말하였음이니,
10 너희들은 한 자도 빼거나 더해서도 안
된다는 성서에 기록된 그 내용을 어찌
하는가?
11 그는 누구더냐?
12 인간으로서 옴이니라.
13 인간으로서 예수가 행했던 그 뜻을 입
증하며 그 역사를 이루기 위하여 세상
에 그가 올 것이라 그리 말하였음이니
라.
14 그리하여 그는 제 뜻대로 말하지 아니
하며 오로지 창조주 여호와의 말씀을
들어 내가 내리는 것만 받아 하며, 제
뜻대로 행하지 아니하며 나 여호와 창
조주의 뜻대로 행하는 자가 올 것이라
그리 기록되어 있음이니,
15 너희들은 그 대목을 어찌 이해하며 어
찌 가르치고 어찌 해명하는가?
16 너희들이 정녕 진실한 믿음이요, 너희
에게 불리한 쪽이요, 너희들의 이해관
계를 따지지 아니하고 그 성서의 대목
을 분석한다면 지금 너희들이 배우고
있는 구약과 신약 시대가 아니요,
17 새로운 시대요, 새로운 말씀이요, 새
로운 역사가 세상에 내려온다는 것을
너희들은 그리 해석하면 간단한 정답

을 찾게 되어 있음이니라.
18 그러나 너희들은 너희들을 지키기 위
하여, 너희들의 권위를 위하여 오늘의
너희들의 그 모든 가르침이 잘못된 허
실이 드러남이요, 백성이 너희 손으로
지은 그 성전에서 등 돌리고 떠나는
것이 두려우며,
19 그들이 새로 오는 말씀이요, 새 역사
를 위하여 그 길을 찾고자 갈까 봐 너
희들은 감히 두려워 그것을 교묘하게
변명하여, 새로운 말씀이요, 성령이
오는 것이 아니며 너희 가슴속에 그저
성령이 심어지는 것이라 하며,
20 '그가 온다.' 말하는 것은 성령이 내려
와 너희들 가슴에 심어 주는 것이라
그리 구차한 변명으로써 나의 피조물
만백성을 가르침이니,
21 그것이 과연 너희들이 성서를 가장 불
리한 쪽으로 해석하는 것인가?
22 너희들이 어떠한 쪽으로 해석하는 것
인가?
23 너희들은 성서를 너희들에게 가장 좋
은 쪽으로, 이용하기 좋은 쪽으로, 활
용하기 좋은 쪽으로, 너희들이 금화와
은화를 거둬들이는 데 유리한 쪽으로
모두를 해명하며 해석하고 그리 가르
침이 아니던가?
24 너희들이 정녕 성서를 너희에게 불리
한 쪽으로 가르친다 하면, 이제는 구
약과 신약의 가르침의 시대가 아니요,
새로운 말씀을 받아 새로 역사하는 사
람이 올 것이니,
25 그가 왔을 때 너희들은 그 새 말씀을
들어 새로운 시대의 역사를 이루는 그
곳에 갈 수 있는 그와 같은 자들이 될
것이며, 언젠가 올 것이라 그리 가르
쳐야 할 것이니라.
26 그리하면 너희들이 지금 나의 법전이
160권으로써 세상에 나온다 함이니,
이미 열여섯 권의 법전이 세상에 나와
만백성을 가르치는 기초가 성립되었
음이니,
27 이를 보고 새로운 말씀이요, 이는 창
조주가 원하는 창조주의 뜻이라 하여
그들이 이를 바라보고 깨우치도록 해
야 할 것이니라.
28 만에 하나 너희들이 정녕 그렇지 않다
하더라도, 새로운 말씀이요, 새로운
역사라 하여 하나님의 뜻에 의하여
'하늘에 오르는 길'이요, '하나님 말씀'
이라는 이 법전의 책이 세상에 나왔으
니,
29 이를 읽어 보고 깨우쳐 새로운 시대에
듣는 것만을 말하며 듣는 것만을 기록
하며 제 의지로 말하지 않는다는 그가
온 것인지 너희들이 읽고 깨우쳐 깨달
음을 얻으라 그리 가르쳐야 할 것이니
라.
30 그러나 너희들의 종교 집단이요, 가르
치는 지도자는 그 궁궐보다도 더 호화
롭게 만들어 놓은 성전에서 나의 법전
이라는 이 책을 들고, '이 파란 표지
요, '하늘에 오르는 길'이요, '하나님
말씀'이라는 것은 사탄이요, 사악한
자가 쓴 것이니 이를 보지 말라.' 그리
말함이니,
31 그 속에 나의 성령이요, 내 뜻을 기록
하여 그들을 깨우치고자 구구절절이
내려보낸 하늘의 천기의 그 뜻을 그들
이 하나도 보지 못하며 읽지도 못하게

그리 가르치니,
32 너희들이 과연 그것이 당당한 모습인
가?
33 너희 스스로 불리한 쪽으로 해석하며
남에게 유리한 쪽으로 남을 위해 생각
하고 해석하고 행동하는 그와 같은 근
본을 보이지도 못하는 것이 너희들이
니라.
34 이와 같은 이치를 너희들이 스스로 깨
우쳐, 이제 너희들이 가르치는 그 성
전에서 기도하는 것만이 구원의 길이
아니라, 너희들이 세상의 모든 것은
나 여호와 창조주가 필요하여 만들어
놓은 것이니,
35 모든 것을 너희 것으로 읽고 듣고 또
보고 깨우쳐 진정한 하늘에 오르는 참
진리가 무엇인가 그 길을 스스로 찾도
록 하라 그리 그들에게 마음을 열어
주는 것이 자신 있는 종교 지도자요,
나로부터 선택받은 종교 지도자가 할
수 있는 행동이니라.
36 그렇지 아니하는 자, 다 이단에 빠져
있는 자며 나와 관계없으니, 그가 바
로 사탄이요, 사악한 자의 후예로서,
너희들이 사탄을 존경하며 사탄을 위
하여 일어나는 자임을 알라.

3,755 번째 하나님 말씀

2002년 10월 23일 10시 04분

1 사랑하는 나의 아들아!
2 "네, 아버님! 말씀하옵소서."
3 지금 나의 아들이 그 제자들을 가르치
며 나의 법전을 읽고 깨달은 백성에게
가르치는 그것이 어찌 가르치던가?
4 나의 아들이 그들에게 이리 말하였느
니라.
5 너희들이 오늘에 깨달음이 높아 오늘
제자로서 이 자리에 있으나, 너희들이
만백성을 깨우쳐 인도하여 공을 세웠
다 하여 어떠한 거점에서 하늘에 오르
는 길을 인도할 때,
6 너희들이 깨우쳐 가르쳤으며 인도한
그 제자들은 하늘나라에 올라갈 수 있
으며 영혼을 구원받을 수 있으나,
7 오늘에 지도자라 하는 너희들은 그 길
을 못 갈 수도 있으며 못 올라갈 수도
있다 나의 아들이 그리 가르침이니라.
8 그리하여 그들에게 항상 긴장된 마음
으로써 믿음을 항상 한 길을 가라 하
며, 꾸준히 변하지 않는 마음으로 갔
을 때 너희들이 깨우친 그 제자들을
인솔하여 하늘에 올라갔다가 다시 내
려오는 그런 일이 없을 것이라는 그
무서운 가르침을 주었느니라.
9 그러나 지금의 종교 지도자 너희들은
뭐라 말하겠는가?
10 지금 너희들의 성전에 오는 자들이 정
녕 바로 가지 못할 때, 그리고 지도자
라 하는 자가 바로 서지 못할 때, 그들
은 정녕 구원받을 수 없다 그와 같이
가르치는가?
11 너희들 성전에 온 자, 하루가 되었든,
열흘이 되었든 그저 재물을 잘 바치는
자, 그들에게 너희들은 무조건 구원을
받았으며 '예수의 보혈로써 여러분은
천국에 가는 표를 따 놓았다.' 그리 가
르칠 것이니라.
12 감히 그들에게 너희들이 아무리 믿음
을 충실히 가고 재물을 많이 바치고

헌금을 잘 내도 한 번 잘못했을 때 구
원을 받을 수 없는 그와 같은 것이 너
희들의 운명이라 그리 가르치는가?
13 지금 나의 아들은 그 제자들에게 그
무서움을 가르치느니라.
14 그리하여 시소와 같이 올라갔다 내려
갔다 하는 그런 변화되는 믿음을 갖는
자는 구원을 받지 못한다 그리 가르치
며,
15 오로지 하나님을 경배하는 마음이 변
하지 아니해야 할 것이며, 마음속에
하나님 나 여호와가 너희들과 같이하
고 있다는 그 마음 자세로써 살아가는
것이 하늘에 오르는 길이니,
16 그리 항상 그 마음을 지우지 말며 살
라,
17 그리고 너희들과 같이하고 있으니 너
희들이 헛된 짓, 실수하는 짓, 남을 비
방하는 짓을 하지 말고 살라 그리 가
르침이니라.
18 그러나 너희들은 너희 성전에 온 자에
게 그저 무조건 구원을 받을 수 있으
며 구원을 받았음이라 먼저 그리 그들
을 부추기고 그들에게 그와 같은 거짓
선전으로써 그 마음을 붙들어 놓고 가
고자 하는 것이 아니던가?
19 추하게 번 돈, 도적질해서 번 돈, 남을
괴롭혀서 번 돈을 가지고 헌금이요,
십일조요, 그리고 감사 헌금을 내지
말라 너희들은 그리 가르치는가?
20 그리 가르쳐야 할 것이니라.
21 나 여호와에게 감사하다 바치는 그 감
사 헌금이 너희들이 도적질하여, 강도
질하여, 추한 짓을 하여, 남의 눈물을
짜서 번 금화와 은화를 바친다면,
22 그것은 감사 헌금이 아니라 나를 욕되
게 하며 나를 모욕함이니라.
23 그러니 그러한 자 성전에 와 헌금을
바치지 말라 너희들은 그리 가르치는
가?
24 그리고 너희들은 그리 그들에게 시행
을 하는가?
25 너희들은 너희 손으로 지은 그 성전에
이미 노예가 되었기에 어떠한 것이든
지 물불을 가리지 아니하고 많이만 갖
다 바치면 구원을 받는다 할 것이니라.
26 도적질하고 강도질한 자, 그 돈을 많
이 바치면 강도질하고 도적질한 자의
그 죄를 다 용서해 준다 할 것이니라.
27 너희들이 남의 부녀자를 겁탈한 자가
돈을 갖다 바치면 그 죄도 다 용서받
음이니 재물을 바치는 것으로써 용서
받았다 그리할 것이니라.
28 그러나 나의 아들은 그를 용서받을 수
없으며, 그는 용서될 수 없으며,
29 그 추한 재물을 나의 성전에 가지고
오지 말라 하며,
30 나의 법전 한 권이라도 그와 같은 돈
으로 구매하여 만백성에게 전하는 추
한 짓을 하지 말라 그리 가르치며,
31 그러한 자 성전에 나오지 못하게 하
며, 재물로써 용서를 받을 수 없다 그
리 가르침이니,
32 그리하여 그와 같은 재물은 더럽고 추
한 것이니 이 세상을 오염시키다 하늘
나라까지 오염시키는 그와 같은 행위
를 용서할 수 없다 하여, 그와 같은 재
물로 성전에 오지 못하게 하며,
33 그 재물의 힘으로써 그들이 저 자신이
지도자요, 능력 있는 자라는 그와 같

은 행위를 감히 나의 성전 앞에서 하
지 못하게 함이니,
34 이것이 너희들과 나의 아들의 가르침
의 차이점이니,
35 어떤 것이 진정한 믿음의 길인가, 그
리고 진정한 나의 뜻에 의하여 가르치
는 자인가 너희들은 깨우칠 때가 되었
음을 알라.

3,756 번째 하나님 말씀

2002년 10월 23일 11시 58분

1 사랑하는 나의 아들아!
2 "네, 아버님! 말씀하옵소서."
3 내가 너희들에게 전하여 이르기를, 한
권의 법전이라는 이 책이 세상에 나갈
때 이는 한 종교 지도자가 세상에 나
감이니,
4 너희들은 똑같이 수년 동안 공부하며
가르치며 깨우쳐 종교 지도자 한 사람
을 세상에 내보내는 것이 아니요, 수
많은 자를 종교 지도자라 하여 그들을
훈련시키며 교육시켜 세상에 내보냄
이니라.
5 그들을 가르치는 과정에서도 그들에
게 진정 하늘의 뜻이 무엇이며 선함이
무엇이며 행함이 무엇이며 사랑을 베
푸는 것이 무엇인가를 그리 가르치고
그들을 이끌어 간다 하면, 그 종교 지
도자는 바로 설 수 있는 것이니라.
6 그러나 너희들은 종교 지도자의 가르
치는 그 교육 과정에서 무엇을 가르치
는가?
7 많은 신도를 거느리는 방법이요, 많은
재물을 거둬들이는 방법이요, 큰 성전
을 짓는 것이요,
8 그리고 한번 너희 성전에 와 '아멘!'이
라 부른 자가 떠나지 못하도록 엮는
방법이요,
9 그와 같은 교육 과정이 너희들이 종교
지도자를 가르치는 길이니, 그게 바로
무엇이더냐?
10 상업적이고 상술적인 교육을 하는 것
이 종교 집단의 지금의 지도자를 육성
하는 곳이 아니던가?
11 너희들이 죄를 지으며 부끄러운 일을
하는 그 모두는 나 여호와가 그를 보
고 있음이니,
12 너희들이 행함에 있어서 죄짓는 것을
보거든 그 눈을 빼며 손이 죄를 행하
고자 하면 그 손을 자르라, 그것이 죄
를 짓는 것보다 낫다 그와 같이 무섭
게 다스리며,
13 죄짓는 것을 두려워하며 부끄럽고 추
한 행위를 하는 것을 팔다리를 자르는
것보다 더 무섭게 생각하고 살아가는
것이 종교 지도자라 그리 가르친다 하
면,
14 그래도 그들이 세상에 나와 세상 속에
얽히고설킨 육의 삶의 그 생활 속에
저희들이 쓰러지고 무너지게 되어 있
는 것이 인간의 형태이니라.
15 너희들의 마음은 흔들리는 갈대라 하
여 수시로 변하는 것이며, 이해관계에
따라서 변하는 것이 인간의 마음이니,
그와 같이 독하고 무서운 훈련으로써
가르쳐 세상에 종교 지도자라 하여 내
보냈을 때도 그들의 마음이 흔들린다
하였음이니,
16 그들이 많은 제자를 거느리며 큰 성전

을 지으며 부귀와 영화를 누리며 그리
고 한번 저의 성전에 온 그 백성이 떠
나지 못하도록 얽히고설키는 장삿속
이요, 상술적으로 그들을 가르치는 단
계부터 그리 가르친다 하면,
17 그들이 나가서 과연 진정한 지도자가
될 수 있겠는가?
18 그러나 아들아, 여기서 너와 너의 제
자들은 깨우쳐야 할 것이 있음이니라.
19 너희들이 나의 성령을 책으로써 기록
하여 세상에 전하니, 이는 깨닫고 보
는 자의 뜻에 따라서 이해관계는 다르
겠으나, 거기서 가르치고 행하는 행동
은 똑같이 전해짐이니, 이게 얼마나
위대한 종교 지도자 한 사람을 배출하
는 것인가를 알겠는가?
20 내가 너희들에게 말하여 한 권의 법전
이 세상에 나감으로 한 명의 진정한
종교 지도자를 세상에 보낸다 하였음
이니라.
21 이 책은 거짓이 없으며 그대로 입증하
며 그대로 행하는 것이 천년만년이 지
나도 변하지 않으니,
22 그 선생이 변질되지 아니하고 변하지
아니하여 가르침이니, 이보다 더 위대
한 종교 지도자요, 선생이 어디에 있
다 생각하느냐?
23 사랑하는 나의 아들아!
24 이와 같은 이치를 너희들이 깨달아야
할 것이니라.
25 내가 너희들에게 내려보낸 하나의 법
전인 이 책의 선생은 영원히 불변이
며, 그 기분에 따라 그가 변하지 아니
함이니라.
26 바람이 분다 하여 그가 변하며, 눈보
라가 친다 하여 변하며, 그가 생활이
고달프고 힘들다 하여 그 마음이 변하
며, 어렵고 힘들다 하여 그 이웃을 배
신하며 제가 정녕 나의 뜻을 그대로
전하지 아니하고 왜곡되게 가르쳐 제
가 이득을 취할 수 있는 그와 같은 방
법을 가르치는 인간의 변질되는 지도
자가 아님이니라.
27 이는 나의 성령이요, 이는 변질됨이
아니니라.
28 춥고 더움이 관계없으며, 재물이 있고
없음이 관계없으며, 높은 자와 낮은
자 앞에 가서 그가 말하는 것이 다르
지 아니하며, 있는 자와 없는 자 앞에
서 말함이 다르지 아니함이 나의 법전
의 한 권이 지도자요, 선생이 나가는
것이니, 그 선생은 변질됨이 없음이니
라.
29 그것이 바로 참진리요, 진정한 선생이
요, 지도자임을 너희들은 알아야 할
것이니라.
30 그리하여 나의 법전 160권을 만들어
세상에 전하라 함이니,
31 그 대업을 수행하는 것이 너희들이니,
너희들이 얼마나 소중하고 위대한 백
성이라 생각하는가?
32 너희들은 깨우쳐 행함이 있어야 할 것
이니라.
33 너희들이 가는 길이 얼마나 위대하고
소중한지 너희들은 여기서 알아야 할
것이며,
34 이 법전 한 권을 만들어 내는 것이 얼
마나 위대한 것인가를 알아야 할 것이
니라.
35 사랑하는 나의 아들아!

36 "네, 아버님! 말씀하옵소서."
37 그 모두는 인간 너희들의 손으로써 이
루어져야 하며, 너를 통하여 이 법전
이 세상에 나감이니,
38 내가 이 법전을 세상에 내보내 너를
따르는 제자들에게 모든 생업이요, 모
든 삶을 다 버리며 오로지 이 법전을
만드는 데 너희 모두를 다 바치며 순
교자의 마음으로 그 길을 가라 하면
그들은 놀라서 넘어질 것이니라.
39 그리고 그 뜻과 그 의미를 모를 것이
니라.
40 그러나 한 권의 법전이 변하지 않는
영원한 지도자요, 선생을 육성해 내는
그 길을 가는 너희들은 어찌 가야 하
는가?
41 너희들의 생업보다도 이 법전을 만드
는 것이 우선이며,
42 너희들은 이 법전을 세상에 만들어 내
는 그 모두에 순교자의 마음으로써 가
야 한다는 것을 잊어서는 아니 될 것
이니라.
43 너희들이 순교자의 길이요, 그 어렵고
힘든 길을 갈 때 많은 제자들을 육성
할 그 법전이 나오니,
44 그 법전이야말로 선생이 되어 수천수
만의 선생이 세상을 덮으니,
45 그 가르침이 똑바로 옳은 그 지도함이
이 세상을 덮는 것이 내가 이루고자
하는 그 찬란한 역사가 이루어지는 것
이니, 너의 제자들에게 그 마음의 뜻
을 알라 이르라.
46 너희들의 모든 생활이요, 생업이요,
그것보다도 나의 법전을 만들어 바침
이,
47 너희들 열여섯 신부의 가정이요, 나의
아들을 통하여 나의 성령을 듣는 백성
이요, 나의 가르침을 듣는 너희들이
그와 같이 순교자의 마음으로써 다 같
이 하나가 되었을 때 이 모든 역사가
이루어짐이니,
48 너희들이 바른 제자요, 바른 선생을
세상에 만들어 내어 만백성을 구하는
것이 얼마나 소중하던가?
49 너희들이 바로 설 수 없으며 불변의
마음으로 갈 수 없음이니,
50 너희들이 불변하며 변하지 아니하는
그 제자요, 선생을 육성해 내는 것이
너희들의 몫을 대신하는 역사를 이루
는 것이라 너희들이 생각할 수는 없는
가?
51 너희들이 변하지 아니하며 너희들이
동요되지 않는 그 삶을 살 수 없기에,
너희들은 영원히 동요되지 아니하며
변하지 않는 너희들의 제자요, 만백성
의 선생인 나의 법전을 세상에 만들어
내어
52 그 한 권이 하나의 선생을 육성한다는
그와 같은 마음 자세로써 너희들의 모
두를 다 던져 태워서 이 역사를 이루
는 것이 너희들의 대명임을 알라.
53 다만, 이 모두는 너희들의 선택에 달
렸으며 너희들의 마음가짐에 달렸음
이니라.
54 내가 너희들에게 상을 내리고 안 내림
은 아무런 관계가 없음이니라.
55 다만, 너희들이 어찌 가느냐에 따라서
그 대가가 있을 것이며 그 은혜에 내
가 저버리지 아니함을 너희들은 알아
야 할 것이니라.

3,757 번째 하나님 말씀

2002년 10월 23일 12시 03분

1 사랑하는 나의 아들아!

2 "네, 아버님! 말씀하옵소서."

3 사탄이 아무리 제가 재주를 가지고 능력을 부리며 너희들을 구렁텅이로 인도한다 하나, 너희들에게 그들과 똑같은 능력을 내가 주었다 하였으며 동등한 자격이요, 동등한 능력이 있다 하였음이니라.

4 다만, 너희 마음의 욕심이 너희 눈을 가려 그들에게 너희들이 의탁하며 그 앞에 가 그에게 힘을 주며 그 사탄의 역량으로써 너희들이 무엇인가를 이루고자 하여 스스로 사탄에게 고개를 숙이는 자라 그리 말하였음이니라.

5 내가 너희들을 능력 없이 만들어 사탄과 이겨 너희들에게 천국에 오라 하는 것은, 내가 일찍이 말하였듯이 공의의 하나님이 하는 것이 아니며 할 수 없는 것이니,

6 내가 사탄과 너희 인간에게 동등한 자격과 능력의 한계를 주어 너희들이 그를 스스로 이기고 하늘에 오르라 하였음이니, 이는 공의의 나 하나님임을 너희들은 알아야 할 것이니라.

7 내가 너희들에게 뭐라 가르쳤던가?

8 아무리 사탄이 능력이 있으며 너희들에게 무한한 것을 보여 준다 해도, 사탄은 하늘에 오르는 백성의 이름 하나를 천거하지 못하며, 너희들이 죄지은 것을 용서해 줄 수 없는 것이 사탄이라 너희들에게 그리 내가 가르쳤음이니, 이 뜻을 어찌 그리도 모르는가?

9 너희들이 나의 법전이 나의 성령이요, 나 창조주의 뜻이라는 것을 어찌 모르는가?

10 나의 법전에 기록하여 너희들에게 전했음이니라.

11 나의 법전 열 권을 손에 들고 가 이웃에게 전하는 자, 그의 죄를 용서하여 준다 하였음이니,

12 모든 인간이 지은 죄를 용서해 주며, 그 벌을 내리며, 너희들의 그 대가에 대한 그 모두를 받도록 하며 너희들을 평가하고 심판하는 것은 나 여호와밖에 할 수 없음을 너희들은 알아야 할 것이니라.

13 그 누구도 그것은 할 수가 없음이니라.

14 지금 나의 명을 받아 세상에 나간 나의 아들도 너희들의 죄를 벌하고 용서해 주는 능력은 없음이니라.

15 나의 아들 예수 또한 그와 같은 능력을 가지고 세상에 나가 그리 행하도록 함은 아님이니라.

16 모든 죄를 용서해 줄 수 있으며 너희들의 죄를 사해 줄 수 있으며 너희들을 구원의 길로 인도하고 안 하는 것은 오로지 창조주 나 여호와만이 할 수 있음이니라.

17 그 누구도 할 수 없는 것이 그것이니라.

18 그리하여 사탄들은 너희들의 이름 하나를 천거하지 못하며 천국에 그 하나를 인도하지 못하는 것이니,

19 감히 그들은 죄를 용서해 준다며 너희들을 천국에 올려놓는다, 그리고 천국에 보낸다는 말을 할 수 없음을 너희들은 알아야 할 것이니라.

20 나의 법전에 반드시 기록해 두었느니
라.
21 나의 법전의 열 권을 가지고 나가 만
백성에게 전하는 자, 그 죄를 용서해
준다 하였음이니,
22 이는 창조주 나 여호와만이 할 수 있
는 길이며 내가 임할 수 있음이니라.
23 이는 곧 나의 법전이 나의 뜻이요, 나
를 대신하여 만백성을 깨우치는 것이
기에 창조주 나 외에는 할 수 없는 일
인 그 죄를 용서해 준다 기록하였거늘,
24 이와 같은 무섭고도 위대함이며 진정
한 나의 뜻이요, 나의 가르침을 아직
도 깨닫지 못하는 것이 너희들이니,
그 우매하고 어리석음을 너희 스스로
죽어 내 앞에 왔을 때 알게 될 것이니
라.
25 그날을 위하여 너희들이 지금에 우매
하게 살아서는 안 될 것이니라.
26 너희들이 나에게 와 용서를 빌고 눈물
을 흘릴 수 있는 그와 같은 기회가 너
희에게 주어진다면, 나 여호와가 오늘
너희들에게 바르게 살라 그리 말하지
아니할 것이니라.
27 너희들의 육이 존재하여 나에게 기도
하고 경배하는 순간까지 너희들은 나
여호와에게 매달리며 용서를 빌 수 있
으나,
28 너희들이 숨을 거두어 영원히 나에게
와 심판대에 섰을 때는 나의 백성이
아님을 알라.
29 이 무서운 이치를 내가 너희들에게 가
르쳐 주었으며 하늘의 뜻을 기록하여
전하거늘, 이와 같은 뜻이 너희들의
성서요, 너희들의 가르침 속에 어디
있는가?
30 오로지 창조주인 나의 법전이요, 나의
뜻이요, 이는 곧 내가 임하기에 하늘
의 모든 뜻을 내가 너희들에게 깨우쳐
주고자 내려보냄이니, 그러고도 너희
들이 이를 보지 못한다면 이는 너희들
의 우매함임을 알라.

3,758 번째 하나님 말씀

2002년 10월 23일 12시 08분

1 사랑하는 나의 아들아!
2 "네, 아버님! 말씀하옵소서."
3 나의 계명에 '네 부모를 공경하라.' 기
록하여 너희들에게 깨우쳐 주었으며
형제와 반목하지 아니하며 부모에게
공경하라 내가 하였음이니라.
4 너희들이 지금 구원을 받기 위하여 너
희 손으로 지은 성전에 와 재물을 바
치며 울고불고 나에게 기도하나, 그
기도 소리가 나에게 들리지 아니한다
하였음이니라.
5 너희들은 여기서 하나 깨우치고 가야
함을 알라.
6 너희들이 지금 네 부모에게 얼마만큼
하고 있느냐의 그 행위가 너희들이 나
여호와에게 하는 행위임을 알아야 될
것이니라.
7 너희들이 너희 부모에게 얼마만큼 공
경하며 그 부모의 뜻을 따르며 너희들
이 부모에게 지금 하고 있는 그 삶의
형태가 무엇인 줄 알겠는가?
8 그게 곧 나 여호와에게 너희들이 하는
행위임을 알아야 될 것이니라.
9 너희 부모를 공경하지 아니하며 너희

부모에게 순종하지 아니하며 그와 같
은 마음을 갖고 너희들이 손으로 지은
그 성전에 가 재물을 바치며 금화와
은화를 하늘에 쌓아 놓은 만큼 그 복
을 받는다 하여 가는 너희들은 나와는
관계없는 백성이라는 것을 알아야 될
것이니라.
10 내가 너희들에게 하늘의 뜻을 가르쳐
줌이니라.
11 네 부모에게 공경하라는 것은 말로써
네 부모를 공경하라는 것이 아님이니
라.
12 너희들이 네 부모에게 공경하는 만큼,
순종하는 만큼 그 모두가 나 여호와에
게 너희들이 하는 것임을 알라.
13 너희들이 부모에게 불응하며 부모에
게 효도하지 아니하며 부모를 공경하
지 아니하는 자, 나를 거부하는 자이
며 나의 뜻을 따르는 자가 아님이니라.
14 너희들이 그러니 천당이요, 천국에 간
다 하며 극락세계를 간다 하며 영혼을
구원받는다 하여 아무리 불공을 드리
고 기도를 하며 눈물을 흘리고 경배를
해도 너희들이 부모에게 하는 것이 나
에게 하는 행위이니,
15 그것으로써 모든 점수가 이루어지며
너희들이 구원을 받고 못 받는 그 답
의 원칙이 거기 있음이니라.
16 그리하여 '네 부모를 공경하라'는 뜻
이 거기 있으니, 너희들이 가슴에 손
을 얹고 생각해 보라.
17 너희들이 과연 부모에게 하는 것이 어
찌하는가?
18 너희들이 부모에게 하는 것이 나 여호
와에게 하는 것인 만큼 너희들이 과연
불효하는 자들인가, 효성을 다하는 자
들인가?
19 너희들은 육에 있는 너희 부모에게 하
는 것이 너희들 부모에게 하는 것이
아니니라.
20 창조주인 나 여호와에게 하는 행위임
을 잊지 말라.
21 너희들이 너희 부모에게 하는 만큼 나
여호와에게 하는 것이라 할 때, 너희
들이 과연 선택받아 천국의 문을 들어
올 수 있으며 영원히 사는 내 품에 올
수 있는 그와 같은 자격으로서 살아가
는가, 너희 자신을 돌이켜 보며 너희
들이 반성의 여지를 가져야 될 것이니
라.
22 나는 여기서 하늘의 뜻을 나의 아들을
통하여 너희들에게 전하노라.
23 너희들이 아무리 손으로 지은 성전에
가 울고불고 금화를 바치며 통곡해도
너희 부모들에게 하는 것으로써 내가
점수를 매기며 그것이 나를 따르는 길
임을, 내가 오늘 하늘의 뜻을 너희들
에게 전함이니,
24 이와 같은 뜻을 깨닫고도 너희들이 마
음 자세를 고쳐 잡지 못하며 마음을
바로잡지 못하며 행동을 바로 하지 못
한다면, 너희들은 나로부터 듣고도 행
하지 않은 그 죄의 무서움이 얼마나
두려운 것인가를 알게 될 것이니 그리
알라.
25 너희들이 아무리 너희 가족의 손을 잡
고 울고불고 찬송하며 헌금을 바치며
구원받았다 말하며 이웃에게 무엇을
베푼다 하여도 너희들의 기준은 너희
부모에게 하는 그것으로써 점수가 매

겨짐이니, 그는 곧 나에게 너희들이
하는 행위이니라.
26 여기에서 깨우침을 얻지 못하는 자,
그 아름다운 천국의 영원히 사는 세상
을 너희들은 볼 수도 없고 올 수도 없
음을 알라.

3,759 번째 하나님 말씀

2002년 10월 23일 12시 17분

1 사랑하는 나의 아들아!
2 "네, 아버님! 말씀하옵소서."
3 진정 너를 따르고자 하며 진정한 이
역사를 이루고자 하는 너의 제자들에
게 너는 그들의 손을 잡고 물어보라.
4 너희들 자신을 버리며 모두를 다 버리
고 과연 너를 따를 수 있는 그와 같은
마음 자세가 되어 있는 제자들인가 그
들에게 물어보라.
5 고통과 시련의 그 인내의 길을 과연
너희들은 갈 수 있는가, 그리고 너희
들에게 지워지는 그 무겁고도 힘든 십
자가를 너희 스스로 네 몫을 지고 갈
수 있는 그와 같은 마음의 용기와 준
비가 되어 있는가?
6 그렇지 아니한 자, 이 시대에 고통과
시련을 견디고 넘길 수 없음을 알아야
될 것이니라.
7 나의 아들 예수가 기적과 역사를 보여
행했던 그 모두의 속에서 살던 그 제
자들이 얼마나 고통스럽고 힘든 정황
이었으면, 그 스승인 예수를 팔았으며
그를 배신하였으며 그에게서 등을 돌
렸겠는가?
8 그들이 호의호식하며 편안한 삶을 살
아서 그리하였던가?
9 아닌 것이니라.
10 그들은 너무나도 고통스럽고 힘들었
으며 그 가는 길이 인내하고 지탱하기
가 너무나도 고통스러운 세월 속에 그
들은 견디었음이니라.
11 너희들이 보기에 나의 아들 예수가 기
적을 이루고 역사를 이룰 때 거기에는
환호가 있으며 예우가 있으며 대접이
있으며 환대받는 것으로 그리 생각하
나, 그렇지 아니하니라.
12 나 여호와가 그 제자들에게 그와 같은
여유의 생활과 그 부러움을 만백성이
생각하는 만큼 그리 주지 아니하였음
이니라.
13 그들은 그들이 지고 갈 십자가가 있으
며 그들대로 그 고통과 시련 속에서
견디고 이겨 그 길을 따라가야만 했던
것이니라.
14 그러나 그들은 그 고통과 인내의 시련
을 스스로 견디지 못하고 포기하였음
이니,
15 예수를 따르는 그 제자들도 그와 같이
고통스럽고 어려운 길을 인내하지 못
하며 견디지 못하여 나의 아들 예수를
팔았으며 배신하였으며, 그를 십자가
에 못 박혀 죽도록 한 그 원인이 그들
이 아니던가?
16 지금 너의 제자들에게 전하라.
17 지금 나의 아들을 따르는 것이 부귀영
화요, 남들보다 호의호식하는 그 길을
가는 것이 아니라,
18 너희들이 고통의 십자가를 각자 짊어
지며 가는 고통과 시련의 길이니, 그
길을 갈 수 있는 자가 아니면 아예 너

를 따르지 말라 이르라.
19 고통과 시련 속에서 깨달음이 있으며
얻어짐이 있음이니,
20 너희들에게 닥치는 그 고통과 시련을
견디고 이길 수 있는 그와 같은 마음
자세가 아니거든 너의 앞에 와 너의
제자로서 그리 임하지 말라 하라.
21 너희들은 부귀영화를 나에게 얻을 것
을 생각하지 말며 나의 아들을 따름으
로써 부귀영화 속에 남들보다 편안한
인생을 살아간다 생각하지 말라.
22 그 이상의 크나큰 축복과 영광을 받은
것이 너희들이 나의 법전이요, 하늘의
뜻을 깨달음이니,
23 어찌하여 너희들은 양손에 두 가지를
다 쥐려 하는 그와 같은 욕심을 버리
지 못하는가?
24 오늘 내가 너의 제자들에게 이르나니,
남을 자 남을 것이며 떠날 자 떠나라
그리 명하라.
25 너희 십자가를 스스로 짊어지고 그 고
통의 길을 나의 아들을 따라갈 수 있
는 자, 그리고 너희 스스로 의식주를
해결하며 모든 고통과 시련을 인내하
고 견디고 갈 수 있는 자, 그러한 자
네 앞에 제자로 남으라 그리하라.
26 그 시련과 고통만이 너희들이 가는 길
이며, 그를 이기고 가는 자 남아 나에
게 구원을 받을 수 있음을 알라.
27 예수의 시대에 그 제자들이 얼마나 고
통스러웠으면 그를 버렸겠는가?
28 그 못지않은, 그보다 더한 고생과 시
련을 겪고 가야 하는 것이 너희들이
니, 부귀영화요, 꽃방석에 앉아 기도
하며 경배하는 그와 같은 꿈을 버리라.
29 이제는 너의 제자들 중에 남을 자, 남
지 않을 자 선별하며 구분할 때가 되
었으며 깨달음이 그리 얻어져 있음이
니, 이제 그리 선별하는 뜻을 그들에
게 전하라, 사랑하는 나의 아들아!

3,760 번째 하나님 말씀

2002년 10월 23일 12시 33분

1 사랑하는 나의 아들아!
2 "네, 아버님! 말씀하옵소서."
3 너희들이 그리 갈망하고 구원을 받고
자 하는 길이란 무엇이더냐?
4 나의 계명을 지키며 나의 뜻에 순종하
며 살아가는 그와 같은 것이며, 너희
들이 스스로 지은 죄를 눈물로써 회개
하며 용서를 빌며 남으로부터 추하고
남에게 불편을 주는 그와 같은 행위를
하지 않고자 마음을 다스려 가며,
5 그와 같은 삶을 산 것을 회개하고 부
끄럽게 생각하고 반성하고 살아가는
마음을 가진 자가 구원의 길이요, 하
늘에 오를 수 있는 것이거늘,
6 그와 같은 이치를 알면서도 어찌하여
너희들은 그를 깨우쳐 너희 것으로 만
들려 하지 않는가?
7 너희 죄를 용서를 빌며 회개하며 계명
대로 살아가고자 노력하면 구원을 받
는 것을, 과연 지금 너희들은 어찌 가
는가?
8 너희들 스스로 구원을 받은 자요, 선
택된 자요, 하늘에 오르는 문의 그 황
금의 열쇠를 손에 쥔 자처럼 그와 같
이 오만하고 방자한 상태로써 살아가
는 것이며,

9 잘못 가는 믿음의 길을 가고 있는 자
들이 지금 그와 같은 행위에 젖어 있
음을 너희들은 알아야 될 것이니라.
10 너희들은 기본의 질서요, 기초의 질서
도 다스리지 못한 자들이 어찌하여 천
국을 오를 수 있으며 하늘에 오를 수
있다 그리 말하는가?
11 크나큰 건축물을 짓는다 해도 첫 번째
너희들이 쌓는 그 기초부터 시작하여
그가 이루어지거늘,
12 기초를 다지지 아니하고 기초를 모르
는 너희들이 그 건축물을 짓겠다 대드
니,
13 과연 어디다 지을 것이며, 기초가 허
술한 그곳에 지은들 그가 지탱할 수
있겠는가?
14 너희들이 바로 기초란 무엇이더냐?
15 가장 낮은 데 있는 그 질서이니라.
16 너희 부모를 공경하고 너희 부모에게
하는 것이 나에게 하는 행위라는 그
깨달음 하나를 얻는다 하면 그곳에 모
든 너희들이 살아가는 방법과 길이 있
는 것이니,
17 이와 같은 기초의 깨달음을 무시하며,
그리고 내가 너희들에게 지키라는 그
계명을 무시하며, 내가 지금 제3의 시
대에 너희들을 구원하고자 내리는 나
의 법전을 무시하며, 그 내용을 무시
하며, 이는 사탄이요, 사악한 자가 행
한다 너희들이 부르짖음이니, 바로 무
엇이더냐?
18 사탄이 성령이요, 참진리의 뜻을 볼
때 그게 사탄이요, 이단으로 비침이니
라.
19 나의 법전에 너희에게 바로잡지 말라
함이 어디 있는가?
20 나의 법전에 어렵고 힘든 그 대목이
너희들의 몫이며 너희들이 행하여야
할 것이며 너희들이 지키고 가야 될
것이며 어렵고 힘든 그것이 너희들 것
이라 내가 그리 가르쳤음이니,
21 편한 것을, 쉬운 것을, 그리고 좋은 것
을 갖고자 하는 것이 하늘에 오르는
길이라 가르치는 그 집단과 달리,
22 어렵고 힘든 것이 너희 몫이라 그리
단속하며 그리 몰아치는 이 법전에 기
록되었으며 나의 아들이 전하는 성령
의 뜻이 과연 누구를 바로 세우는 길
이던가?
23 너희들은 어찌하여 그 간단한 이치 하
나도 모르는가?
24 너희들은 지금 할아버지가 손자를 예
뻐할 때 그 손자의 무례함이 극에 달
하는 그와 같은 믿음이니라.
25 너희들이 천국을 갈 수 있으며 나의
아들 예수의 보혈로써 구원을 받았으
며 선택된 백성이라 그리 잘못 가르치
는 종교 지도자들의 말에 현혹되어 너
희들 자신을 모르며 너희들의 위치를
모르니,
26 그저 귀여워하는 할아버지에게 예의
범절을 모르는 손자와 같은 형국이며,
그 도가 너무나 지나쳐 그대로 더 볼
수가 없음이니라.
27 그대로 너희들을 놔둘 때 그 할아버지
에게 예의범절만을 실수함이 아니요,
막말을 하는 형국에 이르는 그 시점을
막고자 내가 나의 법전을 내려 너희들
을 깨우치고자 하는 것이며,
28 인간의 근본이요, 인본주의의 기초를

가르쳐 그 기초 속에 하늘에 오르는 참뜻을 보게 하기 위하여 내가 하늘에 기록해도 다 못 기록한다는 나의 기초적인 가르침을 지금 나의 법전에 기록하여 너희들에게 전하니, 이 뜻을 깨우쳐 행하도록 그리하라.

부 록

【하나님께서 가르쳐 주신 운동】

천재지변이 일어날 때, 동물이나 미물들은 미리 알고 대피하지만, 인간은 알지 못하고 큰 화를 당합니다. 하나님께서 인간에게 가장 높은 지혜를 주시고 완벽하게 창조해 주셨기에 동물들보다 더 잘 알 수 있지만, 욕심으로 마음이 혼탁해져서 한 치 앞을 보지 못하는 것입니다.

마찬가지로, 인간은 누구나 스스로 필요한 운동을 해서 건강을 지킬 수 있도록 하나님께서 만들어 주셨습니다. 우리의 머리에서 우리 몸에 필요한 동작을 해 달라고 끊임없이 신호를 보내지만, 인간이 혼탁하게 살아서 그 신호를 알아채지 못합니다. 그러니 자연스럽게 자기 몸이 원하는 그 신호를 따라서 운동하는 것이 하나님께서 가르쳐 주신 운동 방법입니다. 바로, 우리의 영이 육을 이끄는 운동입니다.

▶ 하나님 운동법

1. 눈을 감고, 발을 어깨너비로 벌리고 바르게 선다.
2. 몸에 힘을 풀고, 허리를 숙이면서 손과 머리를 아래로 내린다.
3. 허리를 펴고 싶을 때, 천천히 펴면서 하고 싶은 동작을 하면 운동이 시작된다. (사람마다 다르다.)
4. 멈추지 말고, 어떤 동작이든지 자기 몸의 느낌대로 계속 이어서 한다.

▶ 참고 사항

① 눈을 감은 상태로 아무 생각 하지 않고, 자기 몸의 느낌대로 움직입니다.
② 마음을 비우고, 욕심을 버리고, 지난날의 잘못을 반성하면서 몇 차례 시도하다 보면, 자기도 모르게 하고 싶은 동작이 끊임없이 생깁니다.
③ 운동 장소는 방 안이든 운동장이든 관계없으며, 걷거나 달리고 싶을 때는 눈을 떠도 됩니다.
④ 매일 40분 이상, 주 4회 이상, 3개월 이상 하면 음식 조절에 들어갑니다.
- 음식으로 생긴 병은 음식으로 치료하게 되며, 어떤 음식을 먹어야 하는지 스스로 알게 됩니다.
(자기 몸에 필요한 음식만 먹고 싶어집니다.)
⑤ 사랑하는 사람과 함께 운동하면 서로 치료해 주기도 합니다.
⑥ 운동을 하다가 몸의 어느 한 부분을 계속 손으로 자극한다면 그쪽에 이상이 있는 것이니, 의사에게 상담을 받고 적절한 치료를 받으면 됩니다.
⑦ 다이어트 및 기타 건강관리에 효과적입니다.
⑧ 꾸준히 운동하여 영이 맑아지면, 자신의 과거와 미래를 스스로 보게 됩니다.

누구나 스스로 하실 수 있습니다.

간 행 사

《새로운 성경》은:

· 새로운 성경은, 하나님께서 선량하고 선한 자를 선택하여 십계명을 암송하도록 하시고, 십계명을 암송한 다음에 음성으로써 들려주시는 말씀을 듣고 그대로 카세트테이프에 녹음해서 받아쓴 책입니다.

· 90분짜리 녹음테이프 700여 개에 달하는 말씀으로, 1999년 8월부터 2004년 7월까지 총 160권(권당 288쪽)을 완성하였으며, 그 이후에도 현재까지 계속 말씀을 내려 주고 계십니다.

· 새로운 성경은 "하늘을 두루마리 삼고 바닷물을 먹물 삼아 쓰고 써도 다 못 쓴다"는, 끝없이 방대한 하나님의 말씀이 두루마리로 직접 내려오는 것입니다. 이러한 새로운 성경은 구약과 신약을 폐하려는 것이 아니라 "인봉된 성서의 비유의 뜻"을 상세히 설명하여 완성하고자 하나님께서 직접 내려 주신 말씀입니다.

《새로운 성경》의 구성:

· 제 목: 2013년, 160권 모음집을 발간하면서, 본 도서의 제목을 "하나님! 말씀하옵소서"에서 《새로운 성경》으로 명해 주셨습니다.

· 단행본: 각 권당 288쪽(신국판) 책이 160권까지 시리즈로 출판됩니다.
(모음집은 단행본을 16권씩 묶어서, 총 10부로 구성됩니다.)

《새로운 성경》의 성경적 근거:

· 신약 성경 [요한복음] 16장 13절에 "진리의 성령이 오시면 그가 너희를 모든 진리 가운데로 인도하시리니 그가 자의로 말하지 않고, 오직 듣는 것만을 말하며" 하신 말씀처럼 하나님의 음성을 들은 것만 기록하였으며,

· "장래 일을 너희에게 알리시리라" 하신 말씀과 같이 개인, 나라, 인류의 "장래"일을 하나님께서 알려 주시는 것만 기록하여 책으로 만들었습니다.

《새로운 성경》의 기록 방법:

· 1999년 8월부터 하나님께서 저에게 들려주시는 음성을 기록하였습니다. 처음에는 제가 들은 말씀을 불러 주면 저의 아내가 기록하여, 2000년 1월 29일에 1권 초판이 세상에 나왔습니다. 2000년 4월부터는 주시는 말씀을 받아 녹음기에 기록하여 시리즈로 출간하기 시작하였습니다.

· 녹음을 시작하면서 하나님의 말씀을 받는 데 가속도가 붙었고, 2001년 5월 3일에 1부(1~16권까지)를 인쇄하여 출판하였으며, 2004년 7월까지 총160권 분량의 말씀을 받아 기록하였습니다.

하나님께서 저에게 주신 것은:

· 첫째, 만백성을 상대로 내려 주시는 "기도", 둘째, 수시로 내려 주시는 "묵상", 셋째, 개인의 과거, 현재, 미래를 알려 주시는 "개인 기도", 넷째, 개인의 건강을 위해서 내려 주시는 "음식 처방", 다섯째, 하나님께서 가르쳐 주신 "운동"등이 있습니다. 이 중에 첫 번째, "기도"를 책으로 편찬하였습니다. 사람의 생사, 개인의 미래에 관한 천기는 수록하지 말라 하셨습니다.

강론 안내:

· 하나님께서는 지금도 매일 저에게 새로운 하늘의 비밀의 말씀을 내려 주고 계십니다. 수시로 내려 주시는 말씀을 정리해서 제자를 육성하라는 말씀에 따라 매주 강론을 하고 있습니다. 누구나 무료로 들으실 수 있습니다. (book160.com)

《새로운 성경》을 읽는 분들에게 드리는 선물:

· 개인 기도: 개인의 과거, 현재, 미래에 관하여 말씀을 내려 주십니다.

· 음식 처방: 사람은 음식을 먹고살다가 건강을 잃으니, 음식과 운동으로 건강을 되찾는 방법을 알려 드립니다. 단, 하나님이 계심을 믿고, 십계명을 지키겠다고 진실로 서약하는 분들께 알려드립니다.

《새로운 성경》의 은혜와 기적:

· 새로운 성경 전160권은 16권씩 묶어서 총 10부의 모음집으로 구성됩니다. 모음집 한 부를 읽고 깨우치는 자에게 하나님께서 다음과 같은 기적이 있다고 하셨습니다.

· "첫째, 그가 죽어 하늘에 갔을 때 그의 죄를 묻지 아니하며, 구원을 받는 위대한 은혜가 있으며, 둘째, 그의 소원과 소망이 이루어지고, 셋째, 죽은 자(부모, 형제, 자식, 사랑하고 은혜 입은 분)의 이름으로 구입한 책을 읽고 누군가 한 사람이 깨우칠 때, 그 죽은 자가 지옥에서 천국으로 구원을 받게 되며, 넷째, 유산, 중절 수술 등으로 태어나지 못한 아이를 위하여 구입한 책을 보고 한 명이 깨우쳤을 때, 그 아이가 사람으로 다시 한 번 태어나는 은혜를 받는다."

· "새로운 성경"을 3회 이상 정성을 다해 정독하는 자, 성서의 비밀을 알게 되고, 세상의 이치를 알게 되며, 세상을 지배하고 통제할 수 있는 지혜를 다 얻게 된다고 하셨습니다. 이 책은 만백성이 정독하고 이웃에게 전하여, 평생 가슴에 묻은 슬픔과 고통의 짐을 벗고 미래를 위한 힘찬 삶을 살아가도록 하는 책입니다.

끝으로

· 하나님께서는 흰 눈이 세상을 덮듯이 새로운 성경을 온 세상에 전하라고 하셨습니다. 《새로운 성경》을 각국어로 번역해서 온 인류에게 구원의 길을 깨우쳐 주고, 그 수익으로 가난하고 어려운 백성을 구제하여, 만백성의 영과 육을 함께 구원하는 선지자의 임무를 수행하라고 저에게 명하셨습니다.

· 하늘에서 내려 주신 말씀의 보화를 만백성에게 나누어 주는 것이 선지자의 임무라고 하셨습니다. 새로운 성경을 통해서 얻는 재물을 사용할 곳도 하나님께서 일일이 명해 주십니다. 모든 재물은 저의 자의로 쓸 수 없고, 하나님께서 명하시는 대로만 쓰여집니다.

· 어떤 명분으로든 십일조나 각종 헌금을 거두어들이지 말라 하셨으며, 국내뿐 아니라 각국에 성전과 단독 서점을 운영하며, 한국의 많은 젊은이들을 전 세계에 지도자로 내보내라고 하셨습니다.

· 우리는 세계적으로 새로운 성경을 보급하며 어려운 이들을 돕는 역사를 해 나갈 것입니다. 지금까지 비록 몇 명 안 되는 제자들과 함께 이러한 일을 역사했지만, 앞으로도 계속 하나님께서 기뻐하시는 일들을 해 나갈 것입니다. 부족한 저희에게 여러분들의 지혜와 성원을 보내 주시기를 바랍니다. 많은 분들의 참여와 도움을 간절히 기다립니다. 감사합니다.

한국어로 내려온 《새로운 성경》 단행본을 출간하며
2016년 4월 10일

발행인 **김 용 철**

한국어로 내려온

새로운 **성 경** · 4부 · 제51권

지은이 하나님 말씀
대역자 김용철

초판인쇄 1쇄 2013년 8월 20일
재판인쇄 1쇄 2017년 4월 3일

펴낸 곳 도서출판 하얀마음
등록번호 제 10-2107호 (2001년 2월 14일)
주소 서울시 노원구 덕릉로86길5, 2층
전화번호 02) 313-1114
팩스 02) 393-5554
전자우편 book160@hanmail.net
편집위원 조나영 김미향 이석교
제작지원 김서영 이상빈 김정기 이병우 이순남 서성자 이규숙

도서상담 1600-7527
ISBN 978-89-5875-151-9 (04230)
978-89-5875-100-7 (세 트)

값 10,000원
잘못된 책은 구입하신 곳에서 바꾸어 드립니다.

※이 책은 10부로 제작되며, 각 부 16권씩 총160권으로 구성됩니다.※

1부	2부	3부	**4부**	5부	6부	7부	8부	9부	10부
1권	17권	33권	49권	65권	81권	97권	113권	129권	145권
2권	18권	34권	50권	66권	82권	98권	114권	130권	146권
3권	19권	35권	51권	67권	83권	99권	115권	131권	147권
4권	20권	36권	52권	68권	84권	100권	116권	132권	148권
5권	21권	37권	53권	69권	85권	101권	117권	133권	149권
6권	22권	38권	54권	70권	86권	102권	118권	134권	150권
7권	23권	39권	55권	71권	87권	103권	119권	135권	151권
8권	24권	40권	56권	72권	88권	104권	120권	136권	152권
9권	25권	41권	57권	73권	89권	105권	121권	137권	153권
10권	26권	42권	58권	74권	90권	106권	122권	138권	154권
11권	27권	43권	59권	75권	91권	107권	123권	139권	155권
12권	28권	44권	60권	76권	92권	108권	124권	140권	156권
13권	29권	45권	61권	77권	93권	109권	125권	141권	157권
14권	30권	46권	62권	78권	94권	110권	126권	142권	158권
15권	31권	47권	63권	79권	95권	111권	127권	143권	159권
16권	32권	48권	64권	80권	96권	112권	128권	144권	160권